第3版

やさしい建築法規

今村仁美・田中美都 著
IMAMURA Satomi / TANAKA Misato

Building law

学芸出版社

まえがき

建築法規の勉強を始める学生や、建築の仕事に携わったばかりの人にとって、建築基準法や建築関連法規を理解することは、なかなか困難だと思います。

私も、法令を読みこなすことや、新しく改正されていく法令を理解することの難しさを感じています。

しかし、専門学校で建築基準法を教える機会をいただいた際に、どのような方法で教えると学生が興味を持ち、また理解を深めることができるのかを考えました。そこで、説明文とイラストを取り混ぜ、またできるだけ文章を簡略化したテキストを作りました。本書は、そのテキストを基に、共著者とともに改良を加え完成させたものです。

建築基準法は年々複雑になり、また建築に関する新しい法律が施行されていくなかで、建築士の試験もかなり難しいものとなってきました。また、仕事をするうえでも法規につまずくことが多くなるかもしれません。

本書により、建築法規への一層の理解を深め、お役立てていただければ幸いです。

2007 年 11 月　今村　仁美

旧版では毎年、増刷の依頼を受け、その度に改正された法令を確認し、盛り込んできました。その結果、2025 年時点で累計 6 万部を超える本書を手に取っていただきました。さらに、この度、第 3 版としてページ数も増やし、内容もより充実したものにすることができました。

法令は、大きな災害などが起きた後に、被害状況を踏まえ、より安全な建物とするため、また、人々がより安全に避難するために、大きく変わることがあります。また、居住環境や地域環境の改善ために少しずつ改正されていきます。

その改正にできる限り対応することが、多くの皆さんのお役に立てる近道だと考えています。

2025 年 2 月　今村　仁美

※☆印は二級建築士試験に対応した内容であることを示しています。
※本文の文字について
・青字は、主要なキーワードを示します。
・黒太字は、説明文の中で特に重要な部分を示します。
・グレー字は、主に補足説明に用いています。

読者特典データのご提供

『第 3 版　図説　やさしい建築法規』
特製インデックスデータをご用意しました。
お好きな用紙に出力してご活用ください。

▲ダウンロードはこちらから
https://book.gakugei-pub.co.jp/gakugei-book/9784761533083/#tokuten

目　次

1章　建築基準法の基礎知識 —— 9

■ はじめに　10
建築基準法の分類 …… 10
法令の構成・形式 …… 10
法令用語の読み方 …… 11
　1.数量の表し方
　2.接続詞の使い方

■ 建築基準法の基本定義　12
建築物 ……… 12
建築設備 ……… 13
居室 ……… 13
主要構造部 ……… 13
建築 ……… 14
大規模の修繕と模様替 ……… 14
特殊建築物 ……… 15
指定工作物 ……… 15
　1.指定工作物の主なもの

■ 建築基準法に関わる手続き　16
確認申請 ……… 16
　1.確認申請を必要とする建築物等
　2.用途変更による確認申請
　3.確認申請の流れ
　4.確認申請に要する日数
　5.指定確認検査機関による確認審査後の報告義務
中間検査・完了検査 ……… 21
建築主事と特定行政庁 ……… 22
指定確認検査機関 ……… 22

■ 建築基準法の一部が適用されない建築物　23
簡易建築物 ……… 23
仮設建築物 ……… 24
　1.仮設建築物の種類と制限の緩和
文化財建築物 ……… 25
伝統的建造物群保存地区 ……… 25
既存不適格建築物 ……… 25
　1.既存不適格建築物と違反建築物
　2.既存不適格建築物として認められる増改築など
　3.既存不適格建築物の大規模の修繕・模様替の緩和
　4.既存不適格建築物の移転の緩和

■ 敷地・面積・高さ等　29
建築物の敷地 ……… 29
　1.建築物の敷地

2.敷地面積
建築面積 ……… 31
　1.建築面積に算入されない部分
築造面積 ……… 32
床面積 ……… 33
　1.床面積の算定方法
延べ面積 ……… 34
　1.容積率算定に用いる延べ面積
建築物の高さ ……… 35
　1.高低差がある場合の地盤面の位置
　2.建築物の高さに含まれないもの
建築物の階 ……… 36
　1.階数の数え方
　2.地階
　3.避難階

2章　室内環境と安全 —— 37

■ 採光に関する基準　38
居室の採光 ……… 38
　1.開口部の必要面積と床面積の割合
　2.採光面積の特例
　3.1室に開口部が2カ所ある場合
有効採光面積 ……… 40
　1.有効採光面積
　2.採光補正係数

■ 換気に関する基準　43
居室換気の目的 ……… 43
換気の種類 ……… 43
　1.窓などの開口部による自然換気
　2.換気設備による換気
　3.火気を使用する室
アスベスト規制 ……… 46
　1.石綿
　2.石綿の措置
シックハウス ……… 48
　1.クロルピリホス（白あり駆除剤）
　2.ホルムアルデヒド（接着剤・塗料に含有）

■ 構造に関する基準　51
居室の天井の高さ ……… 51
居室の床の高さ ……… 51
地階の住宅等の居室 ……… 52
　1.居室の防湿
　2.外壁等の防湿

長屋・共同住宅の各戸の界壁 ……… 53
 1. 透過損失
 2. 遮音性能適合仕様
階段 ……… 54
 1. 各部の寸法
 2. 手すりと階段幅
階段に代わる傾斜路 ……… 55
適用が除外される階段 ……… 55

4 設備に関する基準 56
便所 ……… 56
 1. 処理区域
 2. 便所の採光と換気
 3. 汲み取り便所の構造
 4. 改良便槽の構造
給水設備 ……… 58
 1. 配管の構造基準
排水設備 ……… 59
 1. 配管の構造基準
電気設備 ……… 60
避雷設備 ……… 60
昇降機設備 ……… 61
 1. エレベーター
 2. 小荷物専用昇降機
 3. エスカレーター
その他の昇降機設備 ……… 62

3章 都市計画区域等による 建築物の形態制限 —— 63

1 都市計画区域等 64
都市計画区域 ……… 64
 1. 都市計画制度の概略

2 道路の定義 65
道路 ……… 65
 1. 道路の定義
 2. 道路の種類
 3. 幅員 4m 未満の道路の特例
 4. 位置指定道路（私道）の基準
 5. 敷地の接道義務
 6.「5. 敷地の接道義務」が適用されない建築物
 7. 接道規制を条例で付加できる建築物
 8. 道路内の建築の禁止
壁面線の指定 ……… 68

3 用途地域による建築制限 69
用途地域 …… 69

 1. 用途地域の種類
 2. 敷地が異なる用途地域にわたる場合
 3. 建築物の用途制限
大規模集客施設 ……… 71
自動車車庫 ……… 72

4 面積の制限 73
容積率 ……… 73
 1. 容積率の算定方法
 2. 容積率の規制
 3. 延べ面積の緩和や壁面線の指定による算定方法
 4. 特定道路による緩和措置
 5. 制限の異なる 2 以上の地域にわたる場合
建蔽率 ……… 78
 1. 建蔽率の算定方法
 2. 建蔽率の限度
 3. 制限の異なる 2 以上の地域にわたる場合
 4. 建蔽率の緩和措置
外壁の後退距離 ……… 81

5 高さの制限 82
高さの制限 ……… 82
 1. 低層住居専用地域内における高さの制限（絶対高さ）
 2. 斜線による高さの制限
道路斜線 ……… 83
 1. 道路斜線と適用距離
 2. 道路斜線の緩和措置
 3. 敷地が 2 以上の用途地域にわたる場合
 4. 2 以上の前面道路がある場合
 5. 後退距離に含まれない建築物
隣地斜線 ……… 88
 1. 隣地斜線制限
 2. 隣地斜線の緩和措置
 3. 敷地が 2 以上の用途地域にわたる場合
北側斜線 ……… 90
 1. 北側斜線制限
 2. 北側斜線の緩和措置
天空率 ……… 92
 1. 天空率の算定方法
 2. 天空率による斜線制限の緩和措置
日影規制 ……… 94
 1. 日影規制の対象地域と規制値
 2. 日影が制限の異なる区域にわたる場合
 3. 同一敷地内に 2 以上の建築物がある場合
 4. 日影規制の緩和措置など

6 防火地域・準防火地域の建築制限 97
防火地域・準防火地域の概要 ……… 97

防火地域・準防火地域内の建築物 ……… 97
　1. 防火地域・準防火地域内の建築制限
防火地域・準防火地域の共通基準 ……… 100
　1. 共通基準
　2. 建築物が各地域の内外にわたる場合

7 法 22 条区域　102
　1. 法 22 条区域内の建築制限
　2. 準防火性能

8 その他の地域地区　104
特例容積率適用地区 ……… 104
高層住居誘導地区 ……… 104
高度地区 ……… 105
高度利用地区 ……… 105
総合設計制度 ……… 105
特定街区 ……… 106
特定防災街区整備地区 ……… 106
景観地区 ……… 106

4章　防火制限と内装制限 ── 107

1 用語の説明　108
延焼のおそれのある部分 ……… 108
防火設備 ……… 109
　1. 防火設備の種類
　2. 遮炎性能適合仕様
防火材料 ……… 110
　1. 不燃性能
　2. 不燃性能の保有時間

2 火災に対する構造基準　111
構造基準の種類 ……… 111
耐火構造 ……… 111
　1. 耐火性能の技術基準
　2. 適合仕様
準耐火構造 ……… 113
　1. 準耐火性能（準耐火性能：45 分間）
　2. 1 時間準耐火構造
　3. 75 分間準耐火構造
　4. 90 分間準耐火構造
防火構造 ……… 117
　1. 防火性能の技術基準
　2. 適合仕様
耐火建築物 ……… 118
準耐火建築物 …… 119

3 耐火建築物等にしなければならない建築物　120
特殊建築物 ……… 120
　1. 法 27 条 1 項の特殊建築物
　2. 法 27 条 2 項・3 項の特殊建築物
　3. 3 階建て共同住宅・学校等の特例
大規模木造建築物等 ……… 123
　1. 構造制限
　2. 大規模木造建築物等の外壁等

4 火災の拡大を防ぐための規定　127
防火区画 ……… 127
　1. 防火区画の種類
　2. 防火区画の一覧
防火区画の構造 ……… 130
　1. 特定防火設備
　2. 防火区画の周辺部の対策
　3. 防火区画を貫通する給水管等の措置
防火壁・防火床 ……… 132
　1. 防火壁・防火床が必要な建築物
　2. 木造建築物等の防火壁・防火床
火熱遮断壁等 ……… 133
　1. 火熱遮断壁等の種類
　2. 火熱遮断壁等の性能
界壁・間仕切壁・隔壁 ……… 134
別の建築物とみなすことができる壁等 ……… 135
内装制限 ……… 136
　1. 内装制限を受ける特殊建築物または大規模建築物
　2. 内装制限の対象となる部分
　3. 前項以外で内装制限の対象となる部分
無窓居室等の主要構造部 ……… 138

5章　避難施設 ── 139

1 避難経路　140
避難施設の規定 ……… 140
　1. 避難規定の適用を受ける建築物
　2. 廊下の幅
　3. 出入口等
　4. 手すりの高さ
直通階段の規定 ……… 142
　1. 直通階段の設置
　2. 歩行距離の算定方法
　3. 2 以上の直通階段の設置
避難階段の分類 ……… 145
　1. 設置基準
　2. 避難階段の構造基準
　3. 特別避難階段の構造基準
物品販売業の店舗の避難施設 ……… 148

敷地内通路 ……… 148
 1. 敷地内通路が必要な建築物
 2. 大規模木造建築物等の敷地内通路

❷ 非常用の避難施設 150

排煙設備 ……… 150
 1. 排煙設備を必要とする建築物等
 2. 防煙区画
 3. 排煙設備の構造
非常用の照明装置 ……… 152
 1. 構造基準
 2. 非常用の照明装置を必要とする建築物等
非常用の進入口 ……… 153
 1. 設置基準
 2. 構造基準
 3. 非常用の進入口に代わる開口部
非常用の昇降機（非常用エレベーター） ……… 154
 1. 設置基準
 2. 構造基準
 3. 乗降ロビーの構造
 4. 避難階の歩行距離
避難安全検証法 ……… 156

6章　構造強度 —— 157

❶ 構造計算 158

構造計算の基準 ……… 158
 1. 構造計算の必要な建築物
 2. 構造計算の流れ
許容応力度計算 ……… 160
 1. 応力度
 2. 許容応力度
層間変形角 ……… 164
偏心率・剛性率 ……… 165
保有水平耐力 ……… 165

❷ 構造規定 166

耐久性等関係規定 ……… 166
構造部材の耐久 ……… 166
基礎の構造 ……… 167
 1. 地耐力に応じた構造方法
屋根葺き材等 ……… 168
木造 ……… 169
 1. 適用範囲
 2. 木材
 3. 土台と基礎
 4. 柱
 5. はりなどの横架材

 6. 筋かい
 7-1. 壁量計算
 7-2. 耐力壁の配置（四分割法）
 8. 継手と仕口の構造方法
 9. 外壁内部などの防腐措置
組積造 ……… 180
 1. 適用範囲など
 2. 施工
 3. 壁の長さ
 4. 壁の厚さ
 5. 臥梁
 6. 開口部
 7. 手すり又は手すり壁
 8. 塀
補強コンクリートブロック造 ……… 182
 1. 適用範囲
 2. 耐力壁
 3. 臥梁
 4. 目地と空胴部
 5. 塀
鉄骨造 ……… 184
 1. 適用範囲
 2. 材料
 3. 圧縮材の有効細長比
 4. 柱の脚部
 5. はり
 6. 接合
 7. 柱の防火被覆
鉄筋コンクリート造 ……… 187
 1. 適用範囲
 2. コンクリートの材料
 3. 鉄筋の継手と定着
 4. コンクリートの強度
 5. コンクリートの養生
 6. 柱の構造
 7. はりの構造
 8. 床版（スラブ）の構造
 9. 耐力壁の構造
 10. 鉄筋のかぶり厚さ

7章　基準法のその他の規定 —— 193

一つの敷地とみなすことによる制限の緩和 ……… 194
 1. 総合的設計制度
 2. 連坦建築物設計制度
建築協定 ……… 195
 1. 協定の内容
 2. 協定の認可の申請

許可と同意 ……… 196

工事現場の安全等 ……… 197

  1. 工事現場の確認の表示等

  2. 工事現場の義務

罰則 ……… 198

  1. 命令・罰則

8章 その他の法律 —— 199

１ 建築士法 200

  1. 用語の定義

  2. 建築士免許の種類

  3. 建築士の登録・変更・取消など

  4. 建築士の業務範囲

  5. 業務

  6. 定期講習

  7. 建築士事務所の登録

  8. 建築士事務所の管理

  9. 設計受託契約と工事監理受託契約

２ 建設業法 203

  1. 用語の定義

  2. 建設業の許可

  3. 請負契約

  4. 紛争の処理

  5. 主任技術者・監理技術者の設置

３ 消防法 206

  1. 防火対象物

  2. 建築許可等の消防長の同意

  3. 防火管理者

  4. 防炎対象物品の遮炎性能

消防用設備 ……… 208

危険物 ……… 210

４ 都市計画法 211

都市計画区域の指定 ……… 211

都市計画の決定 ……… 211

  1. 区域区分

  2. 都市再開発方針

  3. 土地利用に関する計画

  4. 都市施設の整備に関する計画

  5. 市街地開発事業

  6. 地区計画等

開発行為 ……… 214

  1. 開発行為の許可

  2. 許可が必要な開発行為の規模

  3. 許可を必要としない開発行為

都市計画施設等の区域内の建築物の制限 ……… 215

５ 品確法 216

  1. 用語の定義

  2. 住宅性能評価制度の流れ

  3. 住宅紛争処理

  4. 住宅の新築工事の請負人の瑕疵担保責任

６ バリアフリー法 218

  1. 用語の定義

  2. 適合業務と努力義務

  3. 特定建築物の認定

７ 耐震改修促進法 222

  1. 既存耐震不適格建築物の種類

  2. 既存耐震不適格建築物の所有者の努力義務など

  3. 耐震改修計画の認定

  4. 計画の変更

  5. その他の措置

８ 建築物省エネ法 225

建築主・建築士の努力義務 ……… 225

建築主が講ずべき措置等 ……… 225

  1. 対象となる建築物

  2. 建築物エネルギー消費性能適合性判定

  3. トップランナー制度

  4. 適合義務と努力義務

誘導措置 ……… 227

建築物再生可能エネルギー利用促進地区 ……… 227

省エネ基準 ……… 228

  1. 窓や外壁などの外皮性能を評価する基準

  2. 設備機器などの一次エネルギー消費量を評価する基準

９ その他の法律 229

宅地造成等規制法 ……… 229

  1. 許可を必要とする宅地造成

  2. 工事の技術基準

医療法 ……… 230

建築物衛生法 ……… 230

駐車場法 ……… 231

建設リサイクル法 ……… 232

宅建業法 ……… 232

民法 ……… 232

労働基準法 ……… 232

労働安全衛生法 ……… 232

◆ column ◆ 建築関連法規の歴史 ……… 233

索 引 234

1章　建築基準法の基礎知識

- **1** はじめに　　　　　　　　　　　　………10
- **2** 建築基準法の基本定義　　　　　　………12
  建築基準法に使用される用語の説明
- **3** 建築基準法に関わる手続き　　　　………16
  確認申請など
- **4** 建築基準法の一部が適用されない建築物 …23
- **5** 敷地・面積・高さ等　　　　　　　………29
  建築物の規模などを算定するための基礎知識

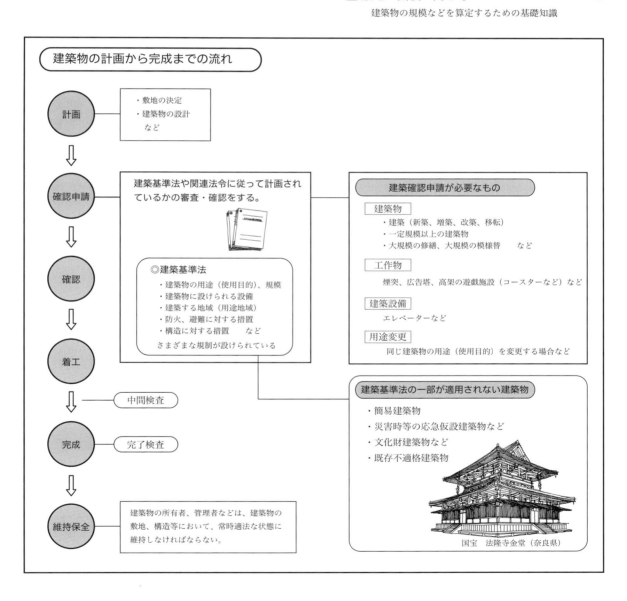

1 はじめに

建築基準法の分類

建築基準法は下記のように分類される。

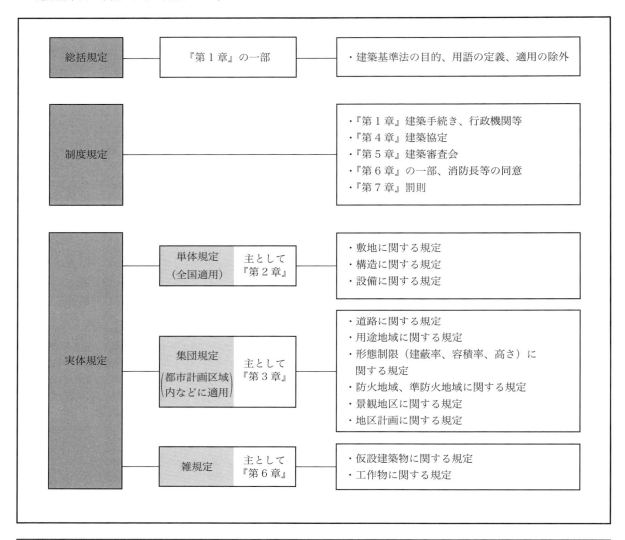

法令の構成・形式

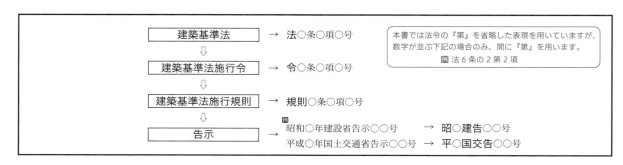

法令用語の読み方

1. 数量の表し方

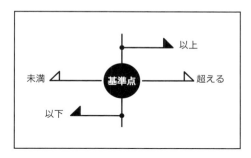

a. 基準点を含む場合
- 以上：100 ㎡以上　⇨　≧100 ㎡
- 以下：100 ㎡以下　⇨　≦100 ㎡
- 以内：100 ㎡以内　⇨　≦100 ㎡

b. 基準点を含まない場合
- 超える：100 ㎡超　⇨　＞100 ㎡
- 未　満：100 ㎡未満　⇨　＜100 ㎡

2. 接続詞の使い方

①『及び』・『並びに』

a. 2つの用語を、並列的に並べる

b. 3つ以上の用語を、並列的に並べる

※3つ以上の語句が並ぶ場合は読点（、）で接続し、最後に『及び』を用いる。

c.「及び」で接続された語句のグループを、2つ以上、並列的に接続する

②『又は』・『若しくは』

a. 2つの用語を、選択的に並べる

b. 3つ以上の用語を、選択的に並べる

※3つ以上の語句が並ぶ場合は、読点（、）で接続し、最後に『又は』を用いる。

c. グループ内の選択には、「若しくは」を使う

2 建築基準法の基本定義

建築物　【法2条1号】★

① 建築物の条件

a. 工作物であること

人が造ったもの。自然の洞窟などは工作物ではない。

b. 土地に定着したものであること

自動車、列車、船舶、飛行機などは、土地に定着していないので、船の客室なども建築物ではない。

c. 屋根があること

雨などを防ぐ屋根があることが建築物の要件となる。したがって、屋根を支える柱または壁が必要となる。

② 上記以外でも規制を受けるもの

a. 観覧のための工作物
注）野球スタンドなどは、屋根のない部分も含む。

b. 建築物に附属する門や塀など
注）屋根のないものも含む。

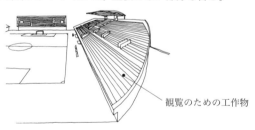

c. 高架または地下の工作物に設ける店舗、事務所など

その他、地下街に設ける事務所、店舗、食堂など

その他、建築設備も含まれる。

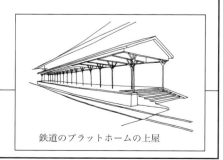

③ 建築物に含まれないもの

鉄道のプラットホームの上屋、跨線橋、貯蔵槽など

建築設備 【法2条3号】★

建築物に設ける電気、ガス、給水、排水、換気、暖房、冷房、消火、排煙若しくは汚物処理の設備または煙突、昇降機若しくは、避雷針をいう。

居室 【法2条4号】★

居室とは、人がある一定時間滞在する室をいう。具体的に表すと下記のようになる。

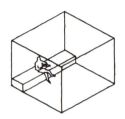

住宅　：居間、応接室、寝室、書斎、食堂など
事務所：事務室、応接室、会議室、役員室、守衛室など
店舗　：売場、事務室、食堂、調理室など
病院　：病室、診療室、看護士室、医師室など
工場　：作業場、事務室、研究室、休憩室など
その他：レストラン・飲食店の厨房、共同住宅の管理室など

居室でない例
玄関・廊下・便所・浴室・洗面所など

主要構造部 【法2条5号】★

a. 主要構造部

主要構造部： 壁　柱　床　はり　屋根　階段

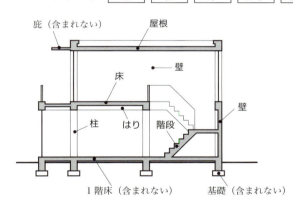

※ 主要構造部に含まれない部分

| 壁　：構造上重要でない間仕切壁 |
| 柱　：間柱・附け柱 |
| 床　：揚げ床・最下階の床・回り舞台の床 |
| はり：小ばり |
| 屋根：庇 |
| 階段：局部的な小階段・屋外階段 |

※ 主要構造部に基礎は含まれない。
（防火上の影響が少ないため）

b. 主要構造部と構造耐力上主要な部分の相違点

◎『主要構造部』【法2条5号】 ⇒ 4章・5章
　：主に防火面からみて主要な部分

◎『特定主要構造部』(p.118)【法2条9号の2】【令108条の3】
　　　　　　　　　　　　　　⇒ 4章・5章
　：主要構造部のうち、防火や避難をする上で
　　主要な部分

◎『構造耐力上主要な部分』【令1条3号】 ⇒ 6章
　：主に構造面からみて主要な部分

主要構造部	構造耐力上主要な部分
壁・柱・床・はり・屋根・階段	基礎・壁・柱・土台・筋かい など
建築物の耐火性能や火災避難時の安全確保などの性能にかかわる部分	建築物の自重や積載荷重または地震などの外力による衝撃を支える性能にかかわる部分

1 建築基準法の基礎知識

建築　【法2条13号】★

a. 新築

何も建っていない敷地（更地）に建築物を建てること。
材料の新旧は問わない。

b. 増築

建築物の床面積が増加すること。
同一棟の場合もあるが、別棟となる場合もある。

c. 改築

建築物を除却し（一部でもよい）、その跡へ以前と用途・規模・構造がほぼ変わらないものを建てること。

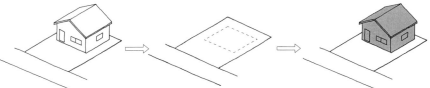

d. 移転

建築物を移動すること。

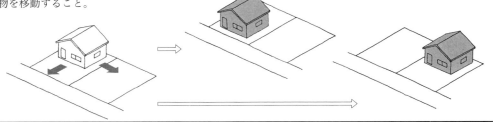

大規模の修繕と模様替　★

a. 大規模の修繕　【法2条14号】

建築物の**主要構造部**の一種以上について行う**過半**の修繕をいう。
（前ページ参照）

修繕：建築物の老朽化や損傷部分などを、実用上支障のない状態まで回復させること。

b. 大規模の模様替　【法2条15号】

建築物の**主要構造部**の一種以上について行う**過半**の模様替をいう。

模様替：建築物の仕上、造作、装飾などを改めること。

特殊建築物　【法2条2号】【法別表1】【令115条の3】★

- 地域環境の整備のため、建築できる用途が地域によって定められている。⇒ 用途地域の建築制限（本書3章）
- 不特定多数の人が利用する建築物で、利用する人の安全を図らなければならない。⇒ 避難施設の設置（本書5章）
  構造強度の確保（本書6章）
  など

	特殊建築物の分類
(1)	劇場・映画館・演芸場・観覧場・公会堂・集会場
(2)	病院・診療所・ホテル・旅館・下宿・寄宿舎・共同住宅・児童福祉施設等【令19条1項】
(3)	学校・体育館・博物館・美術館・図書館・ボーリング場・スキー場・スケート場・水泳場・スポーツ練習場
(4)	百貨店・マーケット・展示場・キャバレー・カフェー・ナイトクラブ・バー・ダンスホール・遊技場・公衆浴場・待合・料理店・飲食店・物品販売店舗
(5)	倉庫
(6)	自動車車庫・自動車修理工場・映画スタジオ・テレビスタジオ

※その他、すべての工場、市場、危険物の貯蔵庫、と畜場、火葬場、汚物処理場など、これらに類する用途の建築物を含む。

指定工作物　【法88条】★

指定工作物とは、建築物ではないのに、建築物に準じて手続きが必要な工作物をいう。

1. 指定工作物の主なもの　【令138条】☆

① 主に構造規定 (p.166) の規制を受けるもの

a. 駆動装置を伴わないもの

- 高さ15m超 ─ 鉄筋コンクリート造の柱、鉄柱、木柱（旗ざおを除く）など
- 高さ 8m超 ─ 高架水槽、サイロ、物見塔など
- 高さ 6m超 ─ 煙突
- 高さ 4m超 ─ 広告塔、広告板、装飾塔、記念塔など
- 高さ 2m超 ─ 擁壁

b. 駆動装置を伴うもの

- 観光用のエレベーターまたはエスカレーター
- 高架の遊戯施設（コースターなど）
- 原動機を伴う回転運動遊戯施設
  （メリーゴーランド、観覧車など）

② 主に用途地域 (p.69) の規制を受けるもの

- 住居、商業地域内に設けるコンクリートクラッシャーなど
- 住居系用途地域内に設ける機械式自動車駐車装置
- 高さ8mを超えるサイロ（飼料・肥料等の貯蔵槽）
- 汚物処理場、ゴミ焼却場などの処理施設

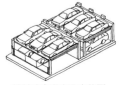

機械式自動車駐車装置

3 建築基準法に関わる手続き

確認申請　【法6条】★

建築主は、一定の範囲を超える規模、構造、用途の建築物の建築などを行う場合には、着工に先立って建築主事または指定確認検査機関に、確認申請書と設計図書などの添付書類を提出し、確認済証の交付を受ける。

> 確認申請の書類または図書の一部に代えて、必要な内容を記録した磁気ディスク等によっても申請をすることができる。
> （ただし、特定行政庁が指定した区域内に限る。）【規則11条の3】

1. 確認申請を必要とする建築物等

① 確認申請が必要な建築物

		用途・構造	規模（増築後に下記の規模に達した場合も含む）	工事種別	添付図書【規則11条の3】↑必要に応じ、計算書・認定書の写し等

a. 全国に適用される規定

		用途・構造	規模	工事種別	添付図書
(1)	特殊建築物【法6条1項1号】【法別表1】【令115条の3】	劇場、映画館、演芸場、観覧場、公会堂、集会場	供する部分の床面積の合計 >200㎡	・建築・大規模の修繕・大規模の模様替・用途変更（類似用途を除く）	付近見取図、配置図各階平面図床面積求積図立面図（2面以上）断面図（2面以上）地盤面積算定表構造詳細図基礎伏図各階床伏図小屋伏図
		病院、診療所（患者の収容施設のあるもの）、ホテル、旅館、下宿、共同住宅、寄宿舎、児童福祉施設等			
		学校（専修学校および各種学校を含む）、体育館、博物館、美術館、図書館、ボーリング場、スキー場、スケート場、水泳場、スポーツ練習場			
		百貨店、マーケット、展示場、キャバレー、カフェー、ナイトクラブ、バー、ダンスホール、遊技場、公衆浴場、待合、料理店、飲食店、物品販売業を営む店舗			
		倉庫			
		自動車車庫、自動車修理工場、映画スタジオ、テレビスタジオ			
(2)	(1)以外の建築物で右欄の規模に該当する建築物【法6条1項2号】		階数≧2または延べ面積 >200㎡	・建築・大規模の修繕・大規模の模様替	付近見取図、配置図各階平面図立面図（2面以上）断面図（2面以上）構造詳細図基礎伏図、各種床伏図小屋伏図

> 仕様規定のみで構造安全性を確認するものには不要

b. 上記(1)(2)以外、都市計画区域、準都市計画区域、その他の指定区域に適用される規定

		用途・構造	規模	工事種別	添付図書
(3)	小規模な建築物【法6条1項3号】		上記以外すべて	建築	付近見取図、配置図各階平面図

1 建築基準法の基礎知識

> 確認申請が不要な建築物
>
> ・防火、準防火地域以外の地域で増築・改築・移転の床面積の合計が10㎡以内のもの。
> 【法6条2項】
> ・災害時の応急仮設建築物、工事用仮設建築物。
> (p.24)【法85条2項】
> など

災害時の応急仮設建築物

工事用仮設建築物

② 確認申請が必要な工作物 【法88条】

全国に適用される規定

		用途・構造		工事種別	提出図面
		用途	高さ		
(1)	令138条1項の工作物	鉄筋コンクリート造の柱、鉄柱、木柱等	>15m	築造	付近見取図、配置図 平面図、横断面図 側面図、縦断面図 構造詳細図
		高架水槽、サイロ、物見塔等	>8m		
		煙突	>6m		
		広告塔、広告板、装飾塔、記念塔等	>4m		
		擁壁	>2m		
(2)	令138条2項の工作物	観光用のエレベーター又はエスカレーター 高架の遊戯施設（ウォーターシュート、コースター等） 原動機を伴う回転運動遊戯施設（メリーゴーランド・観覧車等）		設置	
(3)	令138条3項の工作物	製造施設・貯蔵施設・遊戯施設など （用途規制が適用される指定工作物）			付近見取図、配置図 平面図、横断面図 側面図、縦断面図

③ 確認申請が必要な建築設備 【法87条の4】

全国に適用される規定

		用途・構造	工事種別	提出図面
(1)	法87条の4 令146条 の建築設備	エレベーター又はエスカレーター	設置	各階平面図 構造詳細図
(2)		小荷物専用昇降機 （出し入れ口の下端が、床面よりも50cm以上高いものを除く） 【平28国交告239号】		
(3)		定期報告が義務付けられている建築設備（屎尿浄化槽を除く）		

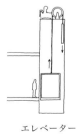
エレベーター

エスカレーター

小荷物専用昇降機

17

2. 用途変更による確認申請

① 確認申請が必要な用途変更　【法87条】

用途変更をして特殊建築物になる場合で、その用途に使用する部分が200㎡を超えるもの。

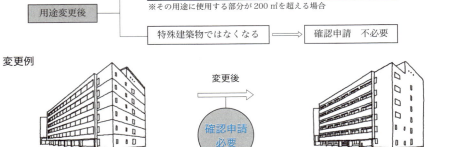

変更例

事務所ビル　→（確認申請 必要）→　共同住宅

② 確認申請が不要な類似用途間相互の用途変更　【令137条の18】

下表の建築物で同じ枠内への用途変更（類似の用途相互間）の場合は、確認申請は不要。

(1)	劇場・映画館・演芸場
(2)	公会堂・集会場
(3)	診療所（患者の収容施設があるもの）・児童福祉施設等
(4)	ホテル・旅館
(5)	下宿・寄宿舎
(6)	博物館・美術館・図書館
(7)	体育館・ボーリング場・スケート場・水泳場・スキー場・ゴルフ練習場・バッティング練習場
(8)	百貨店・マーケット・その他の物品販売業を営む店舗
(9)	キャバレー・カフェー・ナイトクラブ・バー
(10)	待合・料理店
(11)	映画スタジオ・テレビスタジオ

変更例

スーパーマーケット　→（確認申請 不要）→　ショッピングセンター

ただし、下記の場合は確認申請が必要となる。

(3)・(6)に含まれる建築物	＋	第一種・第二種低層住居専用地域 または田園住居地域
(7)に含まれる建築物	＋	第一種・第二種中高層住居専用地域または工業専用地域
(9)に含まれる建築物	＋	準住居地域または近隣商業地域

3. 確認申請の流れ 【法6条】【法6条の2】【平19国交告835号】

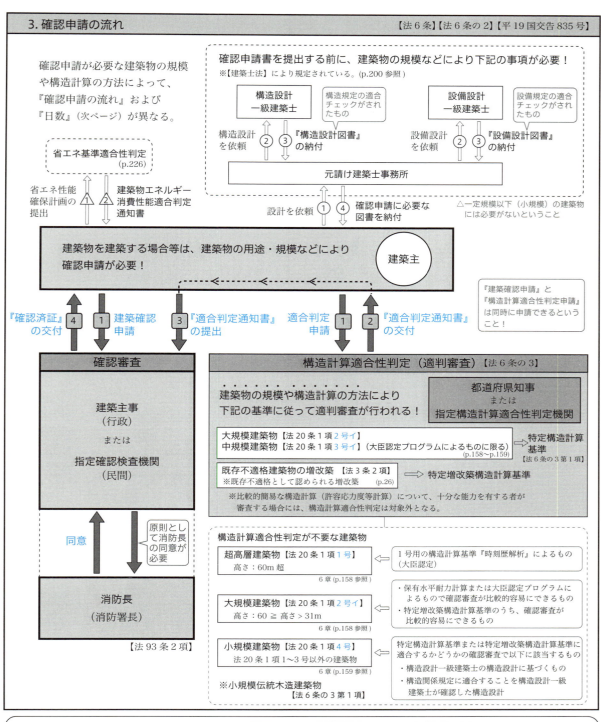

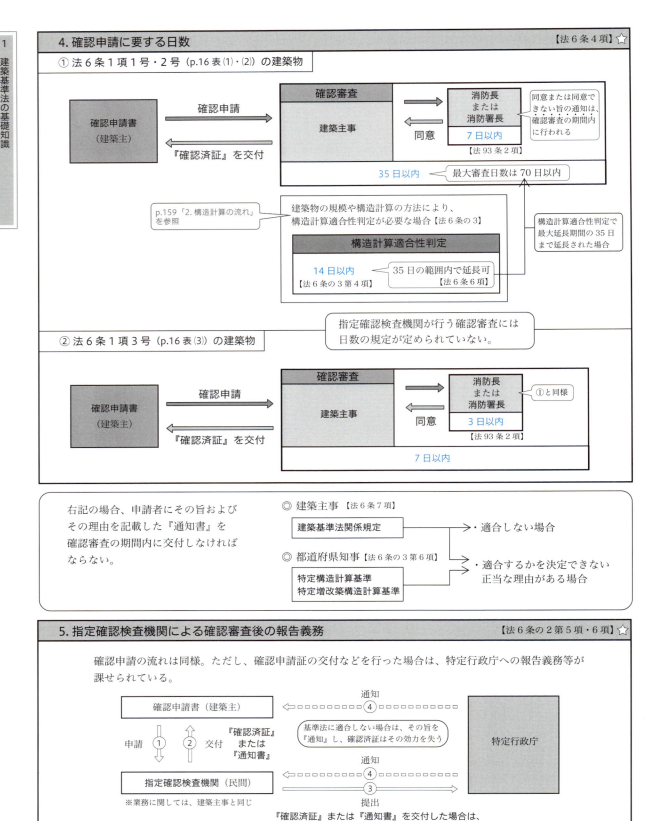

中間検査・完了検査

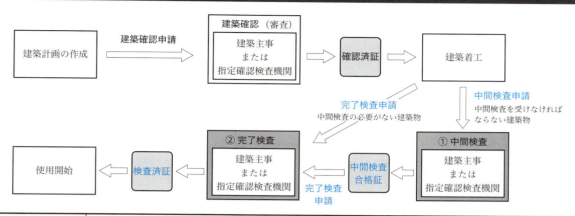

① 中間検査　【法7条の3】

中間検査を受けなければならない建築物

- 特定行政庁が『特定工程の指定』をした建築物　⇐ 主に、超高層建築物・大規模建築物・中規模建築物（6章（p.158参照））
- 3階建て以上の共同住宅で、床、はりに鉄筋を配置するもの　⇐ 建築主は床・はりの配筋工事を終えた時は、中間検査を申請しなければならないということ

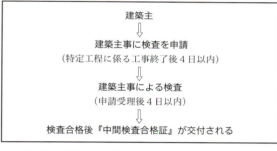

『中間検査合格証』の交付を受けた後でないと次の行程へ進めることができない。

② 完了検査　【法7条】

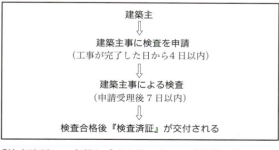

『検査済証』の交付を受けた後でないと建築物を使用することができない。 p.16 表中(1)・(2)の建築物
共同住宅以外の住宅などを除く

ただし、法6条1項1号・2号までの建築物で、下記のいずれかに該当する場合は仮使用することができる。【法7条の6】
- 特定行政庁が、安全上、防火上、避難上支障が無いと認めたとき。
- 建築主事、指定確認検査機関が当該基準に適合すると認めたとき。
- 申請が受理された後、7日を経過したとき。

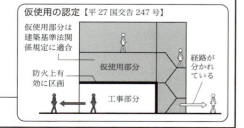

仮使用の認定【平27国交告247号】

建築主事と特定行政庁 【法2条35号】★

建築基準法では、建築主事を置く市町村長または都道府県知事に限って建築物の許可などに関する一定の権限をもたせ、そのような行政庁を『特定行政庁』と呼ぶ。

建築主事を置くかどうかは、設置義務のある大都市を除いて任意とされているため、建築主事を置かない市町村では、都道府県知事が特定行政庁となる。

行政庁：法律的な権限を有する知事または市町村長を示す。

◎ 建築主事・特定行政庁の行う業務

建築主事【法4条】	特定行政庁
・建築確認、検査のみ	・違反建築物に対する措置 ・既存不適格建築物に対する措置 ・許可（道路内建築物：アーケードなどの建築許可）など

指定確認検査機関 【法77条の18～35】★

国土交通大臣または都道府県知事の指定を受け、確認検査の業務を行う民間の機関。

① 業務	・建築確認審査：p.19～p.20 参照【法6条の2】 ・中間検査　　：p.21 参照【法7条の4】 ・完了検査　　：p.21 参照【法7条の2】
② 指定確認検査機関の指定	【法6条の2第2項】 ・1つの都道府県の区域内で確認の業務を行う場合　　　：都道府県知事が指定 ・2つ以上の都道府県の区域内で確認の業務を行う場合：国土交通大臣が指定
③ 特定行政庁による指導監督体制	

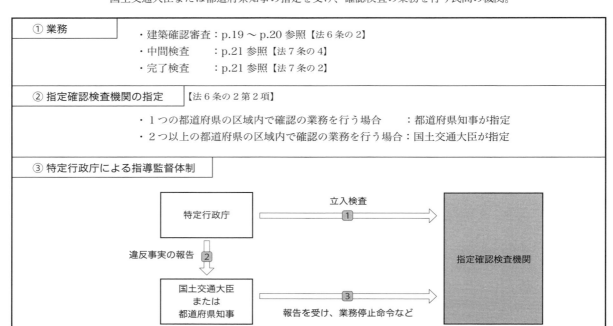

4 建築基準法の一部が適用されない建築物

簡易建築物　【法84条の2】【令136条の9】★

一般の建築物ほど防火に関する性能がなくても支障がないとして、建築基準法上の一部の規定の適用が除外されている建築物。

① 対象となる建築物

❶ 自動車車庫

❷ スケート場、水泳場、スポーツ練習場などの運動施設

❸ 不燃性の物品のみの保管庫（火災発生のおそれの少ない用途）

❹ 畜舎、堆肥舎、水産物の増殖・養殖場
　（認定畜舎はすべて適用外）

畜舎

② 簡易建築物の種類　【令136条の9】

・階数が1
・床面積が3,000㎡以内　⇐　左記の条件を満たした下記のもの

a. 開放的簡易建築物

壁のない建築物や、国土交通大臣が開放性が高いと認めて指定する構造の建築物またはその部分。

・上記❶～❹のもの
　※開放性の高い駐車場など

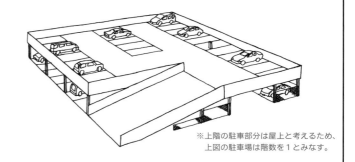

※上階の駐車部分は屋上と考えるため、
　上図の駐車場は階数を1とみなす。

b. 帆布構造建築物

屋根および外壁が帆布などで造られている建築物またはその部分。間仕切壁がなく開放的なもの。

・上記❷～❹のもの　⇐　自動車車庫は認められない
　※スポーツ練習場など　　　　ということ

		仮設建築物	【法 85 条】★

存続期間を限定することで認められる建築物。

1. 仮設建築物の種類と制限の緩和　　　　　　　　　　　　　　　　　　　【法 85 条 1 項〜7 項】☆

応急仮設建築物：非常災害があった場合に、特定行政庁が指定する区域内に着工する応急仮設建築物。

（発生した区域・隣接する区域）

	仮設建築物の種類		制限の緩和	存続期間
①	非常災害時の応急仮設建築物 災害発生後1ヶ月以内に着工するもの 【1 項】	a. 破損した建築物の応急の修繕 b. 国、地方公共団体、日本赤十字社が災害救助のために建築するもの c. 被災者が自ら使用するもので延べ面積 30 ㎡以内のもの	すべての法令が適用されない 防火地域内に建築する場合を除く 防火地域内は建築物等が密集しているため、仮設建築物からの火災等の二次災害が考えられるため	3 ヶ月以内 特定行政庁が安全上、防火上、衛生上支障がないと認め許可した場合 3 ヶ月超〜2 年以内
②	災害時の公益上必要な応急仮設建築物 【2 項】	郵便局、駅舎、官公署など	一部の法令の適用を受けない 適用を受ける法令 ・耐火、準耐火建築物としなければならない建築物　【法 27 条】 ・特殊建築物等の内装　【法 35 条の 2】 ・防火・準防火地域内で50 ㎡を超える場合は屋根の不燃化　【法 62 条】　など	【3 項・4 項】
③	工事用現場事務所 【2 項】	現場事務所、材料置き場など		工事のために必要な期間
④	仮設興行場等 【6 項】	仮設興行場、博覧会建築物、仮設店舗など	一部の法令の適用を受けない	1 年以内 特定行政庁が安全上、防火上、衛生上支障がないと認め許可した場合 （仮設店舗は新しい店舗が完成するまで）
⑤	特別仮設興行場等 【7 項】	オリンピックのプレ大会や準備などに必要な施設やエンターテイメント施設などへの活用など		1 年超えて必要な期間 特定行政庁が、存続期間を定めて建築を許可した場合。 ただし、建築審査会の同意が必要。

文化財建築物 【法3条1項】

文化財建築物などに対しては、その原形保存という要請に応じて建築基準法の適用を除外する措置がとられている。ただし、消防法上は、出火防止のため『自動火災報知器』の設備が義務づけられている。

| 文化財建築物の範囲 | （基準法の適用除外となる建築物） |

a. 国宝、重要文化財、重要有形民俗文化財、特別史跡名勝天然記念物または、史跡名勝天然記念物として指定・仮指定された建築物【文化財保護法】

b. 重要美術品として認定された建築物【旧重要美術品保存法】

c. 特定行政庁が建築審査会の同意を得て指定した保存建築物（【文化財保護法182条2項】の条例またはその他の条例による）

d. 上記に該当する建築物の原形の再現を特定行政庁が建築審査会の同意を得て認めたもの

国宝　法隆寺金堂（奈良県）

伝統的建造物群保存地区 【法85条の3】

a. 伝統的建造物群
『周囲の環境と一体をなして歴史的風致を形成している伝統的な建造物群で価値の高いもの』【文化財保護法2条1項6号】

b. 伝統的建造物群保存地区
『伝統的建造物群およびこれと一体化をなして環境を保存するため定める地区』【文化財保護法142条】
この地区では、その環境保存の目的のため建築基準法の一部を不適用とするかまたは緩和の措置がとられている。ただし、国土交通大臣の承認を得て、市町村が条例で定める。

金沢市東山ひがし茶屋町（石川県）

その他、景観重要建造物【法85条の2】などもある。

既存不適格建築物 【法3条2項】

1. 既存不適格建築物と違反建築物

法令が新しく制定されたり、改正された際に、それ以前から存在している建物がある。その建築物が、新たに制定された法令に適合していればいいが、適合しない部分がある場合にでも、その建築物を存続させることができる。

例　用途地域が変更になった場合

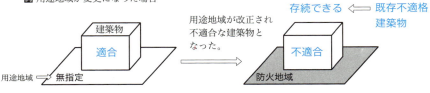

| 維持保全計画 |

建築物の敷地、構造、設備に対して、そのまま放置すれば保安上危険となる場合
⇩
特定行政庁は、その所有者に対して、

指導・助言　命令　勧告
【法9条の4】　【法10条】

をすることができる。

※・建築工事中に法令が改正された場合においても、当初の計画のままで進めることができる。
・もともと（改正前）から不適合であった建築物は、現行（新しい法令）に適合するように改修しなければ、存続できない。⇐ 違反建築物

2. 既存不適格建築物として認められる増改築など 【法86条の7】【令137条の2】

新しい法令の適用後に、その建築物を除去し新たな建築物を建築したり、増築・改築・移転・大規模の修繕・大規模の模様替を行う場合は、それを機に現行の基準が適用される。
また、いったん適法状態にした建築物を、不適格建築物に戻すことはできない。

例 増築した場合

① 増築等を行わない部分の緩和 【法86条の7第3項・4項】【令137条の15】

増築・改築・大規模の修繕または模様替

増築等を行わない部分は対象外となるが避難経路となる部分は、付随して基準に適合させなければならない。

例 廊下の幅の基準（p.140）を下回る場合

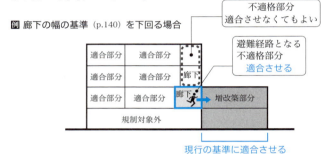

② 主要構造部規定に関する緩和 【令137条の2第1号】

a. 一体となる場合 【1号イ】

「耐久性等関係規定」(p.166) などに適合する。

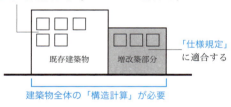

建築物全体の「構造計算」が必要

b. 既存建築物と増改築部分を分離させる場合 【1号ロ】

「耐久性等関係規定」などに適合する。

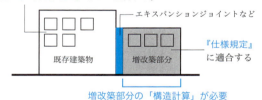

増改築部分の「構造計算」が必要

小規模の場合の緩和措置 【令137条の2第2号・3号】

a. 増改築部分の面積が 1/20 かつ 50 ㎡を超え、1/2 を超えない場合【2号イ】

↓ 2階建以下の木造建築物などの場合

小規模建築物（法20条1項4号）の場合 (p.159)【2号ロ】

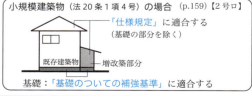

b. 増改築部分の面積が 1/20 かつ 50 ㎡以下の場合 【3号イ】

増改築部分の「構造計算」が必要

③ 防火・避難規定に関する緩和　【法86条の7第1項】

小規模の場合の緩和措置

増改築部分の床面積が 50 ㎡以下かつ延べ面積の 1/20 の場合

④ ②・③の面積に算入されない部分　【法86条の7第1項】【令137条の2の2～令137条の11の2】

火災の発生のおそれのない用途（階段室、機械室、便所、浴室、昇降路等）は床面積から除くことができる。

a. 省エネ設備を増設　　b. 防災設備を増設　　c. 水回り設備を増設

 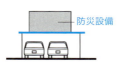 

d. 築古の公営住宅で便所・浴室を省エネ性能の高いものに全戸入れ替える　　e. 中層マンションなどで階段を増設

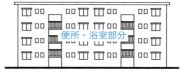 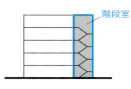

※ d・e は「③ 防火・避難規定」のみ増改築などに係る部分を床面積から除くことができる。

⑤ 防火別棟・避難別棟の増築等の場合　【法86条の7第1項】【令137条の2の2～令137条の11】

既存不適格部分に主要構造部規定・防火関係規定・避難関係規定の適合は求められない。

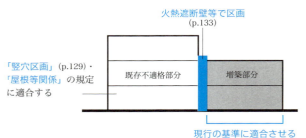

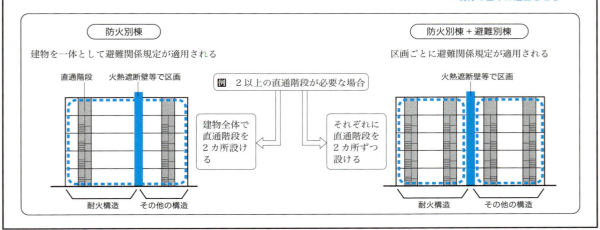

⑥ 火熱遮断壁等で区画された別棟部分が、増築等の前から2以上存在する場合　【法86条の7第2項・4項】【令137条の14第2号】

増築等を行わない既存不適格部分には主要構造部規定・防火関係規定の適合は求められない。

⑦ 屋根・外壁の大規模の修繕・模様替の場合　【法86条の7第1項】【令137条の12】

既存不適格部分に主要構造部規定・防火関係規定・避難関係規定の適合は求められない。

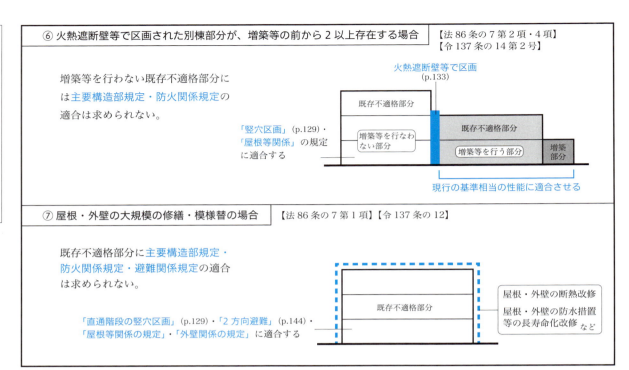

3. 既存不適格建築物の大規模の修繕・模様替の緩和　【法86条の7】

省エネのための大規模の修繕・模様替の場合は、現行の基準は適用されない。

a. 接道義務（法43条1項 (p.67)）が不適格な敷地内の建築物

b. 道路内建築制限（法44条1項 (p.68)）に建築物の一部が係っている建築物

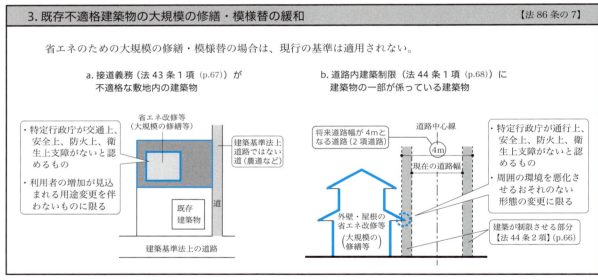

4. 既存不適格建築物の移転の緩和　【法86条の7第4項】【令137条の16】

既存不適格建築物であっても移転できる。

特定行政庁が、交通上、安全上、防火上、避難上、衛生上及び市街地の環境の保全上支障がないと認める場合に可

a. 同一敷地内への移転　　b. 他の敷地への移転

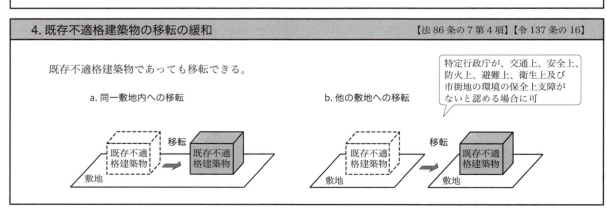

5 敷地・面積・高さ等

建築物の敷地

1. 建築物の敷地　【令1条1号】

基本的に『一敷地一用途』

例　工場とそこで働く人の社宅は、関連があるものの用途上不可分とはいえないので、工場の敷地と社宅の敷地は区分する。

『1つの建築物又は用途上不可分な関係にある2以上の建築物のある一団の土地をいう』【令1条1号】

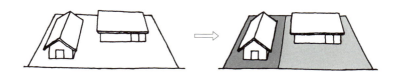

一つの敷地に用途上不可分と認められない関係の建築物がある場合

敷地をそれぞれの建築物ごとに分けなければならない

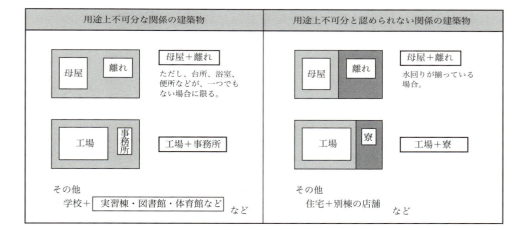

用途上不可分な関係の建築物	用途上不可分と認められない関係の建築物
母屋＋離れ　ただし、台所、浴室、便所などが、一つでもない場合に限る。	母屋＋離れ　水回りが揃っている場合。
工場＋事務所	工場＋寮
その他　学校＋実習棟・図書館・体育館など　など	その他　住宅＋別棟の店舗　など

複数の敷地を一つの敷地とみなすことによる制限の緩和【法86条】 (p.194参照)

特定行政庁が認めるものは、総合的設計などにより、複数の建築物が同一敷地内にあるとみなすことができる。　など

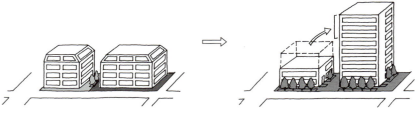

通常はそれぞれの敷地に対してさまざまな規制を受ける

一つの敷地にあるものとみなすことでいくつかの規制が緩和される

2. 敷地面積　【令2条1項1号】

> 敷地面積：敷地の水平投影面積

※敷地内に斜面がある場合においても、水平投影面積によって算出する。

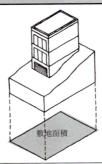

① 接道の幅員が4m未満の場合の措置　【法42条2項】

a. 道路幅が4m未満の場合

道路中心線から敷地側に2mの位置が道路境界線とみなされる。

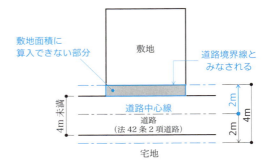

b. 対面が、がけ地・川・線路敷などの場合

道路の反対側から敷地側に4mの位置が道路境界線とみなされる。

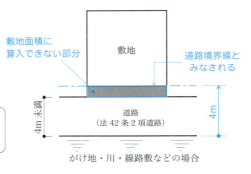

※a.b. いずれも、特定行政庁が指定した道路の場合による。
　　　　　↑
　　　法42条2項道路

◎下図のものであっても道路境界線から出てはいけない。

a. 敷地の擁壁【法44条1項】	b. 塀や門
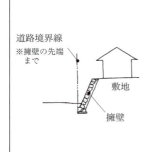 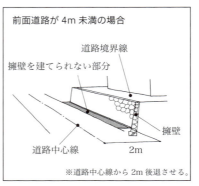	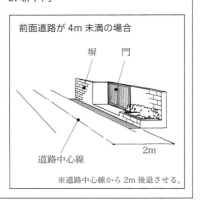

建築面積

【令2条1項2号】★

建築面積：建築物の外壁又はこれに代わる柱の中心線で囲まれた部分の水平投影面積

※ 建蔽率 (p.78～p.81) の算定に使用する。

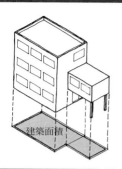

1. 建築面積に算入されない部分

① 地階・軒・庇などの部分

a. 軒・庇・はね出し縁などがある場合

外壁または柱の中心線から1m以上突き出たものがある場合 ← その先端から水平距離1m後退した部分までは算入しない

※ 1m未満のものは算入しない。

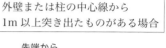

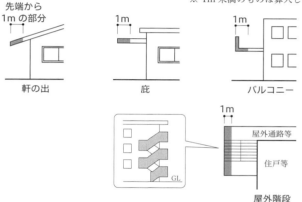

特例軒等

工場または倉庫の用途で、荷物の積み卸しなどの業務ために設ける庇はその先端から水平距離5m後退した部分までは算入しない

・軒などの先端と敷地境界線との間に有効な空地が確保されている
・安全上、防火上、衛生上支障がないもの

b. 地階が地盤面上に突出する場合

地階で地盤面上1m以下ならば算入しない。

c. 玄関ポーチに柱がある場合

先端から柱の中心までは算入しない。

ただし、その部分が1mを超える場合は先端から1mの部分

d. 出窓などがある場合

出窓は、一定の条件 (p.33) を満たした場合に算入される。

建築面積のイメージ

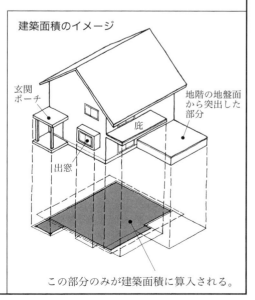

この部分のみが建築面積に算入される。

② 高い開放性を有する建築物の特例　　【令2条1項2号ただし書き】【平5建告1437号】

下記の場合は、その端から水平投影面積1m以内は建築面積に算入しなくてよい。
ただし、階数が1（地階を除く）の場合に限る。

a. 柱の間隔が 2m 以上

b. 柱の間隔が 2m 未満

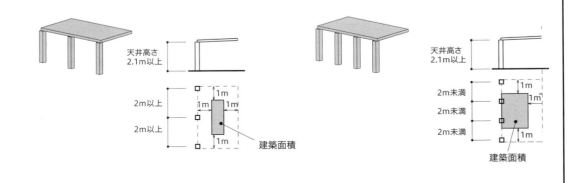

c. 天井の高さが 2.1m 以上

d. 外壁を有しない部分が連続で 4m 以上

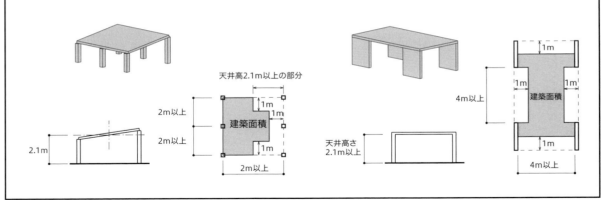

築造面積　【令2条1項5号】

築造面積：工作物の水平投影面積

自動車車庫の用途に供する工作物で、機械式駐車装置を用いる場合、
築造面積の算定方法は下記となる。

機械式駐車装置：自動車1台につき 15㎡として面積換算をする。
【昭50建告644号】

築造面積 = 15㎡ × 自動車の台数

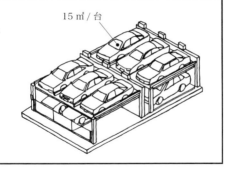

床面積　【令2条1項3号】

床面積：建築物の各階またはその一部で、壁その他の区画の中心線で囲まれた部分の水平投影面積

1. 床面積の算定方法

① 床面積に算入しない部分　【参考資料：昭和61.4.30 建設省住指発第115号】

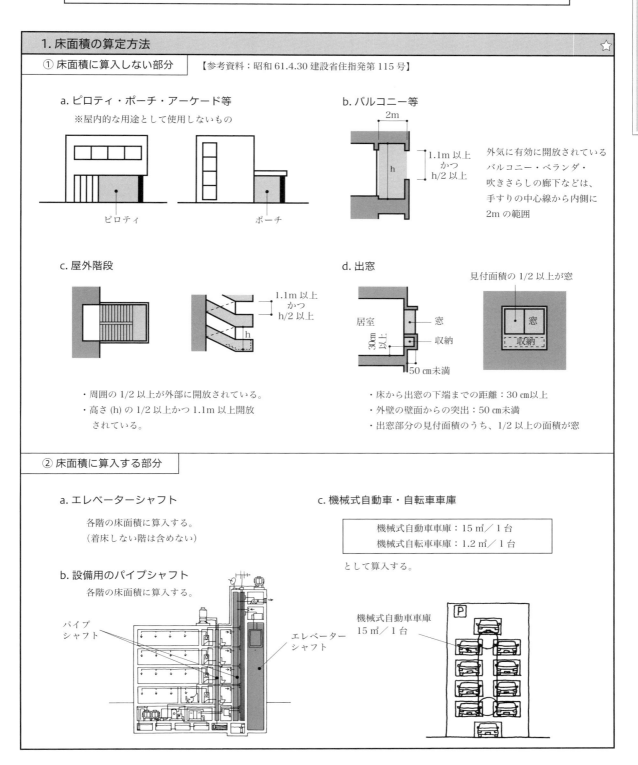

a. ピロティ・ポーチ・アーケード等
※屋内的な用途として使用しないもの

b. バルコニー等

外気に有効に開放されているバルコニー・ベランダ・吹きさらしの廊下などは、手すりの中心線から内側に2mの範囲

c. 屋外階段
・周囲の1/2以上が外部に開放されている。
・高さ(h)の1/2以上かつ1.1m以上開放されている。

d. 出窓
・床から出窓の下端までの距離：30cm以上
・外壁の壁面からの突出：50cm未満
・出窓部分の見付面積のうち、1/2以上の面積が窓

② 床面積に算入する部分

a. エレベーターシャフト
各階の床面積に算入する。
（着床しない階は含めない）

b. 設備用のパイプシャフト
各階の床面積に算入する。

c. 機械式自動車・自転車車庫

機械式自動車車庫：15㎡／1台
機械式自転車車庫：1.2㎡／1台

として算入する。

延べ面積 【令2条1項4号】★

延べ面積：建築物の各階の床面積の合計

ペントハウスや自動車車庫などにおいても、面積に関わらず、すべてを算入する。
確認申請の手数料や登記などは上記の算定方法を用いる。

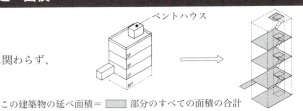

この建築物の延べ面積＝ ■ 部分のすべての面積の合計

1. 容積率算定に用いる延べ面積

容積率（p.73〜p.77）の算定に用いる場合には、下記の部分は延べ面積に算入されない。

① 自動車車庫の特例 【令2条1項4号・3項】（p.75 ① 参照）

敷地内の建築物の延べ面積（自動車車庫部分を含む）の1/5を限度として、駐車場面積は算入しない。

a. 駐車場の面積が全面積の1/5以下場合

| 2階 | 1階 | 駐車場 |

駐車場の面積は延べ面積に算入されない。

延べ面積：（1階＋2階）

b. 駐車場の面積が全面積の1/5を超える場合

| 2階 | 1階 | 駐車場 |

全面積の1/5は延べ面積に算入されない。

延べ面積：$\frac{4}{5} \times$（1階＋2階＋駐車場）

② 住宅（共同住宅を含む）・老人ホーム等の地階の特例 【法52条3項】（p.75 ② 参照）

住宅（共同住宅の住戸部分も含む）・老人ホーム等の用途として使用する地階

> 福祉ホーム、老人ホームなどのこと
> 介護老人保健施設、療養病床など建築基準法上、病院・診療所として取り扱うものは対象ではない！

地階の天井が地盤面からの高さが1m以下の場合
↓
上記の用途に供する床面積の合計の1/3を限度として延べ面積に算入されない。

③ エレベーターの昇降路 【法52条6項1号】【令135条の16】

建物の用途に関係なく、『エレベーターの昇降路部分』の床面積は、延べ面積に算入されない。

※・機械室は床面積に算入する。
・エスカレーターや小荷物専用昇降機は床面積に算入する。
・床面積（p.33）、建築面積（p.31）、建蔽率（p.78〜p.81）を求める場合は床面積に算入する。

> 容積率を求める場合のみ床面積に算入しないということ！

④ 共同住宅・老人ホーム等の共用部分 【法52条6項2号】

『共同住宅の共用廊下・階段部分』の床面積は、延べ面積に算入されない。

※エレベーターホールやエントランスなども算入されない。

⑤ 住宅・老人ホーム等の機械室 【法52条6項3号】

『住宅または老人ホーム等の共用部分に設ける機械室など』の床面積は、延べ面積に算入されない。

> 特定行政庁が交通上、安全上、防火上、衛生上支障がないと認めるもの
> 給湯設備などの設備を設置するもので市街地の環境を害するおそれがないものに限る

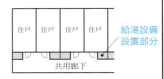

⑥ 宅配ボックス 【令2条1項4号・3項】

『宅配ボックスの利用のために設ける室など』の床面積は、延べ面積に算入されない。

※・室として区画されていない場合は、預け入れ面、取り出し面から前方に水平距離1mの部分まで算入されない。
・算入されない床面積の部分は、各階の床面積の合計の1/100を限度とする。

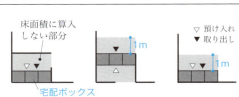

建築物の高さ 【令2条1項6号】

建築物の高さ：地盤面からの高さ

門や塀等の高さ 【令2条1項6号イ】

前面道路の路面の中心からの高さ。
※道路斜線（p.83〜p.87）の場合も同じ。

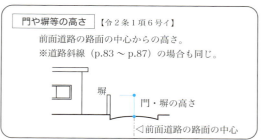

1. 高低差がある場合の地盤面の位置 【令2条2項】

a. 高低差 3m 以内の場合

b. 高低差 3m 以上の場合

3m 以内ごとに分割して複数の地盤面とする。
※ 3m 以内ごとに分割したものであれば、その分割方法は自由。

①：A部分の平均地盤面
②：B部分の平均地盤面

建築物の高さを求める

① $H_0 = \dfrac{\text{土に接している部分の面積の合計}}{\text{建築物の外周の長さ}}$

$= \dfrac{A+B+C}{a+b+c+d}$

② 建物の高さ (H) = $H_1 - H_0$

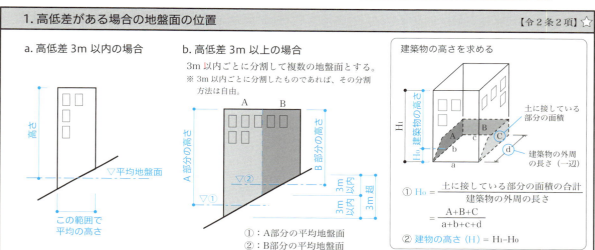

2. 建築物の高さに含まれないもの 【令2条1項6号】

① ペントハウス等 【6号ロ】

ペントハウス等の屋上部の水平投影面積が建築面積の 1/8 以下の場合

↓

頂部からの高さが 12m までは、高さに算入されない

12m を超える場合は、その高さから 12m を差し引いた残りの高さを算入する。

ただし下記の場合は 5m までが不算入となる
・第一種低層住居専用地域内
・第二種低層住居専用地域内
・田園住居地域
　高さの限度が 10m 又は 12m と定められた地域
　【法55条】(p.82 参照)
・日影による高さ制限の場合 (p.94 参照) など

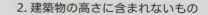

屋上部分の平面図

高さ 12m（5m）以下は算入しない

ペントハウスの面積が建築面積の 1/8 以下

この建築物の高さとみなされる

立面図

② 屋根の突出部分 【6号ハ】

棟飾、防火壁(p.132)の屋上突出部分、避雷針、煙突などは、高さに算入されない。

鬼瓦・箱瓦など

鴟尾（しび）　避雷針

煙突

建築物の階

1. 階数の数え方　【令2条1項8号】

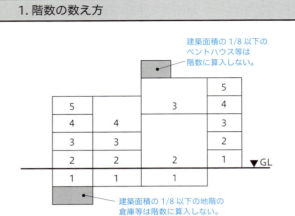
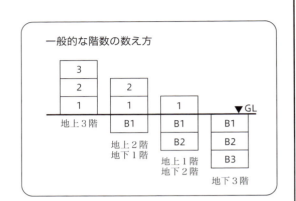

a. 建築物の部分によって階数が異なる場合
それぞれの部分の階数のうち最大のもの。

b. 階数に算入されない部分
下記の部分で、水平投影面積の合計が**建築面積の1/8以下**のもの。
- ペントハウス等の屋上部分
- 地階の倉庫・機械室　　　など

2. 地階　【令1条2号】

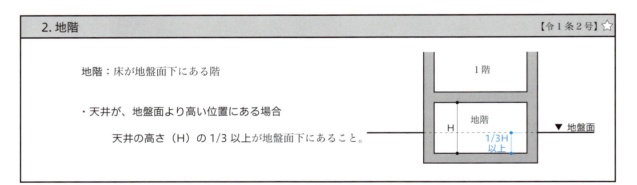

地階：床が地盤面下にある階

・天井が、地盤面より高い位置にある場合

　天井の高さ（H）の1/3以上が地盤面下にあること。

3. 避難階　【令13条1号】

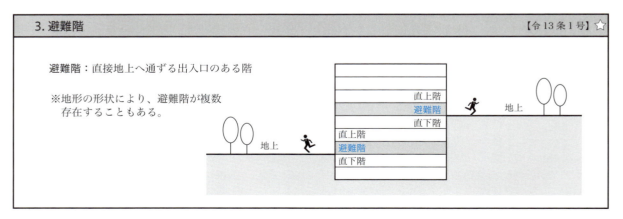

避難階：直接地上へ通ずる出入口のある階

※地形の形状により、避難階が複数存在することもある。

2章　室内環境と安全

1. 採光に関する基準　　　………38
2. 換気に関する基準　　　………43
    換気の種類、シックハウスなど
3. 構造に関する基準　　　………51
    天井・床の高さ、地階の居室、
    共同住宅などの界壁の遮音、階段など
4. 設備に関する基準　　　………56
    便所、給排水設備、昇降機設備など

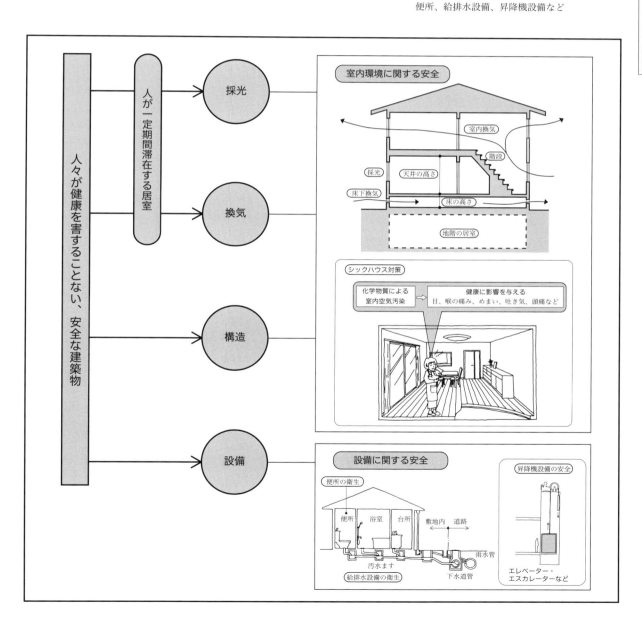

1 採光に関する基準

居室の採光 ★

住宅、学校、病院などの居室には、その床面積に対して一定の割合の採光上有効な開口部を設け、自然採光を確保しなければならない。 ⇐ すべての居室に採光が必要という訳ではないということ

1. 開口部の必要面積と床面積の割合　【法28条1項】【令19条2項・3項】☆

【昭55建告1800号】

必要採光面積＝居室の床面積×割合

それぞれの用途の居室の面積に対して、採光に関して最低限必要な開口部の面積

採光上有効な開口部の面積（W）
（p.40の「1. 有効採光面積」を参照）

居室の床面積（S）

例 住宅の場合　$\dfrac{W}{S} \geq \dfrac{1}{7}$

(1)のa場合
床面から高さ50cmの水平面において200 lx以上の照度を確保する照明設備を設ける。
＋
採光に有効な部分のうち床面からの高さが50cm以上の部分の面積が教室の床面積の1/7以上

1/7以上とする

採光が必要な居室

居室の種類			割合
(1)	a	小学校、中学校、義務教育学校、高等学校、中等教育学校の教室	1/5 以上
	b	幼稚園、幼保連携型認定こども園の教室	
(2)		保育所、幼保連携型認定こども園の保育室	
(3)		住宅（共同住宅の住戸も含む）の居住のための居室	1/7 以上
(4)		病院、診療所の病室	
(5)		寄宿舎の寝室、下宿の宿泊室	
(6)		・児童福祉施設等の寝室（入所する者の使用するものに限る） ・児童福祉施設等（保育所を除く）の居室のうち、入所者・通所者に対する保育、訓練、日常生活に必要なものとして使用されるもの	
(7)		①以外に揚げる学校以外の学校の教室	1/10 以上
(8)		病院、診療所、児童福祉施設等の居室のうち入患者者、または、入所する者の談話室、娯楽等として使用されるもの	

ただし、下記の場合は、採光のための開口部を設けなくてもよい。
・地階または地下工作物内に設ける居室など
・温湿度調整を必要とする作業を行う作業室など

(3)の場合
床面において50 lx以上の照度を確保する照明設備を設ける。
⇩
1/10以上とする

(1)のb、(2)の場合
床面において200 lx以上の照度を確保する照明設備を設ける。
⇩
1/7以上とする

(1)のaで音楽室や視聴覚室の場合
床面から高さ50cmの水平面において200 lx以上の照度を確保する照明設備を設ける。
＋
換気設備（令20条の2）を設ける。
⇩
1/10以上とする

居室

特定の人が継続的に使用する部屋だけではなく、特定の部屋が不特定の人によって、時間的に継続して使用される場合も、「継続的な使用」（居室）に含まれる。

例 住宅の場合
・居室　　　：居間、応接室、寝室、書斎、食堂など
・居室でない室：洗面所、浴室、便所、廊下など

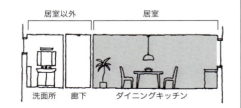

2. 採光面積の特例

① 2室を1室とみなすことができる居室　【法28条4項】

ふすま、障子などで随時開放できるもので仕切られた2室は、1室とみなすことができる。

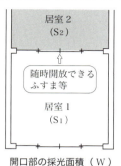

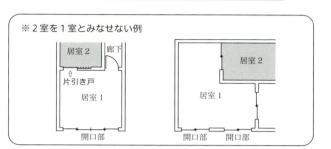

$$W \geq (S_1 + S_2) \times 定められた割合$$

（居室の面積の合計）（前ページ表）

※2室を1室とみなせない例

② 外側に90cm以上の縁側（ぬれ縁は除く）などがある開口部の場合　【令20条2項】

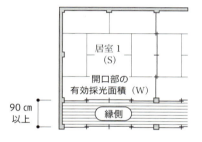

開口部の採光面積（W）の 0.7倍 が有効とみなされる。

$$0.7 \times W \geq S \times 定められた割合$$

（居室の面積）（前ページ表）

③ 天窓（トップライト）がある場合　【令20条2項】

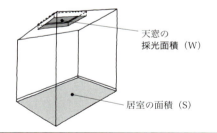

天窓の採光面積（W）の3倍の面積があるものとみなされる。

$$3 \times W \geq S \times 定められた割合$$

（居室の面積）（前ページ表）

3. 1室に開口部が2カ所ある場合

開口部の採光面積の合計（W）

$$W = W_1 + W_2$$

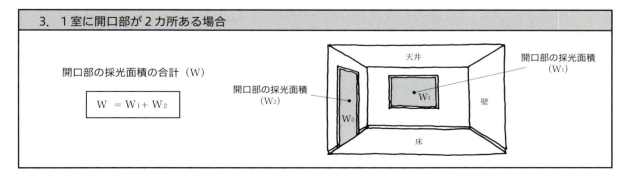

有効採光面積 【令20条】★

1. 有効採光面積 【令20条1項】

開口部が他の建築物などに接近しすぎていると、その開口部に自然光が入らない。したがって、採光に有効な開口部の面積は、下記の式となる。

有効採光面積 ＝ 開口部の採光面積 × 採光補正係数

有効採光面積 ≧ 必要採光面積 (p.38)
とならなければならない。

2. 採光補正係数 【令20条2項】

① 採光補正係数

採光補正係数 ＝（採光関係比率 × A ）－ B　（次ページ）

採光補正係数が 3.0 を超える場合は、3.0 を限度とする。

地域・区域	A	B
住居系の用途地域内	6.0	1.4
工業系の用途地域内	8.0	1.0
商業系の用途地域内または用途地域の指定のない区域内	10.0	1.0

上記の式で求めた採光補正係数の値が 1.0 未満または負数になった場合でも、下表の値を適用することができる。

◎開口部が道に面する場合

	採光補正係数		採光補正係数
住居系	1.0 未満	⇒	1.0
工業系	1.0 未満	⇒	1.0
商業系	1.0 未満	⇒	1.0

◎開口部が道に面しない場合

	水平距離(D)	採光補正係数		採光補正係数（水平距離、採光補正係数の両方の数値を満たした場合）
住居系	7m 以上	1.0 未満	⇒	1.0
住居系	7m 未満	負数	⇒	0
工業系	5m 以上	1.0 未満	⇒	1.0
工業系	5m 未満	負数	⇒	0
商業系	4m 以上	1.0 未満	⇒	1.0
商業系	4m 未満	負数	⇒	0

前ページ②、③の「縁側」や「天窓」がある場合の採光補正係数

縁側がある場合：採光補正係数 ＝ {（採光関係比率 × A ）－ B } × 0.7
天窓がある場合：採光補正係数 ＝ {（採光関係比率 × A ）－ B } × 3

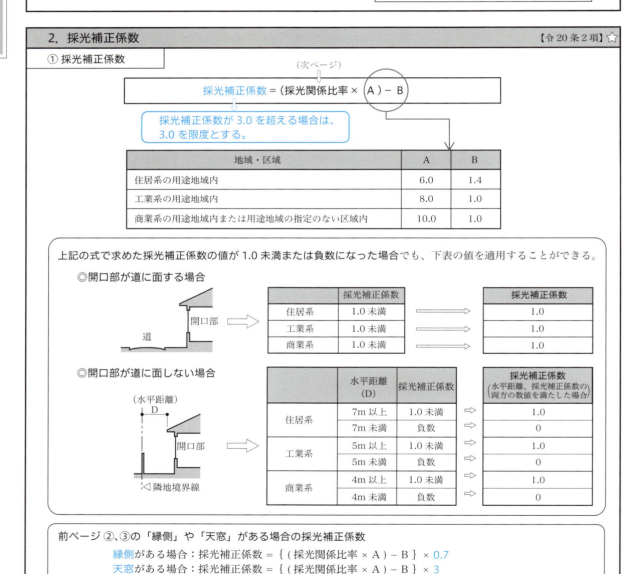

② 採光関係比率

$$採光関係比率 = D / H$$

D：水平距離
H：開口部の直上にある建築物の各部分から開口部中心までの垂直距離
注）2つ以上存在する場合（下図ｃの場合など）は、最小の比率とする。

水平距離または垂直距離の測り方

a. 前面が隣地（宅地など）の場合　　b. 前面に道がある場合　　c. 階数・建物の形状に凹凸がある場合

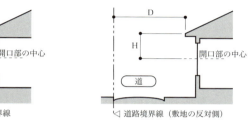
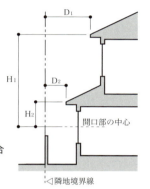

d. 前面が公園などの場合　　e. 同一敷地内に他の建築物がある場合

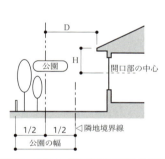
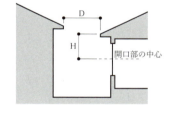

$\dfrac{D_1}{H_1}$ または $\dfrac{D_2}{H_2}$ のどちらか小さい方の値が適用される。

例　第一種住居地域内において、図のような断面を持つ1階の居室の開口部（幅4m、面積8㎡）の「採光に有効な部分の面積」を求めましょう。
　　ただし、法86条10項に規定する公告対象区域内ではないものとする。

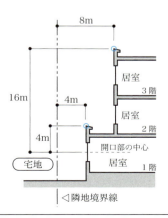

採光関係比率：　$\dfrac{4}{4} > \dfrac{8}{16}$

採光関係比率は小さい方の値が適用されるため、$\dfrac{8}{16} = 0.5$

採光補正係数 = 0.5 × 6.0 − 1.4　　前ページ表Ａの値／前ページ表Ｂの値
　　　　　　 = 1.6 < 3.0　（3.0を限度とする）
　　　　　　　採用

したがって有効採光面積は、

$$A = 8.0 × 1.6 = 12.8 ㎡$$

開口部の面積

有効採光面積：12.8 ㎡

2 室内環境と安全

③ 算定例

a. 住居系の用途地域の場合

採光補正係数 =（採光関係比率×6）− 1.4

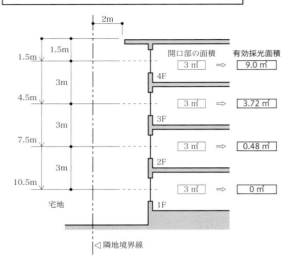

4階　採光関係比率＝2/1.5＝1.33
採光補正係数＝(1.33×6)−1.4
　　　　　　＝6.58 ⇒ 3.0 (p.40)
　　　　　　　（3.0を限度とするため）
有効採光面積＝3㎡×3.0＝9.0㎡

3階　採光関係比率＝2/4.5＝0.44
採光補正係数＝(0.44×6)−1.4
　　　　　　＝1.24
有効採光面積＝3㎡×1.24＝3.72㎡

2階　採光関係比率＝2/7.5＝0.26
採光補正係数＝(0.26×6)−1.4
　　　　　　＝0.16
有効採光面積＝3㎡×0.16＝0.48㎡

1階　採光関係比率＝2/10.5＝0.19
採光補正係数＝(0.19×6)−1.4
　　　　　　＝−0.26 ⇒ 0 (p.40)
　　　　　　　（開口部が道に面しない場合の表より）
有効採光面積＝3㎡×0＝0㎡

b. 工業系の用途地域の場合

採光補正係数 =（採光関係比率×8）− 1.0

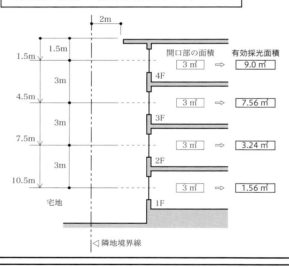

4階　採光関係比率＝2/1.5＝1.33
採光補正係数＝(1.33×8)−1.0
　　　　　　＝9.64 ⇒ 3.0 (p.40)
　　　　　　　（3.0を限度とするため）
有効採光面積＝3㎡×3.0＝9.0㎡

3階　採光関係比率＝2/4.5＝0.44
採光補正係数＝(0.44×8)−1.0
　　　　　　＝2.52
有効採光面積＝3㎡×2.52＝7.56㎡

2階　採光関係比率＝2/7.5＝0.26
採光補正係数＝(0.26×8)−1.0
　　　　　　＝1.08
有効採光面積＝3㎡×1.08＝3.24㎡

1階　採光関係比率＝2/10.5＝0.19
採光補正係数＝(0.19×8)−1.0
　　　　　　＝0.52
有効採光面積＝3㎡×0.52＝1.56㎡

一体利用させる複数居室の有効採光面積の計算方法　【平15国交告303号】

都市部の住宅地域などでは、隣地境界までの距離を十分に確保することが難しいため、採光上有効な開口部の確保が難しい。

⇩

2以上の居室が、一体的な利用に供され、かつ衛生上支障がないものとして特定行政庁の規則で定める基準に適合すると特定行政庁が認めるものは以下のように計算することができる。

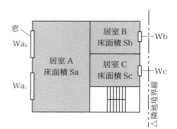

$$\frac{\overbrace{Wa_1}^{開口部の採光面積} \times \overbrace{Ka_1}^{採光補正係数} + Wa_2 \times Ka_2 + Wb \times Kb + Wc \times Kc}{\underbrace{Sa}_{床面積} + Sb + Sc} \geq \frac{1}{5} または \frac{1}{7} または \frac{1}{10}$$

p.38 表中の割合

2 換気に関する基準

居室換気の目的

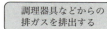

| 新鮮な空気を取り入れる | 調理器具などからの排ガスを排出する | 有害な化学物質などを排出する | 臭気・湿気などを排出する |

シックハウス対策等

居室の換気は、健康の維持・排ガスなどによる中毒症状の予防、有害な化学物質の排出など、様々な目的で必要とされる。

換気の種類 ★

| 開口部による自然換気 | 換気設備による換気 |

1. 窓などの開口部による自然換気　【法28条2項】

居室には『床面積の1/20以上』換気に有効な窓等の開口部を設けなければならない。

※・採光とは違い、居室のすべてに規制が適用される。
　・隣地境界線までの距離などは問われない。

① 換気に有効な部分

開口部のうち、直接外気に開放できる部分のみをいう。

　　a. 引違い窓　　　　　　b. はめ殺し窓

有効な部分は『1/2』のみ　　開放できないので有効な部分は『0』

② ふすまなどで仕切られた2室の場合　【4項】

2室を1室とみなして計算をすることができる。

　窓の有効な部分の面積
　　W = 窓W_1と窓W_2の換気に有効な部分（上記①）の合計

　2部屋の面積の合計
　　S = 部屋S_1 + 部屋S_2

　したがって

　　$W \geq S \times \dfrac{1}{20}$　ならば、部屋2も居室とすることができる。

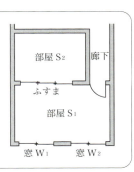

2. 換気設備による換気

居室に換気上有効な開口部（床面積に対して1/20以上）を設けることができない場合は、下記のいずれかの換気設備を設けなければならない。

自然換気設備　　機械換気設備　　空気調和設備（中央管理方式）　　大臣認定を受けたもの

① 自然換気設備　【令20条の2第1号イ】【令129条の2の5第1項】

給気口（下部）と排気口（上部）の気圧差によって自然に換気を行うもの。

注）劇場、映画館、演芸場、集会場等の居室は、自然換気設備とすることはできない。【令20条の2第1号カッコ書き】

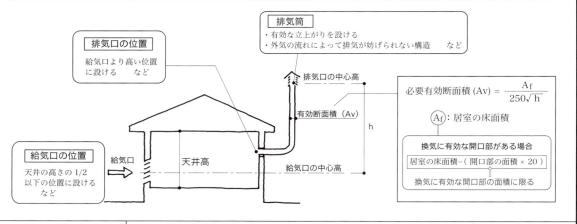

排気口の位置：給気口より高い位置に設ける　など

排気筒：
・有効な立上がりを設ける
・外気の流れによって排気が妨げられない構造　など

給気口の位置：天井の高さの1/2以下の位置に設ける　など

必要有効断面積 $(Av) = \dfrac{A_f}{250\sqrt{h}}$

A_f：居室の床面積

換気に有効な開口部がある場合
居室の床面積 −（開口部の面積 × 20）
換気に有効な開口部の面積に限る

② 機械換気設備　【令20条の2第1号ロ】【令129条の2の5第2項】

換気扇などを利用して強制的に行うもの。

a. 第一種換気設備

給気機（正圧）＋ 排気機（負圧）

一方的な正圧または負圧ではなく、中立的な換気設備。

b. 第二種換気設備

給気機（正圧）＋ 排気口

強制的に室内に空気を供給し、押し込まれた空気によって室内にある空気を排気口から自然に排出する。

c. 第三種換気設備

給気口 ＋ 排気機（負圧）

主にトイレやキッチンなど、臭気や熱気、汚れた空気を強制的に排出する。
※排ガス換気も同様

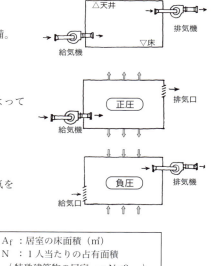

必要有効換気量 $V(m^3/h) = \dfrac{20 \times A_f}{N}$

A_f：居室の床面積（㎡）
N：1人当たりの占有面積
$\begin{pmatrix}特殊建築物の居室 \Rightarrow N \leq 3 \\ その他の居室 \Rightarrow N \leq 10\end{pmatrix}$

特殊建築物以外の居室で、換気に有効な開口部がある場合
居室の床面積 −（開口部の面積 × 20）

③ 空気調和設備（中央管理方式）　【令20条の2第1号ハ】【令129条の2の5第3項】

衛生上有効な換気を確保できるものとして、国土交通大臣が定めた構造方法を用いる。

3. 火気を使用する室　【法28条3項】【令20条の3】

火気を使用する設備や器具があると、空気が汚れるため、居室であるかどうかにかかわらず換気設備を設置しなければならない。

対象となる室：建築物の調理室、浴室などで、コンロその他の火を使用する設備や器具を設けた室。

換気設備　【令20条の3第2項】

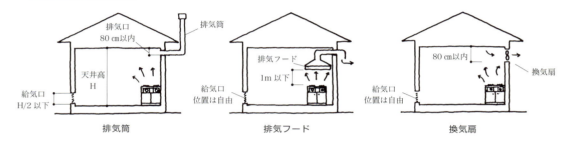

排気筒　　　排気フード　　　換気扇

火気使用室でも換気設備を設けなくてよい室【令20条の3第1項】

a. 密閉式燃焼器具などのみを設けた室

密閉式燃焼器具：直接屋外から空気を取り入れ、かつ、廃ガスその他の生成物を直接屋外に排出する構造のものなど、室内の空気を汚染するおそれがないもの。

b. 床面積の合計が100㎡以内の住宅または住戸に設けられた調理室

ただし、下記の条件を満たしている場合に限る。
・床面積の1/10以上かつ0.8㎡以上の換気上有効な窓などを設けたもの。
・密閉式燃焼器具など又は煙突を設けた器具以外の器具などの発熱量合計が12kW以下のもの。

c. 調理室以外の室

発熱量合計が6kW以下の火気使用設備などを設け、
かつ換気上有効な開口部を設けたもの。

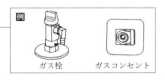

例　ガス栓　ガスコンセント

換気設備が必要な室と換気設備の種類　【令20条の2】【令20条の3】

居室の区分	自然換気設備	機械換気設備	中央管理方式の空気調和設備
有効換気面積が不足する一般の居室	○	○	○
劇場、映画館、演芸場、観覧場、公会堂、集会場等の居室	×	○	○
火気を使用する室	○	○	×

アスベスト規制 【法28条の2】★

石綿（アスベスト）の有害性

石綿粉じんを体内に吸収することにより、下記のような健康障害が発生するおそれがある。

- 石綿肺（じん肺の一種）
- 肺がん
- 胸膜、腹膜等の中皮腫上（がんの一種）

規制を受ける対象となるもの

- 建築物（法2条1号に定める建築物）
- 工作物（令138条に定める工作物）
- その他（跨線橋、プラットホームの上家など）

　※その他は、地方条例で定められている。

1. 石綿　【法28条の2第1号・2号】☆

- 建築材料に、石綿等を添加しない。
- 石綿等をあらかじめ添加した建築材料を使用しない。

ただし、石綿等を飛散または発散させるおそれがないものとして国土交通大臣が定めたもの、または国土交通大臣の認定を受けたものを除く。

使用してはならないもの 【平18国交告1172号】

- 吹付け石綿
- 吹付けロックウールで、含有する石綿の重量が、その建築材料の重量の0.1%を超えるもの

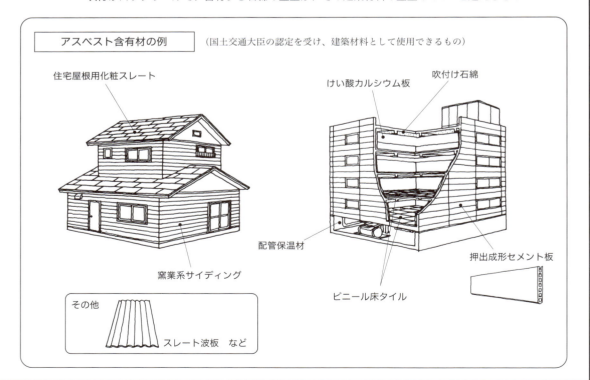

アスベスト含有材の例 （国土交通大臣の認定を受け、建築材料として使用できるもの）

2. 石綿の措置　【令137条の4の3】

① 増築または改築

既存部分の石綿は除去などの措置をしなければならない。
ただし、増改築部分の床面積によってその措置が異なる。

a. 増改築部分の床面積が増改築前の床面積の1/2を超えない場合

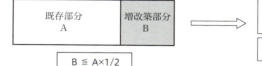

→ Aの部分にある建築材料：『封じ込め』『囲い込み』の措置

　Bの部分：現状の法律に適合させる

b. 増改築部分の床面積が増改築前の床面積の1/2を超える場合

→ Aの部分にある建築材料：『除去』の措置

　Bの部分：現状の法律に適合させる

② 大規模の修繕または模様替　【令137条の12第3項】

→ Aの部分にある建築材料：『封じ込め』『囲い込み』の措置

　Bの部分：現状の法律に適合させる

石綿の除却・封じ込め・囲い込み　【平18国交告1173号】

アスベストは、体に触れない部分で、損傷のないものであれば、それほど体に害を及ぼすものではないとされているが、老朽化による天井からの飛散などで、その空間を使用している者に害を及ぼすことになる。そのため、石綿に対しての措置が必要となった。また、その工事を施す者にも、石綿粉じんを吸入することがないよう、防塵マスク、作業衣、保護衣などを使用することが義務付けられた。

a. 除却

既存の吹付け石綿等の層を下地から取り除く。

b. 封じ込め

既存の吹付け石綿等の層はそのまま残し、吹付け石綿等の層へ飛散防止剤の散布等を施すことにより、完全に被覆または固着・固定化して、粉塵が使用空間に飛散しないようにする。

c. 囲い込み

既存の吹付け石綿等の層はそのまま残し、その上から板状材料等で完全に覆うことなどによって、使用空間への粉塵の飛散防止、損傷防止等を図る。

除却

封じ込め

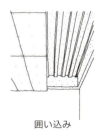
囲い込み

2　室内環境と安全

シックハウス 【法28条の2第3号】★

シックハウスの主な原因

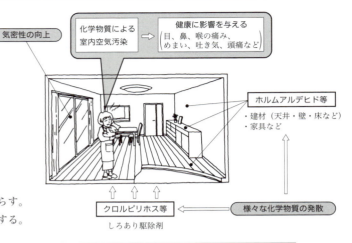

- 住宅に使用されている建材や家具などから様々な科学物質が発散されている。
- 住宅の気密性が高くなった。
- ライフスタイルが変化し、窓を開けないなどで換気が不十分になった。

主な対策

- 建材や家具などから発散する化学物質を減らす。
- 換気設備を設けて、室内の空気をきれいにする。

シックハウス症候群の原因となる化学物質 【令20条の5】
- クロルピリホス（白あり駆除剤） ⟹ 使用禁止
- ホルムアルデヒド（接着剤・塗料に含有） ⟹ 使用を制限

・内装仕上の制限
・換気設備設置の義務付け
・天井裏などの制限

1. クロルピリホス（白あり駆除剤） 【令20条の6】

クロルピリホスを添加した建築材料を使用しない。

ただし、添加後5年以上経過したものは使用可。【平14国交告1112号】

2. ホルムアルデヒド（接着剤・塗料に含有）

① 内装仕上の制限 【令20条の7】

ホルムアルデヒド発散建材の例 【平14国交告1113号】
木質建材（合板・木質系フローリング・パーティクルボード・MDFなど）、壁紙、ホルムアルデヒドを含む断熱材、接着剤、塗料、仕上塗材など。

a. 発散建材の区分

建築材料の区分	ホルムアルデヒドの発散速度	JIS,JASなどの表示記号	内装仕上げの制限
建築基準法の規制対象外	0.005mg／h 以下	F☆☆☆☆	制限なしに使える
第3種ホルムアルデヒド発散建築材料	0.005mg／h 超～0.02mg／㎡h 以下	F☆☆☆	使用面積が制限される
第2種ホルムアルデヒド発散建築材料	0.02mg／h 超～0.12mg／㎡h 以下	F☆☆	使用面積が制限される
第1種ホルムアルデヒド発散建築材料	0.12mg／h 超	旧 E_2, Fc_2 又は表示なし	使用禁止

（少ない ↕ 多い）

居室の壁・床・天井及び建具の室内に面する部分（回り縁・窓台等を除く）の仕上げには、第1種ホルムアルデヒド発散建築材料を使用しない。

※居室：ドアのアンダーカットなど、常時開放された開口部を通じて、居室と一体的に換気を行う廊下なども含む。

b. 第2種・第3種ホルムアルデヒド発散建築材料の面積制限

第2種・第3種ホルムアルデヒド発散建築材料を使用する場合は、下記の式を満たすように、居室の室内の仕上の使用面積を制限する。

$$N_2 S_2 + N_3 S_3 \leq A$$

⇧
第2種、第3種ホルムアルデヒド発散建材の両方を使用した場合

N_2：下の表のN_2欄の数値（第2種を使用した場合）
N_3：下の表のN_3欄の数値（第3種を使用した場合）
S_2：第2種ホルムアルデヒド建材料の使用面積
S_3：第3種ホルムアルデヒド建材料の使用面積
A：居室の床面積

居室の種類	換気回数	N_2	N_3
住宅などの居室 (住宅の居室、下宿の宿泊室、寄宿舎の寝室、家具などの物品の販売業を営む店舗の売場)	0.7回/h以上	1.2	0.20
	0.5回/h以上 0.7回/h未満	2.8	0.50
上記以外の居室 (学校、オフィス、病院などの用途の居室をすべて含む)	0.7回/h以上	0.88	0.15
	0.5回/h以上 0.7回/h未満	1.4	0.25
	0.3回/h以上 0.5回/h未満	3.0	0.50

※天井の高さに応じて換気回数の緩和措置がとられている。【平15国交告273号】

◎内装仕上げ材であるが、規制対象から除外されているもの。

・柱等の軸材や回り縁・幅木・胴縁・窓台・建具枠・手すりなどの造作部分。
・部分的に使用する塗料・接着剤は規制されていない。⇐ 面的な部分が対象となるため。

◎内装仕上げ材ではないが、面積制限を受けるもの。

壁紙等の「透過性の材料」で仕上げる場合は、その下地のボード類（合板・石膏ボードなど）などが、内装仕上げ材とみなされ、面積制限を受ける。

◎面積制限を除外することができる場合。

・中央管理方式の空気調和設備を設ける場合。
・ホルムアルデヒド濃度を0.1 mg/㎥以下に保つことができる居室として、大臣認定を受けたもの。

② 換気回数の義務付け 【令20条の8】

ホルムアルデヒドを発散する建材を使用しない場合でも、家具からの発散があるため、
原則としてすべての建築物に機械換気設備（24時間換気システムなど）の設置が義務付けられている。

居室の種類	換気回数（n）
住宅などの居室	0.5回/h以上
上記以外の居室	0.3回/h以上

換気回数が0.5回/h以上とは1時間当たりに部屋の空気の半分が入れ替わるということ。

$$n = V / Ah$$

n：1時間当たりの換気回数
V：機械換気設備の有効換気量
A：居室の床面積
h：居室の天井高

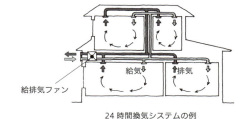

24時間換気システムの例

③ 天井裏などの制限　【平15国交告274号1項3号】

天井裏、床下、壁内、収納スペースなどから居室へホルムアルデヒドの流出を防ぐため、下記の措置が必要となる。

建材による措置	天井裏などに第1種、第2種ホルムアルデヒド発散建築材料を使用しない（F☆☆☆以上とする）
気密層、通気止めによる措置	気密層又は通気止めを設けて天井裏などと居室とを区画する
換気設備による措置	換気設備を居室に加えて天井裏なども換気できるものとする

※ドアのアンダーカットなど設け、換気計画上居室と一体的に換気を行う部分は居室として扱われるため制限を受ける。

《ホルムアルデヒド対策のまとめ》

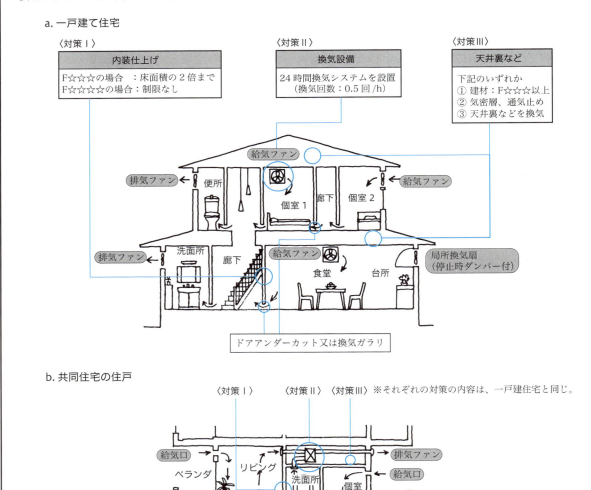

3 構造に関する基準

居室の天井の高さ 【令21条】★

① 居室の天井の高さ 【1項】

2.1m 以上

健康衛生上、居室内の空気の量を確保するため。

※居室でない室（便所など）は 2.1m 未満でもよいということ

② 1室で天井の高さが異なる場合 【2項】

平均の高さによる

室の容積を床面積で割った数値とする。
※室の断面が一定の場合は、室の断面積を室の幅で割った値となる。

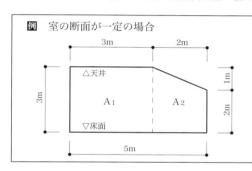

例　室の断面が一定の場合

A_1の面積 $=3×3=9 ㎡$
A_2の面積 $=(2+3)×2×1/2=5 ㎡$

天井の平均高さ

$$= \frac{室の断面積}{室の幅} = \frac{9 ㎡ + 5 ㎡}{5m} = 2.8m$$

居室の床の高さ 【令22条】★

① 最下階（通常は1階）の居室の床が木造の場合

居室の床の高さを 45cm 以上とし、床下換気口を設ける。

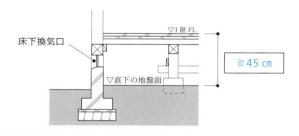

≧ 45cm

床下換気口

外壁下部の基礎には、1カ所 300 ㎠ 以上の換気口を壁の長さ 5m 以下の間隔で設ける

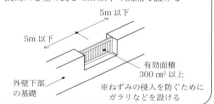

5m 以下
5m 以下
有効面積 300 ㎠ 以上
外壁下部の基礎
※ねずみの侵入を防ぐためにガラリなどを設ける

② 床下をコンクリート等で覆った場合

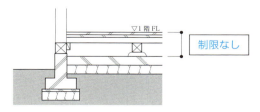

制限なし

床下をコンクリートなどで覆う場合や、
床の構造が床下の湿気などで腐食しない構造として
国土交通大臣の認定を受けたものは、
上記①は適用されない。

地階の住宅等の居室 【法29条】★

地下水や雨水の浸透や、開口部の場所が制約されるなどから、地階では居室に湿気がたまりやすい。
そのため、居室内への雨水の浸透を防ぎ、湿気を排出するための規定が設けられている。

適用範囲

住宅の居室、学校の教室、病院の病室、寄宿舎の寝室　⇐　左記のうち、地階（p.36）に設けるもの。

1. 居室の防湿　【令22条の2第1号】☆

居室から湿気を排出する方法として、下記のいずれかの措置が必要となる。

a. からぼり（ドライエリア）などの空地に面する開口部を設ける　【平12建告1430号】

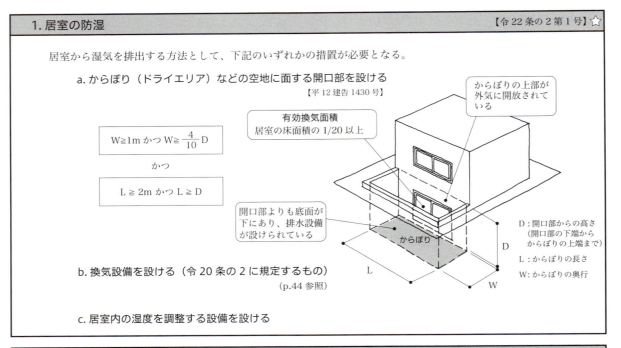

b. 換気設備を設ける（令20条の2に規定するもの）
（p.44参照）

c. 居室内の湿度を調整する設備を設ける

2. 外壁等の防湿　【令22条の2第2号】

直接土に接する外壁・床・屋根は、地下水や雨水などに対しての対策が必要となる。

① 外壁等が常水面下にある場合の基準　【2号イ】

a. 水の浸透を防止するための防水層を設ける
※屋根はこの方法のみ

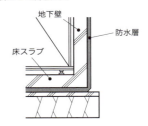

b. 外壁等を二重構造とし、そこから排出する

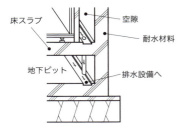

② 外壁等が常水面上にある場合の基準　【2号イ（ただし書き）】

外壁が常水面より高い位置にある場合は、常時水に触れるということはないため、コンクリートなどの耐水材料で造る場合は、①の構造としなくてもよい。
ただし、コンクリートの打ち継ぎ部分や接合部には防水の措置をする。

長屋・共同住宅の各戸の界壁　【法30条】★

長屋や共同住宅については、話し声などが隣家に伝わらないように、また、プライバシーを守るため、各戸の境界の壁（界壁）について遮音性能が規定されている。

※長屋・共同住宅以外には界壁の遮音性能の規定はないということ。

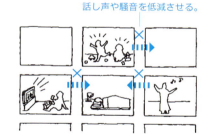
話し声や騒音を低減させる。

| 界壁 | （防火に関する界壁の構造は p.134 を参照）|

一定以上の遮音性能を有する構造で、小屋裏・天井裏まで隙間なく設けなければならない。
ただし、隣家の話し声などが軽減できる天井を設けた場合は、界壁を天井までとすることができる。

1. 透過損失　【令22条の3】

透過損失：音（振動）が壁を通過したときに壁に吸収される値

振動数（Hz）	透過損失（dB）
125（低音）	25
500（中音）	40
2,000（高音）	50

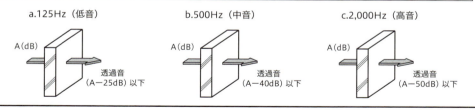

a.125Hz（低音）　　b.500Hz（中音）　　c.2,000Hz（高音）

透過音（A－25dB）以下　　透過音（A－40dB）以下　　透過音（A－50dB）以下

2. 遮音性能適合仕様　【昭45建告1827号】

国土交通大臣が定めた構造方法を用いるか、国土交通大臣の認定を受けたものを用いる。

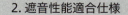
① 界壁

a. 鉄筋コンクリート造、コンクリートブロック造など　10cm以上

b. 下地のある大壁造など　13cm以上

両面の仕上は下記のいずれかとする。
- 厚さ2cm以上の鉄網モルタル塗又は木ずりしっくい塗り
- せっこうボードの上に厚さ1.5cm以上のモルタル塗又はしっくい塗り

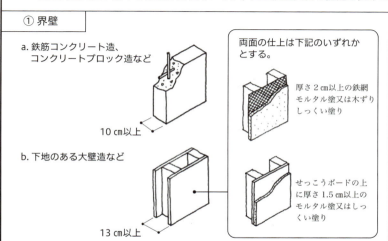

② 天井

下記のいずれかを設けたものとする。

a. グラスウール／せっこうボード
厚さ0.95cm以上のせっこうボード（裏側に厚さ10cm以上のグラスウールまたはロックウール）

b. 強化せっこうボード
強化せっこうボード2枚以上 厚さ合計36mm以上

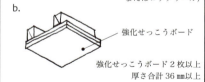

階段 【令23条】

各部の名称

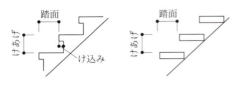
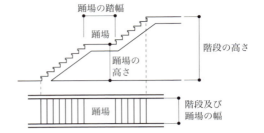

1. 各部の寸法　【令23条】（令129条の9第5号も含む）【令24条】

建築物の用途・規模により、階段の幅やその他の寸法が決められている。
学校や不特定多数の人が利用する百貨店や劇場等では、特に階段の安全性が求められる。

		階段の用途	階段幅 踊場幅	階段 けあげの寸法	階段 踏面の寸法	踊場 踊場の高さ【令24条】
【令23条】表	①	小学校（義務教育学校の前期課程を含む）の児童用	≧140	≦16 (≦18)	≧26	ただし、下記の条件を満たす場合は表中（ ）内の値にすることが出来る。・両側に手すりを設ける・階段の表面を粗面とするか、滑りにくい材料で仕上げる。【平26国交告709号】
	②	中学校（義務教育学校の後期課程を含む）・高校・中等教育学校の生徒用 / 劇場・映画館・演芸場・観覧場・公会堂・集会場の客用 / 物販店舗（物品加工修理業を含む）で床面積の合計>1,500㎡	≧140	≦18 (≦20)	≧26 (≧24)	≦3mごと
	③	直上階の居室の床面積の合計>200㎡の地上階用 / 居室の床面積の合計>100㎡の地階または地下工作物内のもの	≧120	≦20	≧24	≦4mごと
【平26国交告709号】	④	①〜③以外の住宅以外の階段	≧75	≦22 (≦23)	≧21 (≧19)	
	⑤	階数が2以下で延べ面積が200㎡未満の建築物	(≧75)	(≦23)	(≧15)	
	⑥	住宅（共同住宅の共用階段を除く）	≧75	≦23	≧15	
【令23条】本文	⑦	屋外階段 直通階段 ※避難時に使用するもの【令120・121条】	≧90（階段幅のみ）	踊場幅・けあげ・踏面・踊場の高さはそれぞれ①〜⑤の数値を適用する。		
		屋外階段 その他の階段	≧60（階段幅のみ）			
【令129条の9第5号】	⑧	エレベーターの機械室用 (p.61 ③参照)	規定なし	≦23	≧15	規定なし

(単位cm)

※けあげ・踏面の寸法は、同じ階段の中では同じ寸法とする。

回り階段の踏面寸法　【令23条2項】

踏面の狭い方から30cmの位置で測る。

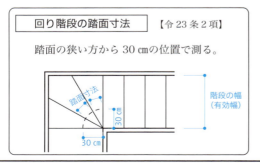

直階段の踊場の踏幅　【令24条2項】

踊場の踏幅は、1.2m以上とする。

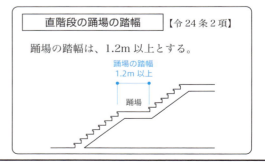

2. 手すりと階段幅

① 階段幅の算定　【令23条3項】※踊場も同様

a. 手すりの出が 10 cm 以下の場合

手すりはないものとする

b. 手すりの出が 10 cm を超える場合

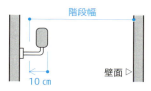

手すりの先端から 10 cm 引いた位置から反対側の壁までとする

高さが 50 cm 以下の階段昇降機のレール等についても、幅 10 cm を限度に、ないものとして算定する。

階段昇降機

② 中間手すり　【令25条3項】

階段幅が 3m を超える場合は、中間に手すりを設ける。

> ただし、下記の場合は手すりを設けなくてもよい。
> 　けあげ 15 cm 以下　かつ　踏面 30 cm 以上

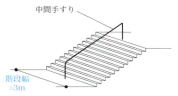

③ 手すりが不要な高さ　【令25条4項】

高さ 1m 以下の階段の部分には、手すりを設けなくてもよい。

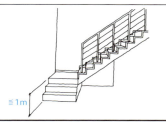

階段に代わる傾斜路　【令26条】★

- 勾配：1/8 以下
- 表面は粗面、または滑りにくい材料で仕上げる。

適用が除外される階段　【令27条】★

第23条～第25条までの規定は、下記にあげる階段には適用されない。

- 昇降機機械室用階段（前ページ表の⑧参照）
- 物見塔用階段
- その他特殊の用途に専用する階段

4 設備に関する基準

便所 ★

便所の種類
- 便所
  - 水洗便所
    - 処理区域内 ⇒ 下水道へ放流
    - 処理区域外 ⇒ 屎尿浄化槽で浄化後、放流
  - 汲み取り便所

1. 処理区域　【法31条】

① 処理区域内　【1項】

終末処理場により下水を処理できる区域。

便所は、水洗便所とし、汚水管を直接公共下水道に連結しなければならない。

※台所・浴室・洗濯などの雑排水も同様。

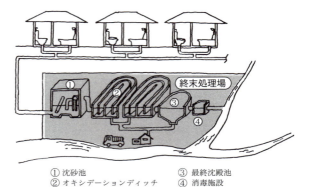

例 オキシデーションディッチ方式の場合
① 沈砂池　③ 最終沈殿池
② オキシデーションディッチ　④ 消毒施設

② 処理区域外　【2項】

水洗便所で、公共下水道以外に放流しようとする場合、汚物処理性能が令32条に定める基準に適合した**屎尿浄化槽を設けて、汚物の処理をしなければならない。**

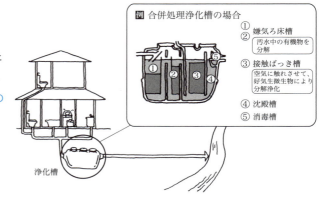

例 合併処理浄化槽の場合
① 嫌気ろ床槽
② 汚水中の有機物を分解
③ 接触ばっき槽　空気に触れさせて、好気生微生物により分解浄化
④ 沈殿槽
⑤ 消毒槽

汚物処理性能

- 通常の使用状態で、生物化学的酸素要求量の除去率および、放流水の生物化学的酸素要求量が、屎尿浄化槽等の設置される区域・処理対象人数の区分に応じて、一定値以下であること。　【令32条1項1号】
- 放流水に含まれる大腸菌群数は、3,000個/cm³以下。　【令32条1項2号】
- 屎尿浄化槽・合併処理浄化槽は、満水にして24時間以上漏水しない。　【令33条】

　※ 合併処理浄化槽：屎尿と併せて雑排水（台所・浴室・洗濯などの排水）を処理する浄化槽

2. 便所の採光と換気　【令28条】

便所は居室ではないが、採光と換気のため直接外気に接する窓を設けなければならない。

ただし、水洗便所でこれに代わる照明・換気設備を設置した場合は除く。

⇧

水洗便所の場合は、外部に面する窓を設けなくてもよいということ。

3. 汲み取り便所の構造　【令29条】

汲み取り便所とした場合には、下記の基準に適合するものとしなければならない。

- 採光と換気のための窓の設置。
- 屎尿に接する部分から漏水しない。
- 臭気が建築物の他の部分、または、屋外に漏れない。
- 便槽へ雨水・土砂などが流入しない。
- 便槽は、井戸から5m以上離す。【令34条】

　　　　　　　　　　　　　　　　　　　　など

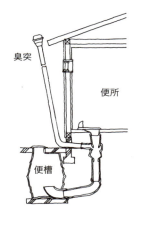

4. 改良便槽の構造　【令31条】

改良便槽は、汲み取り便槽の一種で、貯留される屎尿が便槽内で腐敗し、無機物化して伝染病の感染源などにならないように工夫されたもの。

- 便槽は、貯留槽と汲み取り槽を組み合わせた構造。
- 便槽の天井、底、周壁、隔壁は、防水処置を講じて漏水しない。
- 貯留槽は2槽以上に区分し、汚水を100日以上貯留することができる。

　　　　　　　　　　　　　　　　　　　　　　　　　　　　など

給水設備

給水装置：需要者が水を供給するために水道事業者の設置した配水管から分岐して設けられた給水管及びこれに直結する給水用具。【水道法3条9項】

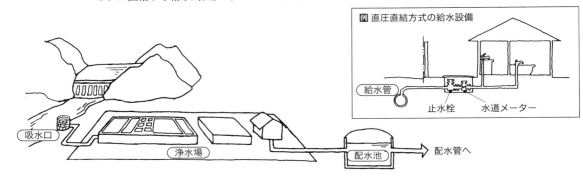

1. 配管の構造基準（換気設備などの風道・配電管などを含む）　【令129条の2の4第1項】

① コンクリートの埋設などにより、腐食のおそれがある部分には、防食処置を講ずる。

② 配管が貫通する場合、建築物の構造耐力上支障が生じないようにする。

③ エレベーターの昇降路内には、エレベーターに必要な配管設備以外の配管類を設けてはならない。
　※ただし、地震時においても、昇降機の機能や配管設備の機能に支障がないものとして国土交通大臣が定めた構造方法を用いた場合等は除く。

④ 圧力タンク、給湯設備には、有効な安全装置を設ける。

⑤ 換気、暖房、冷房の設備の風道、ダストシュートなどは、不燃材料で造る。
　↑ 下記のいずれかに該当する建築物に適用
　・階数が3以上（地階を除く）の建築物
　・地階に居室を有する建築物
　・延べ面積3,000㎡を超える建築物

⑥ 防火区画（p.127）などを貫通する給水管・配電管などの構造は下記のいずれかに適合しなければならない。

　a. 管の貫通する部分と貫通する部分からそれぞれ両側に1m以内の部分は不燃材料で造る。

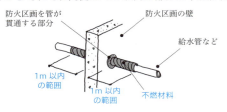

　b. 管の外径は、管の用途・材質等に応じて、国土交通大臣が定める数値未満とする。

　c. 管に通常の火災による火熱が加えられたとき、加熱後一定時間に、防火区画など加熱側の反対側に火炎を出す原因となる損傷を生じないものとして、国土交通大臣の認定を受けたもの。

※その他、飲料水の配管についての規定【令129条の2の4第2項】も満たさなければならない。

排水設備

雨水管はそのまま川へ、汚水管は終末処理場へ導かれ、処理のうえ、放流される。

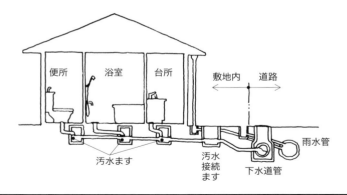

1. 配管の構造基準　　【令129条の2の4第3項】

給水管の構造基準（前ページ）によるほか、下記の規定も満たさなければならない。

① 排出量・水質に応じた容量・傾斜・材質を有する。

② 配管設備には、排水トラップ・通気管等を設置する。

③ 配管設備の末端は、公共下水道・都市下水路等の排水施設に連結する。

④ 汚水に接する部分は、不浸透質の耐水材料で造る。

⑤ その他安全上、衛生上支障のないものとして、国土交通大臣が定めた構造方法を用いる。

排水トラップの種類（上記②）

汚水管から立ち上がる臭気を封じ、虫などの出入りを防ぐもの。
排水管の途中に意図的に水を溜め、その水で空気の流通を防ぐ。

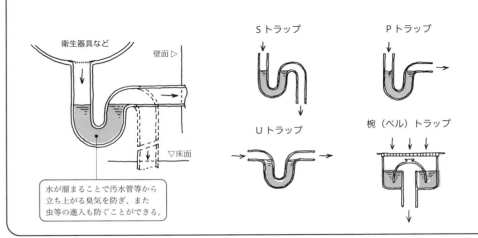

電気設備

避難または消火活動に使用する電気設備は、停電時でも一定時間はその機能を果たすように規定されている。

電気設備に関連する規定（5章）

```
排煙設備        :【法35条】【令126条の2】【令126条の3】(p.150～p.151)
非常用の照明装置 :【法35条】【令126条の4】【令126条の5】(p.152)
非常用エレベーター:【法34条】【令129条の13の3】(p.154～p.155)
                                                          など
```

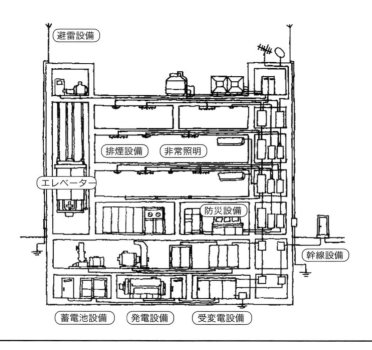

避雷設備　　　　　　　　　　　　　　　　　　　【法33条】【令129条の14・15】

高さ20mを超える建築物には、有効に避雷設備を設けなければならない。

落雷設備は、落雷時の瞬間的な電流を地中に流すもので、電流の流れる電気設備とは区別される。

避雷針のほか、棟上導体や避雷導線なども認められている。
　　　　　　　　　⇧
高層建築物では、頂部に限らず側壁に落雷することがあるため。

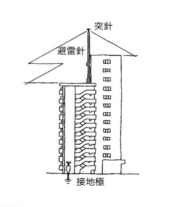

昇降機設備 【法34条1項・2項】★

a. 昇降機の種類 【令129条の3】

| エレベーター | 小荷物専用昇降機 | エスカレーター |

エレベーター・エスカレーター・小荷物専用昇降機は、設置する場合には確認申請が必要となる。【令146条】

b. 非常用昇降機 【令129条の13の3】 ⇒（5章「避難施設」p.154参照）
高さ31mを超える建築物には、非常用の昇降機を設ける。

1. エレベーター 【令129条の4～10】☆

下記のいずれかに該当するものを『エレベーター』という。

- かごの床面積：1㎡超
- 天井高　　　：1.2m超

【令129条の3第1項1号】

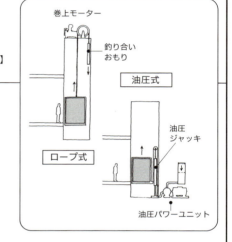

① エレベーターのかごの構造 【令129条の6】

- 各部は、かご内の人又は物による衝撃に対して安全なものとする。
- 乗用エレベーター・寝台用エレベーターは、**最大定員を明示した標識**をかご内の見やすい場所に掲示する。

など

最大定員は下記の値をもとに算出された人数
積載荷重　　：【令129条の5第2項】の表に定める数値
重力加速度　：$9.8 m/s^2$
1人当たりの体重：65 kg

② エレベーターの安全装置 【令129条の10第3項】

乗用エレベーター・寝台用エレベーターの場合は、下記の安全装置を設けなければならない。
- 積載荷重を著しく超えた場合は、警報を発し、かつ、出入口の戸の閉鎖を自動的に制止する装置。
- 停電時に、床面で1 lx以上の照度を確保するための照明装置。

③ エレベーターの機械室 【令129条の9】

- 床面積は昇降路の水平投影面積の2倍以上とする。
  ただし、機械の配置などに支障がない場合は、この限りではない。
- 換気上有効な開口部または換気設備を設ける。
- 床面から天井又ははりの下端までの垂直距離は、かごの定格速度に応じて下表の数値以上とする。

定格速度（毎分）	垂直距離（m）
60m以下の場合	2.0
60mを超え、150m以下の場合	2.2
150mを超え、210m以下の場合	2.5
210mを超える場合	2.8

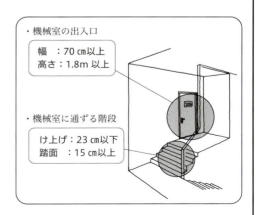

2. 小荷物専用昇降機　【令129条の3第1項3号】

レストランなどで、厨房で作った食事を上階などに
運ぶために用いるなどの物品専用の昇降機。

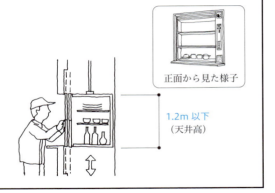
正面から見た様子
1.2m 以下
（天井高）

下記の条件を満たすもの
・かごの床面積：1 ㎡以下
・天井高　　　：1.2m 以下

昇降路のすべての出し入れ口の戸が閉じていなければ、
昇降しない装置を設けなければならない。など
【令129条の13第3号】

3. エスカレーター　【令129条の12】

- 勾配：30°以下
- 踏段の幅：1.1m 以下　⇐ 両手を広げて両側の手すりが持てる幅
- 踏段の両側に手すりを設ける。
- 踏段の定格速度：毎分 50m 以下
　（勾配に応じて国土交通大臣の定める速度以下）

エスカレーターには、下記の装置を設けなければならない。

- エスカレーター　⇒　制動装置
- 昇降口　　　　　⇒　踏段の昇降を停止させることが
　　　　　　　　　　　できる装置

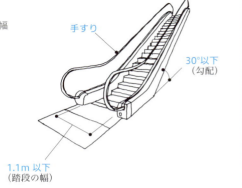
手すり
30°以下（勾配）
1.1m 以下（踏段の幅）

脱落防止措置

a. エレベーター（釣合おもりを用いたエレベーターの場合）【令129条の4第3項】
　地震その他の震動で、釣合おもりが脱落する恐れがないものでなければならない。

b. エスカレーター 【令129条の12第1項】
　地震その他の震動で、脱落する恐れがないものでなければならない。

その他の昇降機設備　【平12建告1413号】

a. 椅子式昇降機

階段に沿って1人乗りの椅子が昇降する。
転落防止のベルトの設置が義務付けられている。
定格速度：毎分9m 以下

b. 段差解消機

車いす等に乗ったままで昇降することができる。

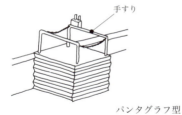
手すり
パンタグラフ型

3章　都市計画区域等による建築物の形態制限

1 都市計画区域等 ………64
　　都市計画区域・準都市計画区域・計画区域外

2 道路の定義 ………65
　　道路・壁面線の指定

3 用途地域による建築制限 ………69
　　用途地域の種類・大規模集客施設・自動車車庫

4 面積の制限 ………73
　　容積率・建蔽率・外壁の後退距離

5 高さの制限 ………82
　　高さの制限・斜線制限・天空率・日影規制

6 防火地域・準防火地域の建築制限 ………97
　　それぞれの地域の建築制限

7 法22条区域 ………102
　　法22条区域内の建築制限

8 その他の地域地区 ………104
　　特例容積率適用地区・高層住居誘導地区・
　　高度地区・総合設計制度　など

3　都市計画区域等による建築物の形態制限

都市計画で定められた地域地区の主なもの

用途地域
生活・商業・工業の利便性によりそれぞれの用途地域を定め、建築物に対してさまざまな規制が設けられている

　住居系地域　商業系地域　工業系地域　海（湾）

用途地域内の建築物に対する制限

→ 用途制限

それぞれの地域内に建築できる用途と規模を制限

例　小学校
　　　　第一種住居地域：○
　　　　工業地域：×

用途地域によって**建築できる用途**が決められている

→ 面積制限

その地域内に建築できる面積の制限

容積率
敷地に対する床面積の合計との割合

建蔽率
敷地に対する建築面積との割合

用途地域によって**建築できる面積の割合**が決められている

→ 高さ制限

その地域内に建築できる高さの制限

斜線
斜線から突出する部分は建築することができない。

道路に対する斜線
隣地に対する斜線
北側に対する斜線

その他、高さの制限（絶対高さ）、日影規制などがある

用途地域によって**建築できる高さ**や**斜線の勾配**などが決められている

防火地域・準防火地域
建築物の密集地等で火災発生時に被害が大きくなるとされる地域等の建築物に対してさまざまな規制が設けられている

　法22条区域（屋根不燃化区域）
　幹線道路　駅　防火区域　準防火区域

防火・準防火地域内の建築物に対する制限

→ 建築制限

各地域内の建築制限

屋根
柱
壁
はり
階段
延焼のおそれのある部分
開口部：防火設備

耐火建築物
準耐火建築物　など

各地域によって建築物の**建築形式と規模**が決められている

1 都市計画区域等

都市計画区域 【法3章】

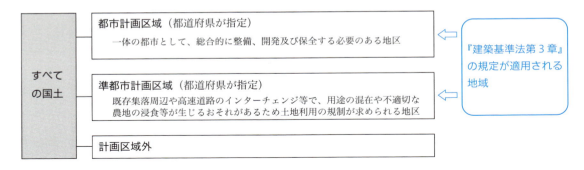

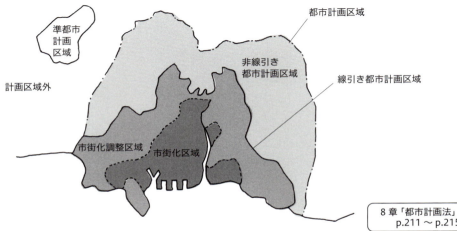

8章「都市計画法」
p.211〜p.215 参照

1. 都市計画制度の概略

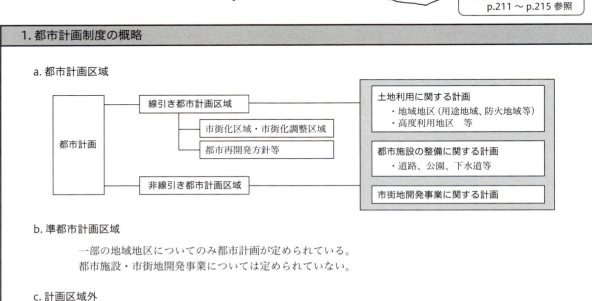

b. 準都市計画区域

　一部の地域地区についてのみ都市計画が定められている。
　都市施設・市街地開発事業については定められていない。

c. 計画区域外

　一定規模以上の開発行為について開発許可が必要となる。

2 道路の定義

道　路　【法42条】★

1. 道路の定義　【法42条1項】

| 幅員4m以上 | | 特定行政庁が指定した区域：6m以上 |

敷地　道路　敷地　　4m以上

※車がすれ違うのに必要な最低の幅で、緊急車両（消防車・救急車など）が通ることのできる幅

敷地　道路　敷地　　6m以上

2. 道路の種類　【法42条1項】

◎ 道路法による道路（国道、県道、市道、町道、自動車専用道路など）
　幅員が4m以上ある道路法による道路　【第1号】

【第1号】

◎ 都市計画法等による道路　【第2号】
　幅員が4m以上ある都市計画法等による道路
　　都市計画法等：都市計画法、土地区画整理法、旧住宅地造成事業法、都市再開発法、新都市基盤整備法、大都市地域における住宅および住宅地の供給の促進に関する特別措置法、密集市街地整備法

【第2号】

◎ 昔から存在する道路　【第3号】
　建築基準法第3章が適用された際、その以前から存在していた、幅員が4m以上ある道路

【第3号】

◎ 2年以内に道路になるもので、特定行政庁が指定したもの　【第4号】
　都市計画法等による事業計画のある道路で、2年以内に事業執行予定のものとして特定行政庁が指定したもの

◎ 位置指定道路（私道）【第5号】（p.66参照）
　土地を建築物の敷地として利用するため、土地の所有者が幅員4m以上の道路を築造し、特定行政庁から道路の位置の指定を受けたもの

【第5号】

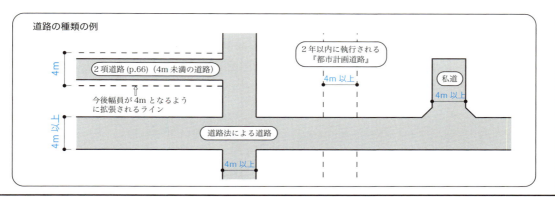
道路の種類の例

3 都市計画区域等による建築物の形態制限

3. 幅員4m未満の道路の特例（通称：2項道路） 【法42条2項】

都市計画区域になった際に、建築物が建ち並んでいる幅員4m未満の道で、特定行政庁が指定した道路。

a. 幅員4m未満

道路の中心から両側に水平距離2mの線を道路境界線とみなす。

↑将来4mの道路にするということ。

b. がけ地、川、線路敷などで両側に広げられない場合

道とがけ地などの境界線から敷地側に4mの線を道路境界線とみなす。

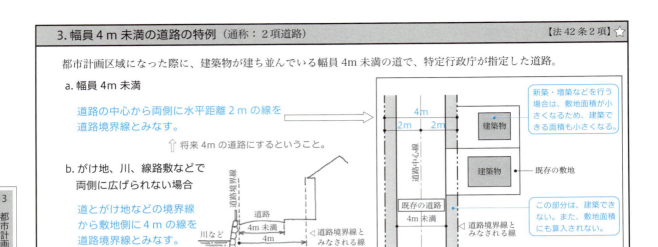

4. 位置指定道路（私道）の基準 【令144条の4】

位置指定道路は両端が道路などに接していなければならない。

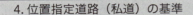

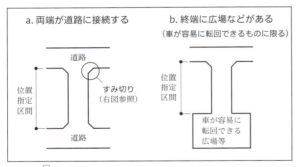

ただし、下記の場合は袋路状道路とすることができる。

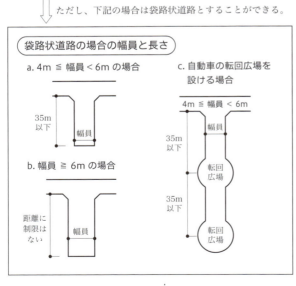

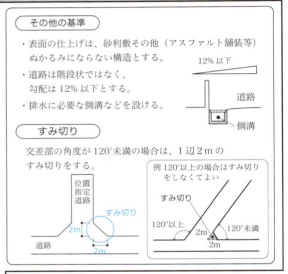

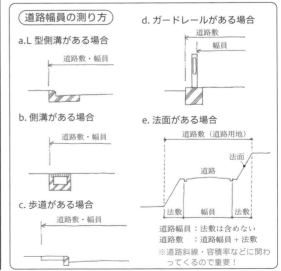

5. 敷地の接道義務　　【法43条1項】☆

建築物の敷地は、道路に2m以上接していなければならない。（自動車専用道路などを除く）

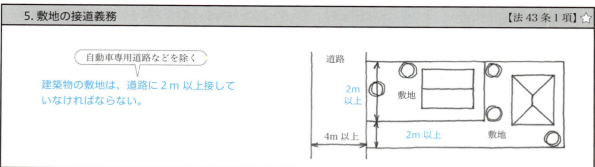

6.「5. 敷地の接道義務」が適用されない建築物　　【法43条2項】☆

a. 敷地が道（農道など）に接道する建築物

利用者が少ない用途や規模の建築物で、特定行政庁が交通上、安全上、防火上、衛生上支障がないと認めるもの。

↑ この場合は建築審査会の同意は不要！

b. 敷地の周囲に広い空き地がある建築物

特定行政庁が交通上、安全上、防火上、衛生上支障がないと認めて建築審査会の同意を得て許可したもの。

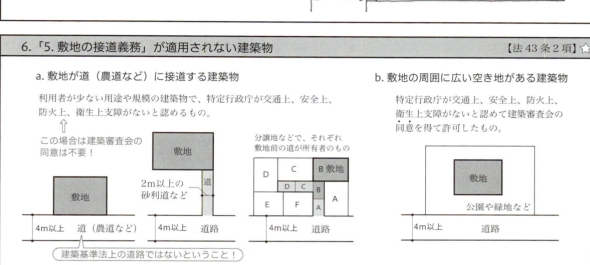

7. 接道規制を条例で付加できる建築物　　【法43条3項】

火災などが発生した際に、建築物の用途や規模、位置などにより、前項（法43条1項）の規定では避難が困難であると認めるときは、地方公共団体が、条例で接道規制を付加することができる。

接道規制を付加できる建築物

以下のいずれかに該当するもの

- 特殊建築物
- 階数が3以上の建築物
- 政令で定める窓その他の開口部を有しない居室（無窓居室）を有する建築物
- 延べ面積が1,000 m²を越える建築物 ← 同一敷地内に2以上の建築物がある場合は、延べ面積の合計
- その敷地が袋路状道路にのみ接する建築物で、延べ面積が150 m²を超えるもの（一戸建て住宅を除く）

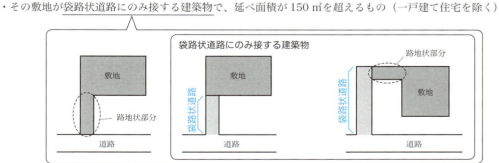

8. 道路内の建築の禁止 【法44条】

建築物または敷地を造成するための擁壁は、道路内や道路に突き出して建築することはできない。

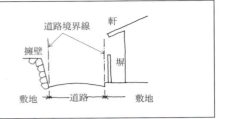

ただし、下記のものは建築することができる。※特定行政庁が認めたもの、または建築審査会の同意を得て許可したもの。

a. 地下街　b. 公衆便所・派出所など

c. 道路の上空または路面下の施設など

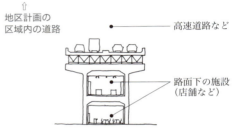

d. アーケードなど

e. 道路をはさむ2棟間の道路上空の渡り廊下など

病院・学校・百貨店など

壁面線の指定　【法46条】【法47条】

街路沿いの環境を向上させるため、敷地内に壁面線が指定されることがある。
※特定行政庁が建築審査会の同意を得て指定したもの。

外壁、柱を壁面線まで後退させる（門・塀も高さ2mを超えれば同様）。
ただし、地盤面下（地階）はこの限りでない。

壁面線の内側（道路側）でも、2m以下の門や塀などは建築することができる。

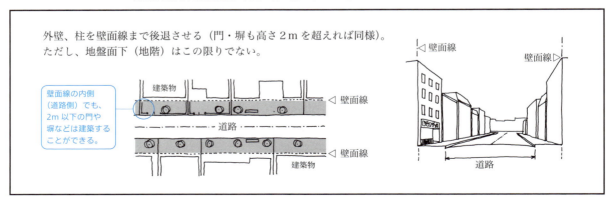

3 用途地域による建築制限

用途地域 【法48条】★

用途地域は、13種類の地域に分類される。

建築物の用途に応じて発生する騒音・悪臭・危険物の貯蔵・処理等周辺の地域環境に悪影響を与えるおそれのある用途は、立地できる用途の範囲を定める。

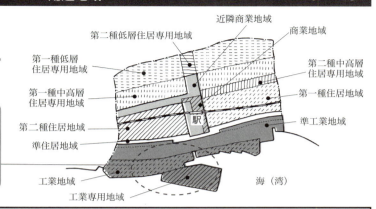

1. 用途地域の種類 【法48条】【都市計画法9条】

用途地域	内容
第一種低層住居専用地域	低層住居にかかる良好な住居の環境を保護する地域。
第二種低層住居専用地域	主として低層住居にかかる良好な住居の環境を保護する地域。
第一種中高層住居専用地域	中高層住居にかかる良好な住居の環境を保護する地域。
第二種中高層住居専用地域	主として中高層住居にかかる良好な住居の環境を保護する地域。
第一種住居地域	住居の環境を保護する地域。
第二種住居地域	主として住居の環境を保護する地域。
準住居地域	道路の沿道としての地域の特性にふさわしい業務の利便の増進を図りつつ、これと調和した住居の環境を保護する地域。
田園住居地域	農業の利便の増進を図りつつ、これと調和した低層住宅に係る良好な住居の環境を保護する地域。
近隣商業地域	近隣の住宅地の住民に対する日用品の供給を行うことを主たる内容とする商業その他の業務の利便を増進する地域。
商業地域	主として商業その他の業務の利便を増進する地域。
準工業地域	主として環境の悪化をもたらすおそれのない工業の利便を増進する地域。
工業地域	主として工業の利便を増進する地域。
工業専用地域	工業の利便を増進する地域。

2. 敷地が異なる用途地域にわたる場合 【法91条】

敷地面積の大きい方の用途地域に属しているものとし、『建築物の用途制限』(次ページ表) の規制を受ける。

例 この敷地にパチンコ屋を建築することができるかどうかを考えましょう。

道路	第一種住居地域	近隣商業地域
	500㎡	300㎡

第一種住居地域：建築できない
近隣商業地域　：建築できる (次ページ表 参照)
↓
この敷地は第一種住居地域の用途制限を受ける
↓
建築できない

3 都市計画区域等による建築物の形態制限

3. 建築物の用途制限　　【法別表2】【法48条】【令130条〜令130条の9の8（令6章）】

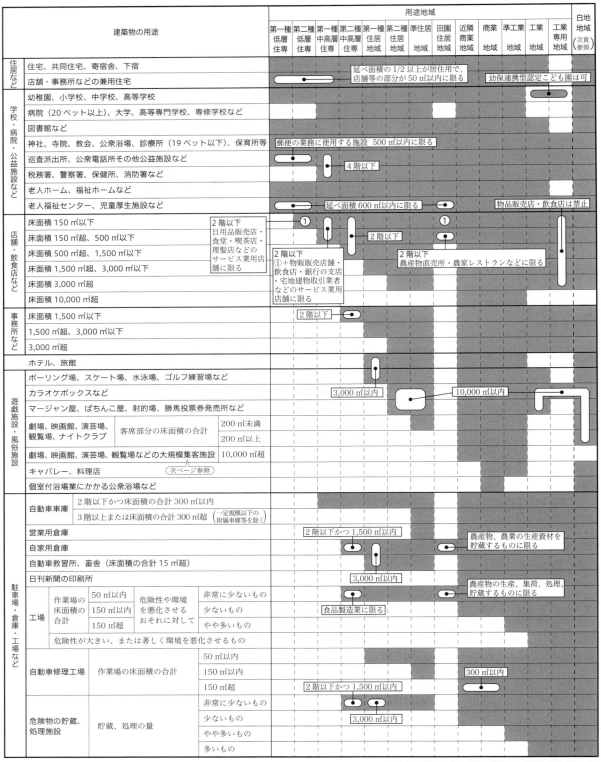

※表中の面積は、その用途に使用される部分の面積をいう。

大規模集客施設

【法別表2】【令130条の8の2】★

第二種住居地域、準住居地域、工業地域、白地地域において、大規模集客施設の規制が強化された。

[住居地域]

集客率の高い施設は、遠方からの客も含めた想定をしているため、車で来る客が多いと考えられる。従って、排気ガスや交通渋滞等、地域住民の住環境として、必要な施設とはいえない。

[工業地域]

工業の利便を増進する地域であるので、一般の車が集中することによる交通渋滞は、利便性を阻害するおそれがある。また、危険性の高い工場の周辺に一般客が集まる施設がある場合、火災等の災害が発生した場合に、避難に支障をきたす可能性が高いと考えられる。

[白地地域]

用途の方向性が決まっていない地域のため、無秩序に建築されてしまうと、交通渋滞や土地利用の混乱が生じるおそれがある。

都市計画区域・準都市計画区域の概略はp.64を参照

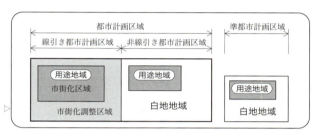

① 大規模集客施設が建築できる用途地域

近隣商業地域・商業地域・準工業地域に限る

② 大規模集客施設に含まれるもの

用途	具体的な施設の例	面積
劇場、映画館、演芸場、観覧場	音楽ホール、演劇ホール、多目的ホール、映画館（シネマコンプレックスを含む） 寄席等の演芸場 客席のある総合体育館、 スタジアム（屋外観覧場を含む）	客席部分の床面積の合計が10,000㎡を超えるもの
店舗	物販店舗、サービス店舗（銀行のATM、クリーニング店を含む）	売店等のほか、通路、バックヤード等を含み、その用途部分の床面積の合計が10,000㎡を超えるもの ※駐車場は含まない
飲食店	レストラン、喫茶店	
展示場	イベント施設、メッセ	
遊技場	マージャン屋、パチンコ屋、ゲームセンター、アミューズメント施設、大規模テーマパーク、カラオケボックス	
勝馬投票券発売所	競馬の券売場	
場外車券売場	競輪、オートレースの競走場外の券売場	
場内車券売場	競輪、オートレースの競走場内の券売場	
勝舟投票券発売所	競艇の券売場	

大規模集客施設に含まれないものの例

- ◎ホテル、旅館　◎病院、診療所（クリニックを含む）
- ◎学校、図書館、博物館、美術館
- ◎体育館、水泳場、ボーリング場、ゴルフ練習場（客席を設けているものは観覧場として取り扱う）
- ◎学習塾、華道教室、囲碁教室
- ◎キャバレー、ナイトクラブ、ダンスホール
- ◎事務所

自動車車庫

① 住居系の用途地域内の制限　【令130条の5〜8】【法別表2】

区分	独立した駐車場（営業用車庫など）	住宅などの付属車庫	
第一種低層住居専用地域 第二種低層住居専用地域 田園住居地域	原則禁止	面積：600 ㎡以内 （車庫以外の部分より大きい車庫は不可） 階数：1階のみ	
第一種中高層住居専用地域 第二種中高層住居専用地域	面積：300 ㎡以内 階数：2階以下	面積：3,000 ㎡以内 （車庫以外の部分より大きい車庫は不可） 階数：2階以下	
第一種住居地域 第二種住居地域	面積：300 ㎡以内 階数：2階以下	面積：車庫以外の部分より大きい車庫は不可 階数：2階以下	

② 自動車車庫の床面積の算定方法

同一敷地内に2種類の自動車車庫がある場合

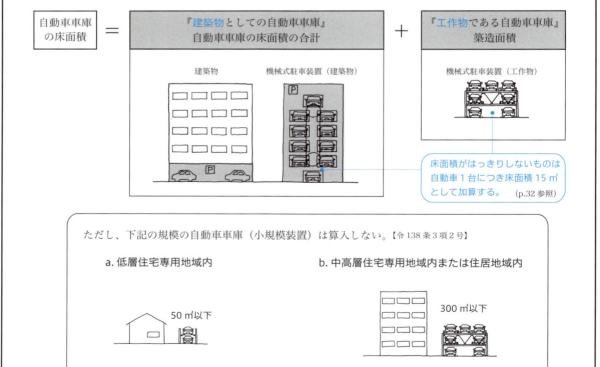

自動車車庫の床面積 ＝ 『建築物としての自動車車庫』自動車車庫の床面積の合計 ＋ 『工作物である自動車車庫』築造面積

床面積がはっきりしないものは自動車1台につき床面積15 ㎡として加算する。（p.32参照）

ただし、下記の規模の自動車車庫（小規模装置）は算入しない。【令138条3項2号】

a. 低層住宅専用地域内　50 ㎡以下

b. 中高層住宅専用地域内または住居地域内　300 ㎡以下

※50 ㎡・300 ㎡を超える場合には、すべての築造面積が算入される。

4 面積の制限

容積率 【法52条】★

敷地内に建てられる建築物の規模を制限する。⇒ 建築物のボリュームを抑え、周囲への圧迫感を和らげる。日照・採光・通風等の条件が良くなる。

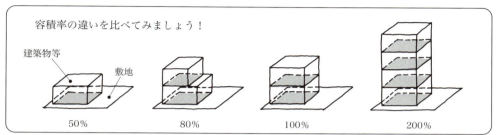

容積率の違いを比べてみましょう！

1. 容積率の算定方法 【法52条1項】

$$容積率 = \frac{延べ面積（建築物の各階の床面積の合計）}{敷地面積} （\times 100\%）$$

敷地面積：（p.30 参照）
【令2条1項1号】
延べ面積：（p.34 参照）
【令2条1項4号・令2条3項】

算定方法

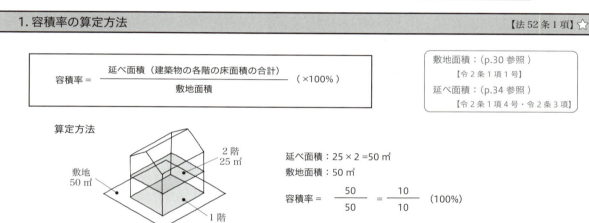

延べ面積：$25 \times 2 = 50 \, m^2$
敷地面積：$50 \, m^2$

$$容積率 = \frac{50}{50} = \frac{10}{10} \quad (100\%)$$

容積率算定の場合の延べ面積の緩和

『延べ面積』(p.34) を参照

例 住宅の場合

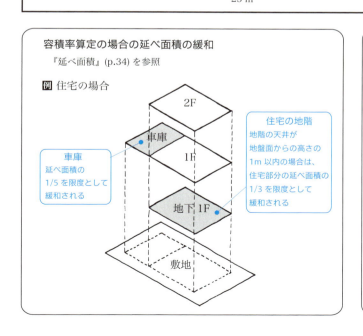

車庫
延べ面積の 1/5 を限度として緩和される

住宅の地階
地階の天井が地盤面からの高さの1m以内の場合は、住宅部分の延べ面積の 1/3 を限度として緩和される

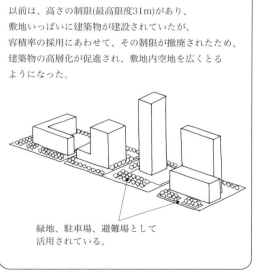

以前は、高さの制限(最高限度31m)があり、敷地いっぱいに建築物が建設されていたが、容積率の採用にあわせて、その制限が撤廃されたため、建築物の高層化が促進され、敷地内空地を広くとるようになった。

緑地、駐車場、避難場として活用されている。

2. 容積率の規制　【法52条】

① 都市計画によって定められた容積率
② 前面道路の幅員による容積率

①②のうち、いずれかの厳しい方の制限に従う。

① 都市計画によって定められた容積率　【1項】

用途地域	容積率	
第一種・第二種低層住居専用地域、田園住居地域	5/10・6/10・8/10・10/10・15/10・20/10	左記の数値のうち都市計画で定められたもの
第一種・第二種中高層住居専用地域 第一種・第二種住居地域 準住居地域、近隣商業地域、準工業地域	10/10・15/10・20/10・30/10・40/10・50/10	
商業地域	20/10・30/10・40/10・50/10・60/10・70/10・80/10・90/10・100/10・110/10・120/10・130/10	
工業地域、工業専用地域	10/10・15/10・20/10・30/10・40/10	
用途地域の指定のない区域	5/10・8/10・10/10・20/10・30/10・40/10	左記の数値のうち特定行政庁が定める

※高層住居誘導地区は p.104 を参照

② 前面道路の幅員による容積率　【2項】

前面道路の幅員が12m未満の場合に適用。⇐12m以上は①の規制（上表）のみが適用される。

用途地域	容積率
第一種・第二種低層住居専用地域、田園住居地域	前面道路の幅員 × 4/10
第一種・第二種中高層住居専用地域 第一種・第二種住居地域 準住居地域	前面道路の幅員 × 4/10
特定行政庁が指定する区域内	前面道路の幅員 × 6/10
その他の地域	前面道路の幅員 × 6/10
特定行政庁が指定する区域内	前面道路の幅員 × 4/10 又は 8/10

※敷地が2以上の道路に接する場合は、12m未満の中で最大の幅員を採用する。

例 下図のそれぞれの容積率を求めましょう。

- 第二種住居地域
- 都市計画による容積率の制限：200% ($\frac{20}{10}$)
- 前面道路による容積率の制限：前面道路の幅員 × $\frac{4}{10}$

a. 前面道路が4mの場合

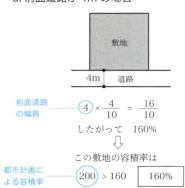

前面道路の幅員　④ × $\frac{4}{10}$ = $\frac{16}{10}$

したがって 160%

この敷地の容積率は

都市計画による容積率　⑳⓪ > 160　**160%**

b. 2以上の道路に接する敷地の場合

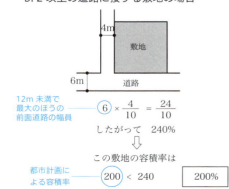

12m未満で最大のほうの前面道路の幅員　⑥ × $\frac{4}{10}$ = $\frac{24}{10}$

したがって 240%

この敷地の容積率は

都市計画による容積率　⑳⓪ < 240　**200%**

3. 延べ面積の緩和や壁面線の指定による算定方法

① 自動車車庫に対する緩和　【令2条1項4号・3項】

※『1. 容積率算定に用いる延べ面積』(p.34) の〚①自動車車庫の特例〛を参照

② 地階で住宅・老人ホームなどの用途に対する緩和　【法52条3項】

※『1. 容積率算定に用いる延べ面積』(p.34) の〚②住宅（共同住宅を含む）・老人ホーム等の地階の特例〛を参照

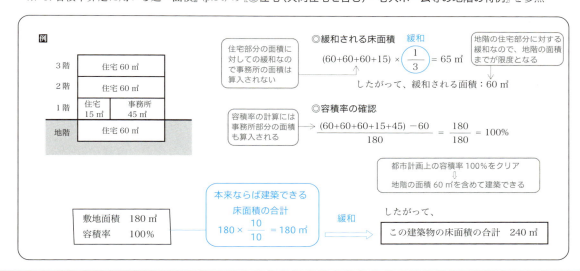

③ 壁面線の指定がある場合　【法52条12項】

住居系用途地域等内で、壁面線の指定 (p.68) がある場合は、壁面線までを道路とみなすことができる。

↑前面道路の幅員 × $\frac{4}{10}$ の建築物ということ

4. 特定道路による緩和措置　【法52条9項】【令135条の18】

建築物の敷地が下記の条件を満たす場合は、容積率の緩和を受ける。

- 敷地が、幅員15m以上の道路（特定道路）からの距離が70m以内。
- 前面道路の幅員が、6m以上12m未満で、特定道路に接している。

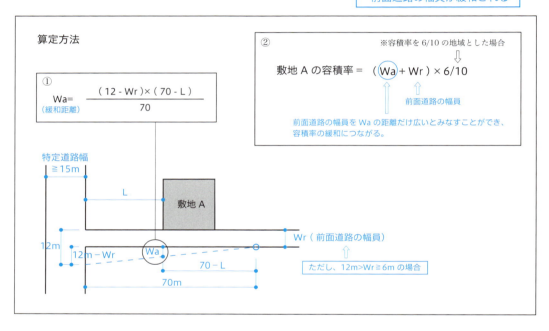

例 下図の敷地に建築することができる建築物の延べ面積の最高限度を求めましょう。

- 商業地域
- 都市計画による容積率の制限　500%（$\frac{50}{10}$）

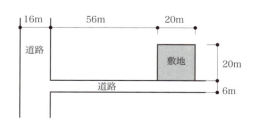

◎緩和される前面道路の幅員

$$Wa = \frac{(12-6) \times (70-56)}{70} = 1.2 \text{ m}$$

◎容積率

$$(6 + 1.2) \times \frac{6}{10} = \frac{43.2}{10} < \frac{50}{10} \text{ (500\%)}$$

したがって、この敷地における延べ面積の最高限度は、

$$20 \times 20 \times \frac{43.2}{10} = 1,728 \text{ ㎡}$$

　　1,728 ㎡

5. 制限の異なる2以上の地域にわたる場合 【法52条7項】

$$\text{敷地の容積率の限度} = \frac{\text{延べ面積の限度（それぞれの敷地に対する延べ面積の限度の合計）}}{\text{敷地全体の面積}}$$

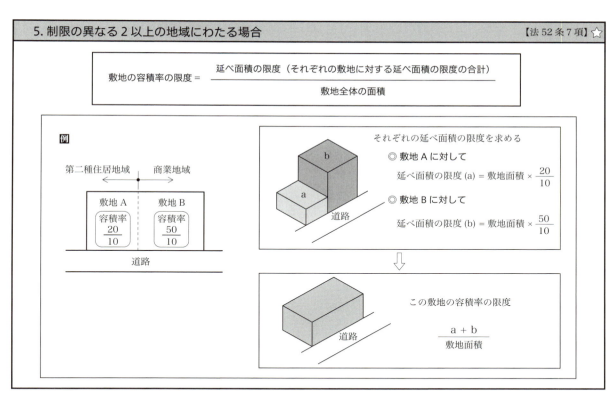

例 下図の敷地に建築することができる建築物の延べ面積の最高限度を求めましょう。
※建築物には、共同住宅、自動車車庫などの用途に供する部分、地階はないものとする。

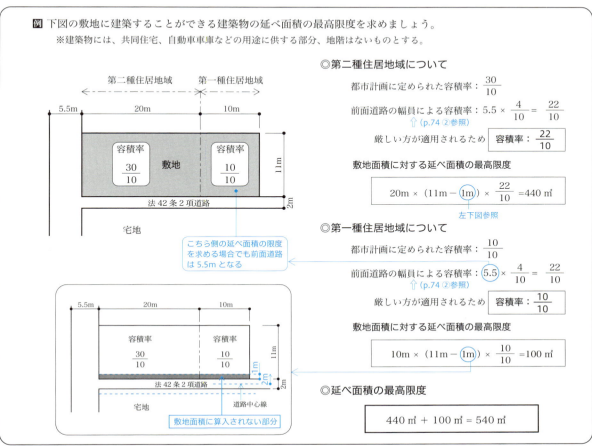

◎第二種住居地域について

都市計画に定められた容積率：$\frac{30}{10}$

前面道路の幅員による容積率：$5.5 \times \frac{4}{10} = \frac{22}{10}$ (p.74②参照)

厳しい方が適用されるため　容積率：$\frac{22}{10}$

敷地面積に対する延べ面積の最高限度

$$20m \times (11m - 1m) \times \frac{22}{10} = 440 ㎡$$
左下図参照

◎第一種住居地域について

都市計画に定められた容積率：$\frac{10}{10}$

前面道路の幅員による容積率：$5.5 \times \frac{4}{10} = \frac{22}{10}$ (p.74②参照)

厳しい方が適用されるため　容積率：$\frac{10}{10}$

敷地面積に対する延べ面積の最高限度

$$10m \times (11m - 1m) \times \frac{10}{10} = 100 ㎡$$

◎延べ面積の最高限度

$$440 ㎡ + 100 ㎡ = 540 ㎡$$

建蔽率 【法53条】

敷地内に建てられる建築物の規模を制限する。 ⇒ 日照・採光・通風等の条件が良くなる。
火災時の延焼を防ぐ効果が期待できる。
災害時の避難や救助活動の効率を高める。

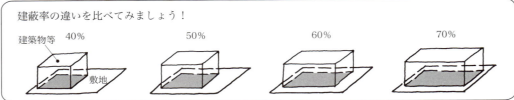

1. 建蔽率の算定方法 【法53条1項】

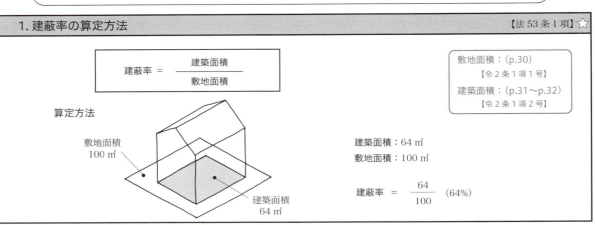

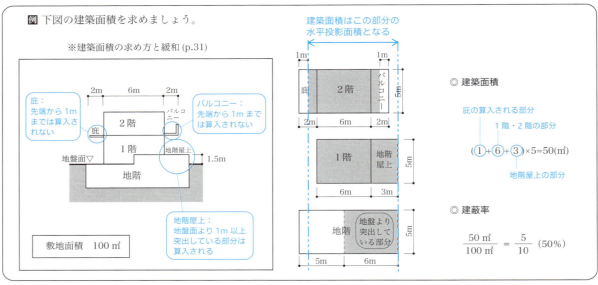

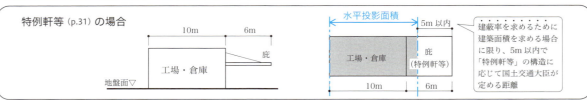

2. 建蔽率の限度　　【法53条1項】

	用途地域	建蔽率
(1)	第一種・第二種低層住居専用地域 第一種・第二種中高層住居専用地域 田園住居地域、工業専用地域	3/10・4/10・5/10・6/10
(2)	第一種・第二種住居地域 準住居地域 準工業地域	5/10・6/10・8/10
(3)	近隣商業地域	6/10・8/10
(4)	商業地域	8/10
(5)	工業地域	5/10・6/10
(6)	用途地域の指定のない区域	3/10・4/10・5/10・6/10・7/10

(1)〜(5)：左記の数値のうち都市計画で定められたもの
(6)：左記の数値のうち特定行政庁が定める

3. 制限の異なる2以上の地域にわたる場合　　【法53条2項】

$$建蔽率の限度 = \frac{建築面積の限度の合計（それぞれの敷地の建蔽率に対する建築面積の合計）}{敷地全体の面積}$$

例

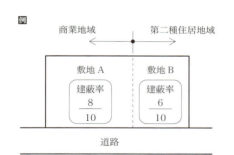

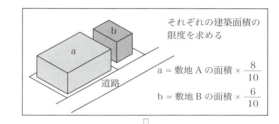

それぞれの建築面積の限度を求める

$a = 敷地Aの面積 \times \frac{8}{10}$

$b = 敷地Bの面積 \times \frac{6}{10}$

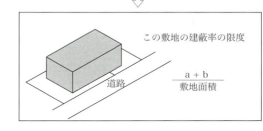

この敷地の建蔽率の限度

$\frac{a + b}{敷地面積}$

例 下図の敷地に建築することができる建蔽率の最高限度を求めましょう。

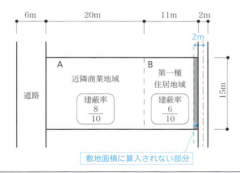

A部分の建築面積の最高限度　　$20 \times 15 \times 8/10 = 240$ ㎡

B部分の建築面積の最高限度　　$(11 - 1) \times 15 \times 6/10 = 90$ ㎡
　　　　　　　　　　　　　　　　　敷地に算入されない部分

敷地全体に対する建築面積の最高限度　　$240 + 90 = 330$ ㎡

敷地面積の合計　　$(31 - 1) \times 15 = 450$ ㎡
　　　　　　　　　　敷地に算入されない部分

この敷地の建蔽率の限度 $= \frac{330 ㎡}{450 ㎡} ≒ \frac{7.33}{10}$

したがって　73.3 %

4. 建蔽率の緩和措置　　【法53条】

① 建蔽率の緩和を受ける建築物　【3項】

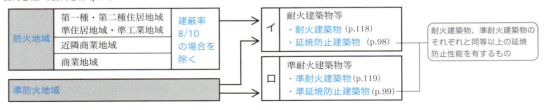

a. 防火地域、準防火地域内にある建築物で、防火地域はイ、準防火地域はイまたはロに該当するもの
防火地域、準防火地域（p.97）

b. 街区の角地などで特定行政庁が指定する敷地内の建築物

指定されていなければ緩和を受けられないということ

② 建蔽率の制限の緩和　【5項1号】

街区における避難上、消火上必要な機能の確保を図るため
建て替えの際に、建蔽率の緩和を受けることができる。

特定行政庁が前面道路の境界線から後退して壁面線を指定した場合。
⇩
壁面線を越えない建築物は、許可の範囲内で緩和を受けることができる。

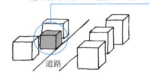
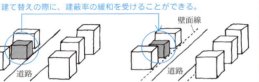

③ 建蔽率の制限を受けない建築物　【6項】

⇧ 建蔽率を10/10とすることができるということ

a. 下表の用途地域に含まれる建築物で防火地域内にある耐火建築物等

△『建蔽率の限度』表より（前ページ）

b. 巡査派出所・公衆便所・公共用歩廊（アーケード）など

c. 公園・広場・道路・川などの内にあり、特定行政庁が許可したもの

④ 敷地が防火地域やその他の地域にわたる場合

a. 敷地が防火地域の内外にわたる場合【7項】

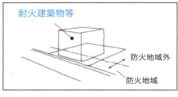

すべて防火地域とみなす

b. 敷地が準防火地域と防火地域または準防火地域以外の地域にわたる場合【8項】

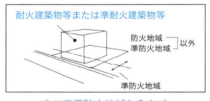

すべて準防火地域とみなす

例 下図の敷地に耐火建築物を建築する場合の建蔽率の限度を求めましょう。
※敷地は特定行政庁の指定を受けた角地とする。

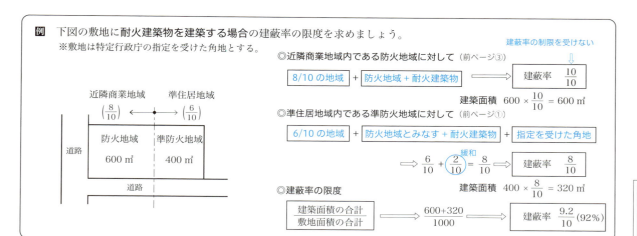

外壁の後退距離　【法54条】

第一種・第二種低層住居専用地域、田園住居地域内において、建築物の外壁又はこれに代わる柱の面から敷地境界線（道路境界線・隣地境界線）までの距離を制限すること。

敷地境界線と外壁との間に一定幅の空地を設けることで、地域の環境を向上させるため。

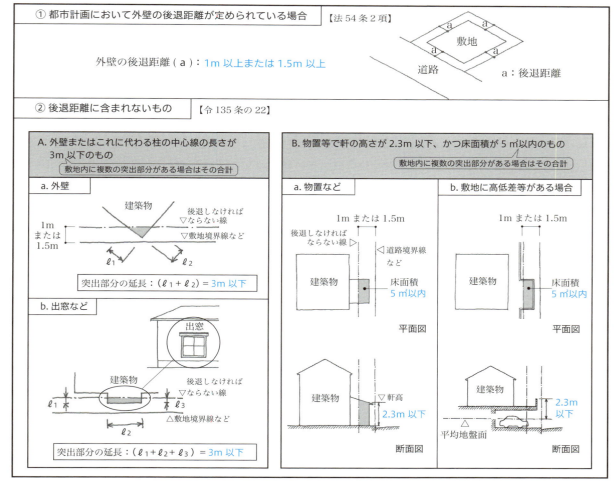

5 高さの制限

高さの制限

昭和30年代までは、建築物の高さは31m（住居地域では20m）という制限があったため、土地を有効利用するために、敷地内空地はほとんどなかった。

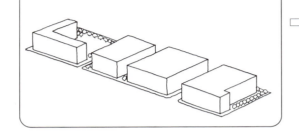

現在では、耐震技術の進歩もあり超高層ビルも建てられるようになったことから、高さを抑制するよりも敷地に空地を多くとり、環境の改善を図るようになった。

緑化、駐車場、避難場として活用されている。

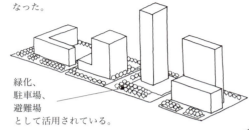

1. 低層住居専用地域内における高さの制限（絶対高さ）　【法55条】

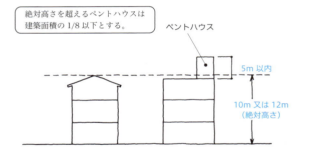

絶対高さを超えるペントハウスは建築面積の1/8以下とする。

ペントハウス
5m以内
10m又は12m（絶対高さ）

適用地域
- 第一種低層住居専用地域
- 第二種低層住居専用地域
- 田園住居地域

建築物の高さ

10m又は12m以内

※都市計画でどちらかに指定されている。

ただし、再生可能エネルギー源（太陽光、風力など）の設備の設置のため屋根や屋外に面する部分に関して行う工事で、構造上やむを得ないものであり、住環境を害するおそれがない場合、特定行政庁の許可の範囲内において、規定の限度を超えることができる。【3項】

ただし、下記の場合で特定行政庁が許可したものはこの限りでない。【4項】
・敷地の周囲に広い公園、広場、道路などがある
・学校などの用途の建築物でやむを得ない場合

2. 斜線による高さの制限　【法56条】

建築基準法56条の『建築物の各部分の高さ』の規定に基づく高さ制限は、立面図又は断面図に斜線を引くことにより、高さの限度が表現されることから一般に『斜線制限』と呼ばれている。

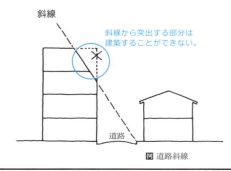

斜線
斜線から突出する部分は建築することができない。
道路
図 道路斜線

斜線には3種類があり、それぞれに制限が異なる。

・道路の反対側から伸びる『道路斜線』
・隣地境界線から伸びる『隣地斜線』
・北側境界線から南へ伸びる『北側斜線』

---

3 都市計画区域等による建築物の形態制限

道路斜線

建築物の高さを整えることで、
市街地内の通風・採光を良くし、
あわせて心理的な圧迫感を押さえて
環境の保護を図るのためのもの。

斜線制限の規制がない場合
圧迫感を感じる

斜線制限の規制がある場合
圧迫感が和らぐ

1. 道路斜線と適用距離

【法56条1項1号】【法別表3】

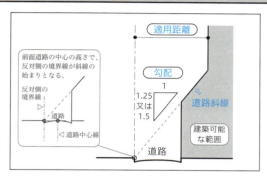

道路斜線

前面道路の反対側の境界線からの距離 × 勾配

ただし、道路から一定の距離（適用距離）以上離れた部分は道路斜線の制限がなくなる。

建築物がある地域・地区・区域	容積率の限度	適用距離	勾配	
第一種・第二種低層住居専用地域 第一種・第二種中高層住居専用地域 第一種・第二種住居地域 準住居地域、田園住居地域	20/10 以下 20/10 超、30/10 以下 30/10 超、40/10 以下 40/10 超	20m 25m 30m 35m	1.25	1.25
特定行政庁が指定する下記の区域内 第一種・第二種中高層住居専用地域 （容積率の限度が 40/10 以上の地域に限る） 第一種・第二種住居地域、準住居地域	20/10 超、30/10 以下 30/10 超、40/10 以下 40/10 超	20m ⇐ (25－5) 25m ⇐ (30－5) 30m ⇐ (35－5)	1.5 ↑ (1.25)	1.5
近隣商業地域 商業地域	40/10 以下 40/10 超、60/10 以下 60/10 超、80/10 以下 80/10 超、100/10 以下 100/10 超、110/10 以下 110/10 超、120/10 以下 120/10 超	20m 25m 30m 35m 40m 45m 50m	1.5	1.5
準工業地域 工業地域 工業専用地域	20/10 以下 20/10 超、30/10 以下 30/10 超、40/10 以下 40/10 超	20m 25m 30m 35m	1.5	1.5
用途地域の指定のない区域	20/10 以下 20/10 超、30/10 以下 30/10 超	20m 25m 30m	1.25 または 1.5 （特定行政庁が指定）	
高層住居誘導地区内 （住宅部分の床面積が延べ面積の 2/3 以上）	―	35m	1.5	

3 都市計画区域等による建築物の形態制限

2. 道路斜線の緩和措置

① 道路から後退して建てる場合　【法56条2項】

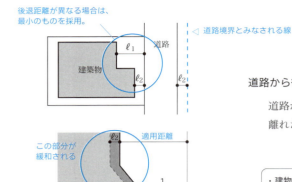

道路から後退して建てる場合

道路から離れた分だけを前面道路の反対側の境界線も離れたとみなし、幅員を足すことができる。

- 建物に凹凸がある場合の後退距離
  道路から建築物までの距離の最小のものが採用される。
- 後退距離に含まれない建築物【令130条の12】
  (p.87参照)

※道路斜線以外の斜線については未検討とする。

② 前面道路が12m以上の場合　【法56条3項・4項】

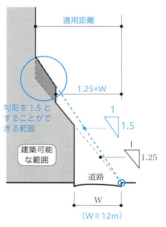

適用範囲の地域

第一種・第二種中高層住居専用地域、
第一種・第二種住居地域
準住居地域
（※勾配が1.25の地域内に限る）

＋

前面道路の幅員が12m以上

↓

前面道路の反対側からの距離に1.25を乗じた以上の区域の勾配を1.5とすることができる。

壁面後退がある場合

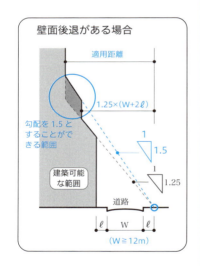

③ 前面道路の反対側に公園等がある場合　【法56条6項】【令134条1項】

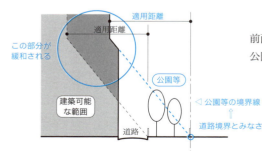

前面道路の反対側に公園、広場、川、水面などがある場合は、公園などの向こう側の境界線からの水平距離による。

④ 敷地が前面道路より 1m 以上高い場合　【法56条6項】【令135条の2第1項】

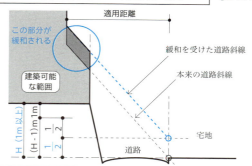

敷地と道路の高低差から、1m を引いた数値の 1/2 だけ、道路が高いところにあるとみなす。

敷地が道路より高いと、建築可能な範囲が小さくなり不利になるため。

3. 敷地が2以上の用途地域にわたる場合　【法別表3】【令130条の11】

建築物の各部分の高さは、その部分が属する用途地域の制限を受ける。【法別表3】
ただし、適用範囲は前面道路に面している用途地域の制限を受ける。【令130条の11】

用途地域によって容積率が異なるが、敷地全体に対する容積率の限度を求めるということ。

2以上の用途地域にまたがる場合は、まず『基準容積率』（容積率の限度）を求める。

a. 前面道路にそれぞれの用途地域が接する場合

① 容積率を求める。(p.73〜p.77参照)

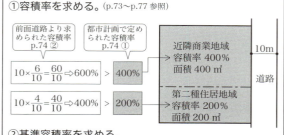

② 基準容積率を求める。

基準容積率 = (400×400+200×200)÷(400+200)
　　　　　近隣商業地域　第二種住居地域　　近商　第二種
= 333.33% ⇒ 33/10

p.83 表より、それぞれの用途地域で容積率 33/10 が含まれる欄の適用距離をみる。

③ 適用距離を求める。

近隣商業地域の適用距離：20m
第二種住居地域の適用距離：30m

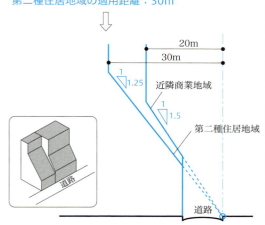

b. 前面道路から後退する部分で用途地域が変わる場合

① 容積率を求める。

左図と容積率、面積などの条件が同じため、容積率の計算は省略します。

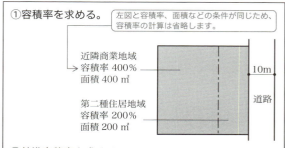

② 基準容積率を求める。

基準容積率 = (400×400+200×200)÷(400+200)
= 333.33% ⇒ 33/10

p.83 表より

③ 適用距離を求める。

前面道路に面している用途地域の制限を受けるため
第二種住居地域の適用距離：30m

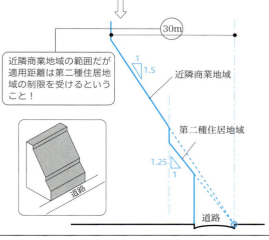

4. 2以上の前面道路がある場合 　　　　　　　　【法56条6項】【令132条】

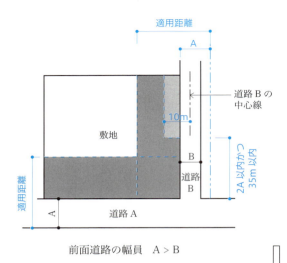

前面道路の幅員　A > B

前面道路が2面以上ある場合は、すべての前面道路が最大幅員の道路と同じ幅員があるものとみなされる。ただし、下記の範囲内とする。

aの範囲
水平距離が道路Aの幅員の2倍以内で、かつ35m以内の範囲

bの範囲
上記以外の前面道路がBの範囲で、道路の中心線から10mを超える範囲

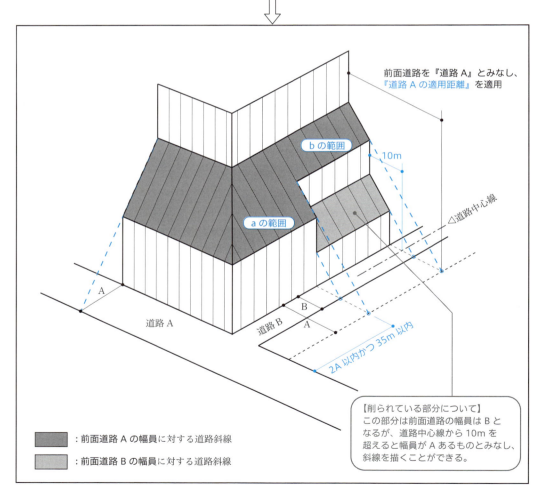

【削られている部分について】
この部分は前面道路の幅員はBとなるが、道路中心線から10mを超えると幅員がAあるものとみなし、斜線を描くことができる。

※道路幅が同じ場合は緩和されない。したがって4m道路にはさまれた角地の場合は、道路斜線はかなり厳しくなる。

例 下図の建築物を建築する場合、建築基準法上、A・B・C点の道路斜線における建築物の高さの限度を求めましょう。
ただし、敷地と道路の高低差、門及び塀はないものとし、図に記載されているものを除き、地域、地区等および特定行政庁の指定はないものとする。

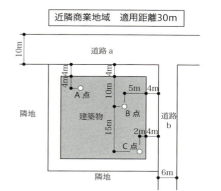

近隣商業地域　適用距離30m

◎A点の高さの最高限度　　壁面後退による緩和距離

$(4m + 4m + 10m + 4m) \times 1.5 = 33m$　　33m

◎B点の高さの最高限度
道路aからの距離が14mのため、前面道路を道路aの幅員とすることができる（前ページ参照）

B点 $(5m + 4m + 10m + 4m) \times 1.5 = 34.5m$　　34.5m

壁面後退による緩和距離

◎C点の高さの最高限度

①道路aからC点までの距離：$4m + 10m + 15m = 29m > 20m (10m \times 2)$

道路aの緩和は受けられない（前ページ参照）

②道路bの道路中心線からC点までの距離：$3m + 4m + 2m = 9m < 10m$

①②より、道路bとして道路斜線制限を受ける範囲となるため

$(2m + 4m + 6m + 4m) \times 1.5 = 24m$　　24m

壁面後退による緩和距離

5. 後退距離に含まれない建築物（道路斜線の場合のみに適用）　【法56条2項】【令130条の12】

下記のそれぞれの条件を満たしている場合は、後退した距離の内側にあっても後退距離に含めなくてよい。
後退距離：(p.84 ①参照)

a. 物置等として使う部分の場合

- 道路境界線から1m以上離れている
- 軒の高さ2.3m以下
- 床面積の合計が5㎡以内
- 前面道路に面する長さが、敷地の前面道路に接する部分の長さの1/5以下

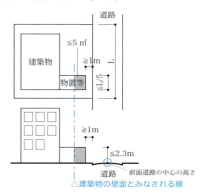

b. ポーチなどの部分の場合

- 道路境界線から1m以上離れている
- 高さ5m以下
- 前面道路に面する長さが、敷地の前面道路に接する部分の長さの1/5以下

c. 道路に沿った門や塀がある場合

- 高さ2m以下
（高さが1.2mを超える部分が網状などのもの）

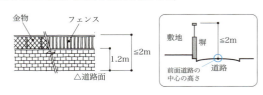

d. 隣地境界に沿って設置される門または塀

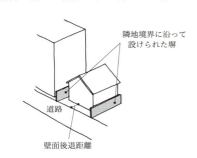

e. 歩廊、渡り廊下などの部分で、特定行政庁が規則で定めたもの

f. a～eのほか、建築物の部分で高さが1.2m以下のもの

3 都市計画区域等による建築物の形態制限

隣地斜線

高さ 31m 又は 20m という制限が廃止された時に、それらの制限を超えて建てられる高層部分の秩序を保つためにつくられたもの。

1. 隣地斜線制限　【法56条1項2号】

用途地域		隣地斜線制限
(1)	第一種中高層住居専用地域 第二種中高層住居専用地域	$20m + \dfrac{1.25}{1}$
(2)	第一種住居地域 第二種住居地域 準住居地域	
	上記で容積率が300%以下の特定行政庁が指定する区域	
(3)	近隣商業地域 商業地域 準工業地域 工業地域 工業専用地域	$31m + \dfrac{2.5}{1}$
	高層住居誘導地区内（住宅部分の床面積が延べ面積の2/3以上）	
(4)	用途地域の指定のない地域	1.25 または 2.5 のうち、特定行政庁が定めるもの

勾配が 1.25/1 の地域　　勾配が 2.5/1 の地域

低層住居専用地域では、高さが 10m 又は 12m に制限されているため適用されない。

2. 隣地斜線の緩和措置

① 高さ20m 又は 31m を超えている部分が、隣地境界線から後退している場合　【法56条1項2号】

隣地境界から ℓ m 後退している場合は、隣地境界線が ℓ m だけ外側にあるものとして斜線を引くことができる。

[上表 (2)] の地域の隣地斜線制限　　[上表 (3)] の地域の隣地斜線制限

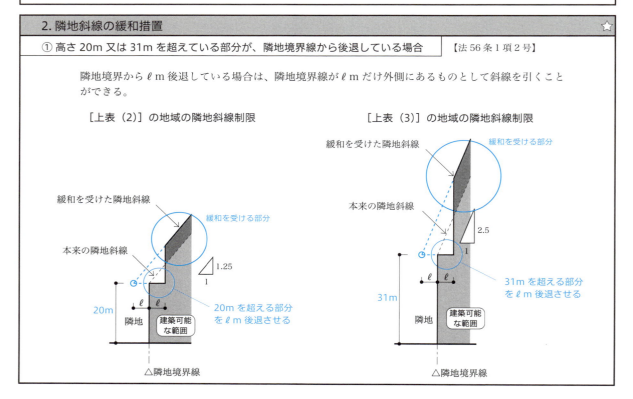

② 敷地が公園、広場、水面などに接している場合

【法56条6項】【令135条の3第1項1号】

公園などに接する隣地境界線が公園などの幅の1/2だけ外側にあるものとして斜線を引くことができる。

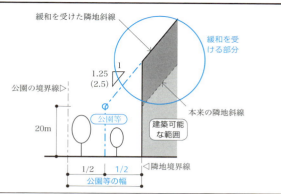

③ 敷地が隣地より1m以上低い場合

【法56条6項】【令135条の3第1項2号】

高低差から1mを引いた数値の1/2だけ高い位置に敷地があるとみなして斜線を引くことができる。

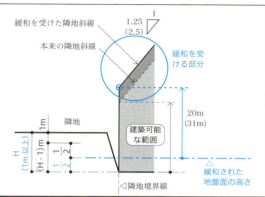

3. 敷地が2以上の用途地域にわたる場合

【法56条5項】☆

建築物の各部分の高さが属する地域の制限を受ける。

例 | 隣地斜線（勾配） | 第二種住居地域：1.25
近隣商業地域　：2.5

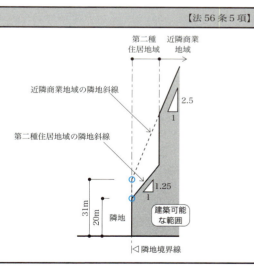

『道路斜線』・『隣地斜線』では、ペントハウスなどは斜線から突出してもよい。
ただし、下記の条件を満たしている場合のみ。

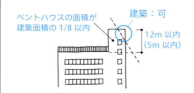

『道路斜線』・『隣地斜線』

『北側斜線』(次ページ)

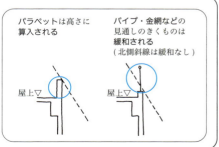

北側斜線

北側にある隣地の日照確保に配慮するためのもの。

1. 北側斜線制限 【法56条1項3号】

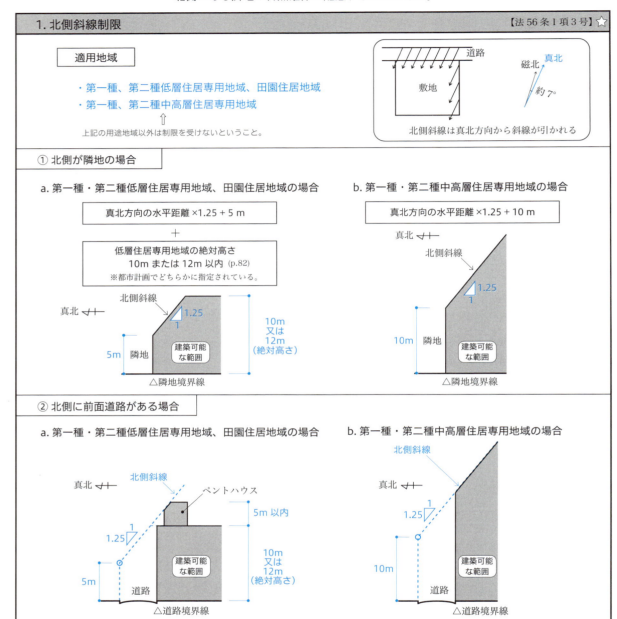

① 北側が隣地の場合

a. 第一種・第二種低層住居専用地域、田園住居地域の場合

真北方向の水平距離 ×1.25 + 5 m
＋
低層住居専用地域の絶対高さ
10m または 12m 以内 (p.82)
※都市計画でどちらかに指定されている。

b. 第一種・第二種中高層住居専用地域の場合

真北方向の水平距離 ×1.25 + 10 m

② 北側に前面道路がある場合

a. 第一種・第二種低層住居専用地域、田園住居地域の場合

b. 第一種・第二種中高層住居専用地域の場合

ポイント！

◎ 北側斜線ではペントハウスなども斜線から出てはいけない！

◎ 北側斜線では建築物を後退させて建築した場合にも、斜線の緩和がない！

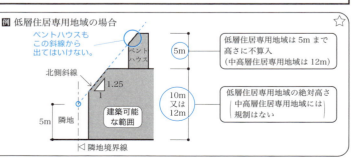

例 低層住居専用地域の場合

ペントハウスもこの斜線から出てはいけない。

低層住居専用地域は5mまで高さに不算入
(中高層住居専用地域は12m)

低層住居専用地域の絶対高さ
中高層住居専用地域には規制はない

2. 北側斜線の緩和措置　　　　　　　　　　　　　　　　　　　　　　　【令135条の4第1項】

① 北側に川などの水面や線路敷などがある場合　【1号】

それぞれ、水面や線路敷などの幅の1/2だけ外側にあるとみなす。

a. 道路境界線の場合

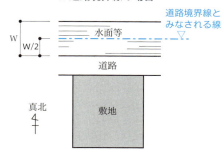

b. 隣地境界線の場合

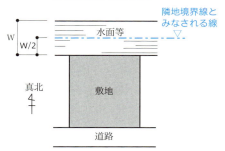

② 敷地が北側の隣地の地盤面より1m以上低い場合　【2号】

地盤面の高低差から1mを引いた数値の1/2だけ敷地の地盤面が高い位置にあるとみなす。

a. 第一種・第二種低層住居専用地域、田園住居地域の場合

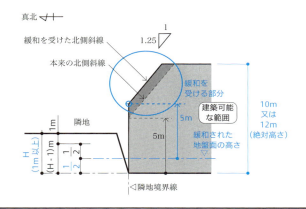

b. 第一種・第二種中高層住居専用地域の場合

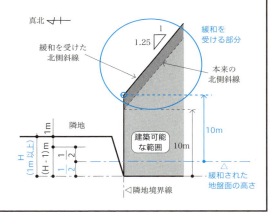

例 図のような建築物を建築する場合、建築基準法上、A点における高さの最高限度を求めましょう。

ただし、敷地、隣地および道路の相互間の高低差並びに門、塀はなく、記載されているものを除き地域、地区および特定行政庁の指定等はないものとする。

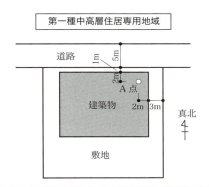

道路斜線について

$(1m + 5m + 1m + 2m) \times 1.25 = 11.25$

壁面後退による緩和距離

隣地斜線について

$20m + \{(2m + 3m + 3m) \times 1.25\} = 30$

壁面後退による緩和距離

北側斜線について

$10m + \{(5m + 1m + 2m) \times 1.25\} = 20$

※北側斜線は壁面後退による緩和はない

したがって、A点での高さの最高限度は　11.25m

天空率 【法56条7項】【令135条の5】

斜線制限によって確保される採光・通風が、天空率によって同等以上に確保できると判断された場合は、これらの高さ制限を適用しなくてもよいというもの。

『天空率』：魚眼レンズを装着したカメラで上空に向けて建築物を撮影した時の、空と建築物の比率のこと。

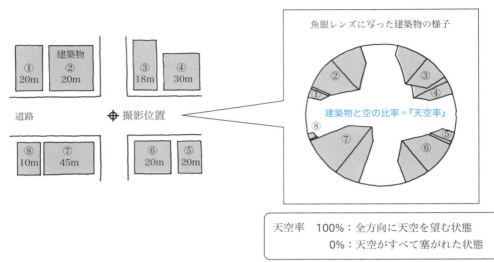

天空率　100%：全方向に天空を望む状態
　　　　　0%：天空がすべて塞がれた状態

1. 天空率の算定方法　【令135条の5】

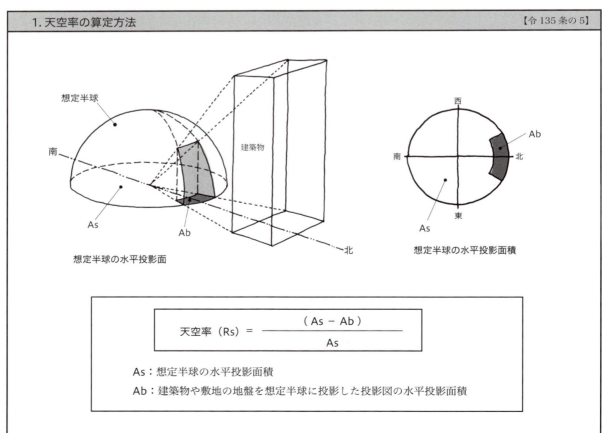

$$天空率（Rs）＝ \frac{（As－Ab）}{As}$$

As：想定半球の水平投影面積
Ab：建築物や敷地の地盤を想定半球に投影した投影図の水平投影面積

2. 天空率による斜線制限の緩和措置　　　　　　　　　　　【令135条の6〜11】

斜線制限による『適合建築物』と、計画された建築物『計画建築物』の天空率を各基準点ごとに比較し、
『計画建築物の天空率』が『適合建築物の天空率』を上回っている場合は、建築することができる。

① 道路斜線との比較　【法56条7項1号】【令135条の6】【令135条の9】

前面道路の反対側の境界線（道路斜線の起点）上で、その両端および道路幅員の1/2以内ごとに
区分した位置（基準点）毎に天空図を作成して、それぞれの天空率を比較して判定する。

a. 適合建築物

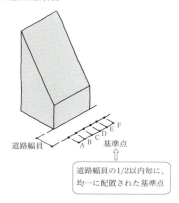

道路幅員の1/2以内毎に、均一に配置された基準点

b. 計画建築物

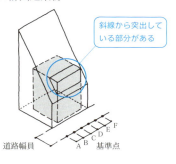

斜線から突出している部分がある

測定点	適合建築物の『天空率』	判定	計画建築物の『天空率』
B点	89.4%	< OK	90.1% （天空が望める範囲が90.1%あるということ）
C点	84.8%	< OK	88.3%
D点	82.2%	< OK	84.8%
E点	82.5%	< OK	84.3%

計画建築物は、道路斜線制限において、斜線から突出していても、建築することができる。

② その他の境界線の測定点

隣地斜線
【法56条7項2号】【令135条の7】【令135条の10】

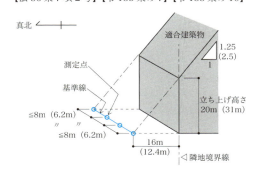

北側斜線
【法56条7項3号】【令135条の8】【令135条の11】

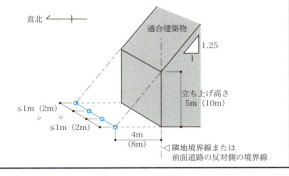

日影規制 【法56条の2】★

冬至日の日影になる時間と範囲を規制することで、
建築物の高さを制限するためのもの。
冬至日の地方真太陽時の午前8時から午後4時まで
の間で日影となる範囲を図面に表し、日影時間を調べる。

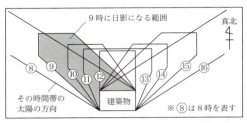

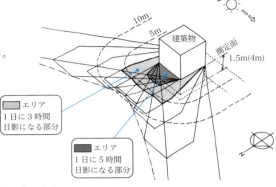

※日影規制は、地方公共団体の条例で規制の受ける区域が定められている。

上記の区域において日影の検討をした場合は、北側斜線の規制はないものとする。【法56条1項3号】

1. 日影規制の対象地域と規制値 【法56条の2】【法別表4】

(い) 地域または区域	(ろ) 制限を受ける建築物	(は) 測定面 平均地盤面からの高さ	(に) 規制日影時間 敷地境界線からの水平距離(ℓ) 5m<ℓ≦10m	10m<ℓ
ⓐ 第一種・第二種低層住居専用地域、田園住居地域	軒高>7m または 階数≧3(地階を除く)	1.5m	(1) 3 (2) (2) 4 (3) (3) 5 (4)	2 (1.5) 2.5 (2) 3 (2.5)
第一種・第二種中高層住居専用地域	建築物の高さ>10m	4m または 6.5m	(1) 3 (2) (2) 4 (3) (3) 5 (4)	2 (1.5) 2.5 (2) 3 (2.5)
第一種・第二種住居地域、準住居地域、近隣商業地域、準工業地域	建築物の高さ>10m	4m または 6.5m	(1) 4 (3) (2) 5 (4)	2.5 (2) 3 (2.5)
ⓑ 用途地域の指定のない区域	軒高>7m または 階数≧3(地階を除く)	1.5m	(1) 3 (2) (2) 4 (3) (3) 5 (4)	2 (1.5) 2.5 (2) 3 (2.5)
	建築物の高さ>10m	4m	(1) 3 (2) (2) 4 (3) (3) 5 (4)	2 (1.5) 2.5 (2) 3 (2.5)

※高層住居誘導地区、都市再生特別地区内、またはその建築物の敷地内の部分を除く (単位 時間)

( )は北海道での時間を示す

日影規制を受けないもの
※いずれも周囲の住環境を害するおそれがない場合のみ

・特定行政庁が土地の状況などにより、建築審査会の同意を得て許可した場合

・日影規制の許可を受けた建築物において、政令で定める位置や規模の範囲内で増築、改築、移転する場合
  ↑
  敷地境界線からの水平距離が5mを超える範囲に、
  新たに日影となる部分が生じないもの【令135条の12】

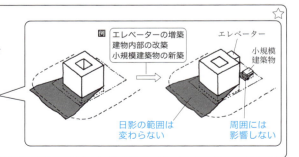

例 エレベーターの増築 建物内部の改築 小規模建築物の新築

日影図の測定範囲と測定面　（前ページ表）

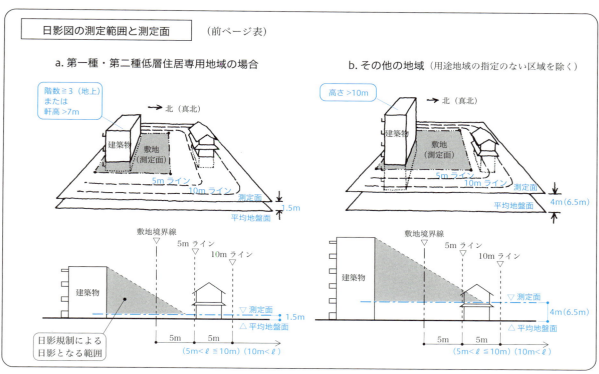

2. 日影が制限の異なる区域にわたる場合　【法56条の2第5項】【令135条の13】

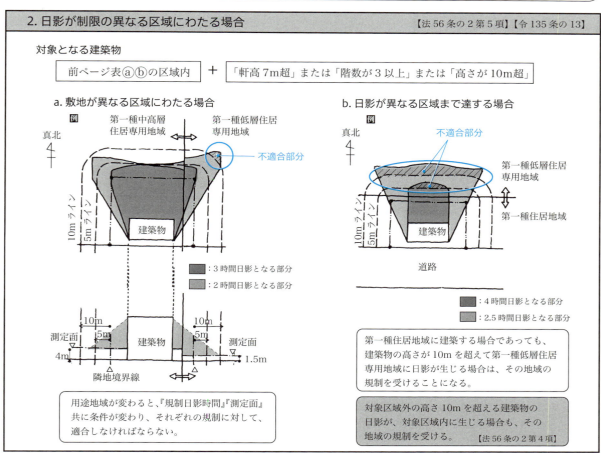

3. 同一敷地内に2以上の建築物がある場合 【法56条の2第2項】

一つの建築物とみなして【法別表4】の適用を受ける。
(p.94 表)

4. 日影規制の緩和措置など

① 建築物の敷地が、道路、水面、線路敷などに接する場合 【法56条の2第3項】【令135条の12第1項】

a. 道路、水面、線路敷などの幅が 10m以下の場合

敷地の境界線は、道路等の幅の 1/2 だけ外側にあるものとすることができる。

b. 道路、水面、線路敷きなどの幅が 10mを超える場合

道路等の反対側の境界線から敷地側に水平距離5mの線が敷地境界線となる。

② 建築物の敷地が、日影の生じる地盤面より1m以上低い場合 【法56条の2第3項】【令135条の12第1項】

敷地の高低差から1m引いた数値の 1/2 だけ高い位置に地盤面があるものとする。

③ 高さに算入されない部分 【令2条1項6号ロ】

ペントハウスの高さの5mまでは建築物の高さに算入しなくてよい。

適用を受ける範囲
◎ 第一種・第二種中高層住居専用地域
◎ 第一種・第二種住居地域、準住居地域、近隣商業地域、準工業地域
◎ 用途地域の指定のない区域（高さが10mを超えるものに限る）

制限を受ける建築物の高さが、10mを超える建築物に限るということ

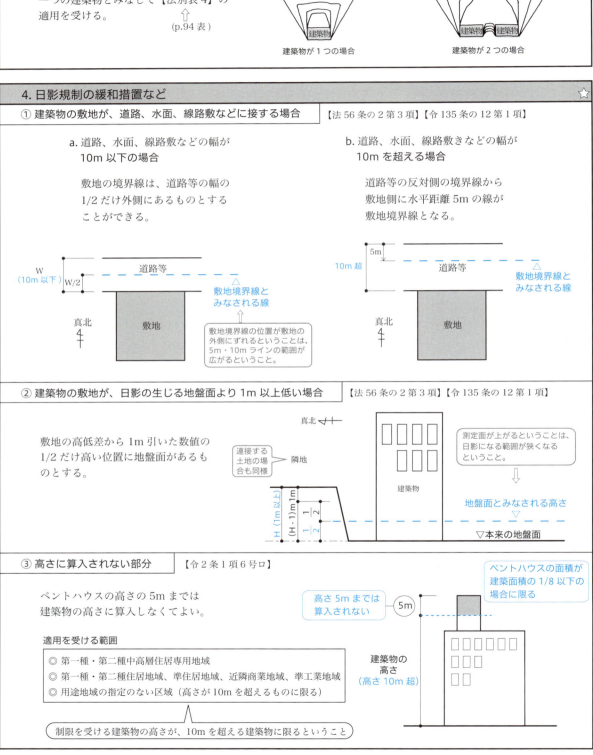

6 防火地域・準防火地域の建築制限

防火地域・準防火地域の概要

a. 防火地域 【都市計画法9条21項】
- 駅前や商店街など、大規模な商業施設があり、人や交通量が多い地域
- 地震などの災害時に、緊急車両の通行を確保しなければならない、主要幹線道路沿いの地域

b. 準防火地域 【都市計画法9条21項】
- 住宅などの建物が密集していて、火災時に危険度の高い地域

法22条区域 【法22条】（p.102〜p.103参照）
周辺の火害による火の粉で火災が広がることを防ぐため、特定行政庁が指定する区域。
→ 都市計画によって定められた区域ではないということ

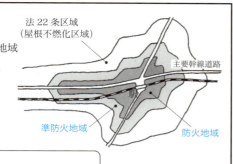

防火地域・準防火地域内の建築物 【法61条】★

防火地域・準防火地域内の建築物
- 外壁の開口部で、延焼のおそれのある部分に、防火戸または防火設備を設ける。
- 壁、柱、床など、および上記の防火戸は、通常の火災による周囲への延焼を防止するための性能を有する。

1. 防火地域・準防火地域内の建築制限 【令136条の2】☆

以下の表より、階数または面積の規模に応じて、右の構造方法を用いる。

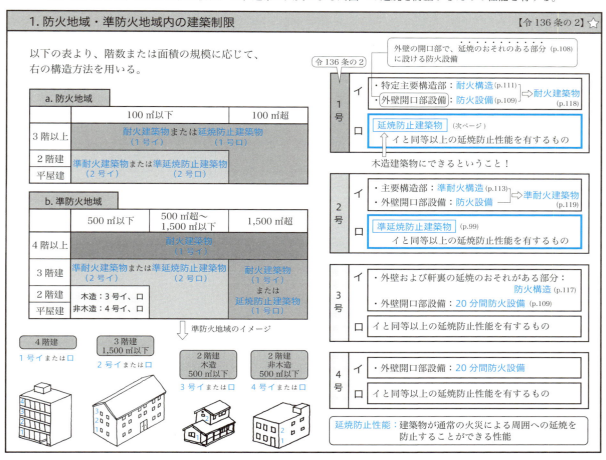

97

① 延焼防止建築物（令 136 条の 2 第 1 号ロ）

本来は耐火構造としなければならないが、以下に適合する
場合は、木造建築物とすることができる！

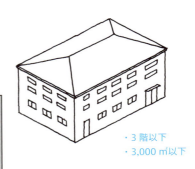

階数	: 3 以下（地階を除く）【令元年国交告 194 号第 2 第 1 項 1 号イロハ】
延べ面積	: 3,000 ㎡以下（一戸建ての住宅は 200 ㎡以下）
開口部の面積	: その開口部のある外壁の面積に対して、各階の外壁の 開口部の面積の合計の割合が定められた値以下

・3 階以下
・3,000 ㎡以下

 ⇩ 構造方法は

【令元年国交告 194 号第 2 第 1 項 2 号表】

	建築物の用途	特定主要構造部 (外壁、屋根、階段) を除く)	外壁 屋根の軒裏	屋根（軒裏を除く） 階段	外壁開口部設備
（一）	① 劇場、映画館、演芸場、観覧場、 公会堂、集会場　など	1 時間準耐火構造 (p.114)	75 分間準耐火構造 (令元年国交告 193 号 第 1 第 10 項) (p.115)	準耐火構造 (p.113)	防火設備 (法 2 条 9 号の 2 ロ) (p.109)
	(3) 学校、体育館　など				
	(4) 百貨店、マーケット、展示場、 キャバレー、カフェー、ナイト クラブ、バー、ダンスホール、 遊技場、（物品販売業を営む店舗 を除く）				
	事務所				
（二）	(2) 病院、診療所（患者の収容施設 があるものに限る）、ホテル、 旅館、下宿、共同住宅、寄宿舎、 児童福祉施設等	1 時間準耐火構造	90 分間準耐火構造 (令元年国交告 194 号 第 2 第 3 項)	準耐火構造	防火設備
（三）	物販販売業を営む店舗	1 時間準耐火構造	90 分間準耐火構造 (p.116)	準耐火構造	30 分間防火設備 (令元年国交告 194 号 第 2 第 4 項) (p.109)
（四）	一戸建ての住宅	準耐火構造	75 分間準耐火構造	準耐火構造	防火設備

| 卸売市場の上家、機械製作所などで
火災の発生のおそれが少ないもの | 不燃材料
(p.110) | | | 20 分間防火設備
(令 137 条の 10 第 1 号)
(p.109) |

【令元年国交告 194 号第 2 第 1 項 1 号ニ】

延べ面積が 500 ㎡を超える場合（表中（二）の建築物は 100 ㎡を超える場合）

床面積の合計 500 ㎡以内ごとに、
（表中（二）の建築物は 100 ㎡以内ごとに）
・1 時間準耐火構造の床または壁
・特定防火設備（p.130）
　　　　　　　　　　　　いずれかで区画する。

＋

区画された部分ごとに、スプリンクラー設備
水噴霧消火設備、泡消火設備などの自動式の
ものを設ける。

【令元年国交告 194 号第 2 第 1 項 1 号ホ】

一戸建ての住宅　（階段や吹抜などの部分）

防火区画（p.129）の竪穴部分とそれ以外の部分を、
・準耐火構造の床または壁
・10 分間防火設備（p.109）
　　　　　　　　　　　　いずれかで区画する

② 準延焼防止建築物（令136条の2第2号ロ）

階数	: 3以下（地階を除く）	【令元年国交告194号第4】
延べ面積	: 500 ㎡以下	
開口部の面積	: 隣地境界線、道路境界線からの水平距離に応じて定められた基準に適合するもの	

・3階以下
・500 ㎡以下

↓ それぞれいずれかの構造方法とする。（一部抜粋）

外壁

a. 準耐火構造
b. 防火構造
c. 以下の基準に適合

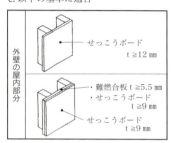

外壁の屋内部分
- せっこうボード t ≧12 mm
- 難燃合板 t ≧5.5 mm
- せっこうボード t ≧9 mm
- せっこうボード t ≧9 mm

床 ※最下階の床を除く。

a. ・準不燃材料で造る。
・3階の床又はその直下の天井に30分間の「非損傷性能」が求められる。
・「遮熱性能」が求められる。（屋内に面するものに限る）

b. 以下の基準に適合

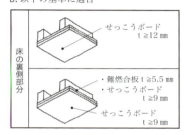

床の裏側部分
- せっこうボード t ≧12 mm
- 難燃合板 t ≧5.5 mm
- せっこうボード t ≧9 mm
- せっこうボード t ≧9 mm

屋根

a. 屋根の延焼のおそれのある部分に、20分間の「遮炎性能」が求められる。

b. 以下の基準に適合

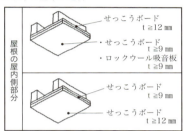

屋根の屋内側部分
- せっこうボード t ≧12 mm
- せっこうボード t ≧9 mm
- ロックウール吸音板 t ≧9 mm
- せっこうボード t ≧9 mm
- せっこうボード t ≧12 mm

柱、はり

a. 準耐火構造
b. 以下の基準に適合

全部または一部に木材を使用
小径が12cm以上

※以下の場合を除く
・壁の屋内側に防火被覆が設けられている
・炎侵入防止構造 など

外壁・柱・はり・床・屋根の共通事項

防火被覆の取合い部分などは、炎侵入防止構造とする。（p.115）

その他の基準

・軒裏：防火構造
・外壁開口部設備：20分間防火設備 ── 隣地境界線等に面する外壁の開口部でその境界線からの水平距離が1m以下に設ける外壁開口部設備は、防火設備（はめごろし戸など）とする。
・3階の室の部分は、それ以外の部分と間仕切り壁または戸（ふすま、障子などを除く）で区画する。

ポイント！ 耐火性能を求める法令で代表的なもの

建築物の規模、用途、立地により、それぞれに求められる性能が異なる！

		規制の対象	構造基準	
高さ	法21条 (p.123) 大規模木造建築物等	・4階以上、高さ16m超 ・延べ面積3,000 ㎡超	⇒ 耐火構造 (p.111)	または
用途	法27条 (p.120) 特殊建築物	共同住宅などの多数の者が利用する建築物 (3階以上)	⇒ 耐火構造	または
立地	法61条 (p.97) 防火地域	3階以上または100 ㎡超	⇒ 耐火構造	または
	準防火地域	4階以上または1,500 ㎡超		

木造建築物とするための構造基準

・消火時間に応じた準耐火構造
　火災時倒壊防止構造 (p.123)
　※消火終了までは倒壊しない性能

・周辺への放射熱抑制に対する準耐火構造
　周辺危害防止構造 (p.125)
　※避難や消火に支障を及ぼさない性能

・避難時間に応じた準耐火構造
　避難時倒壊防止構造 (p.121)
　※避難終了までは倒壊しない性能

・市街地火災拡大防止に対する準耐火構造
　延焼防止建築物 (p.98)
　※外周部の強化によって延焼しない性能

耐火構造　：火災の終了後も損傷しない高い性能を有する構造
準耐火構造：火災の継続中は損傷しないが、火災終了後には損傷する可能性がある構造

防火地域・準防火地域の共通基準

1. 共通基準

① 屋根に必要とされる性能　【法62条】【令136条の2の2】

周辺の火災による火の粉により
- 防火上有害な発炎をしない。
- 屋内に達する防火上有害な溶融、き裂などの損傷を生じない。

適合仕様		【平12建告1365号】
不燃材料で造るか葺く	屋根を準耐火構造とする	屋根を耐火構造とする
桟瓦葺き / スレート葺き / 金属板葺き	屋外に面する部分を準不燃材料で造る　屋内・屋外合わせて：準耐火構造	屋外に面する部分を準不燃材料で造る。かつ、その勾配が水平面から30°以内ものも　耐火構造の屋根の屋外面に断熱材および防水材を張ったもの。

② 門と塀　【令136条の2第5号】【令元年国交告194号第7】

高さ2mを超え、以下に該当するものは、延焼防止上支障のない構造として右のいずれかの構造方法を用いる。
- 防火地域内にある建築物に附属するもの。
- 準防火地域内にある木造建築物等に附属するもの。

（延焼のおそれのある部分に限る。）

門	・不燃材料で造る、または覆う ・道に面する部分を厚さ24mm以上の木材で造る
塀	・不燃材料で造る、または覆う ・道に面する部分を厚さ24mm以上の木材で造る ・土塗真壁構造で塗厚さが30mm以上

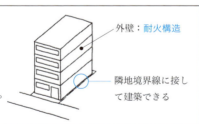

③ 隣地境界線に接する外壁　【法63条】

外壁を耐火構造とした場合には、その外壁を隣地境界線に接して設けることができる。
↑
商店街などの建物が隣地にほとんど接して建てられているのはこの規定があるため。

外壁：耐火構造
隣地境界線に接して建築できる

防火地域内の看板、広告塔、装飾塔などの工作物　【法64条】

・建築物の屋上に設けるもの
・高さ3mを超えるもの
⇩
主要な部分を不燃材料で造りまたは覆わなければならない。

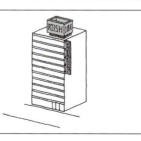

2. 建築物が各地域の内外にわたる場合　【法65条】

原則として制限の厳しい方の地域の規定が適用される。
ただし、防火壁(p.132)で区画されている場合は、防火壁の外側には規制がかからない。

a. 防火壁で区画されていない場合

b. 防火壁で区画されている場合

■：防火地域の規定を適用
■：準防火地域の規定を適用
□：防火・準防火地域のどちらの規定も適用されない

ポイント！敷地が2つの用途地域等にわたる場合の考え方

敷地が2つの用途地域等にわたる場合は、求めるものにより判断が異なる。

都市計画による考え方

a. 敷地が2つの用途地域にわたる場合【法91条】

敷地面積の大きい方に属しているものとして、建築物の用途制限を受ける。

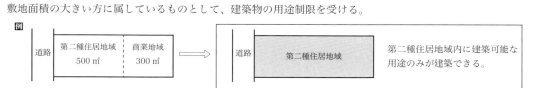

第二種住居地域内に建築可能な用途のみが建築できる。

b. 建築物等が防火地域、準防火地域、それ以外の地域にわたる場合【法65条】

面積に関係なく規制の厳しい側の地域にあるものとして、建築物等は規制を受ける。

防火地域内にある建築物として規制を受ける。

容積率・建蔽率による考え方　【法52条7項】【法53条2項】

それぞれの領域に対してその限度を求め、その合計を敷地面積で除したものとする。

例　容積率

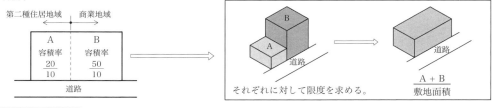

それぞれに対して限度を求める。

$$\frac{A + B}{敷地面積}$$

斜線制限による考え方　【法別表3】【法56条5項】

それぞれの領域に対して規制を受ける。

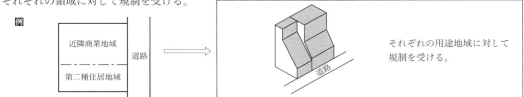

それぞれの用途地域に対して規制を受ける。

7 法22条区域

都市計画で定められた防火・準防火地域以外で周辺からの火災に対して、延焼を防がなければならない区域として、特定行政庁が指定した区域

※ 防火・準防火地域は、p.97〜p.101を参照

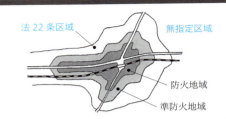

1. 法22条区域内の建築制限　【法22条】【法23条】

a. 屋根の制限　【法22条】

法22条区域は『屋根不燃化区域』とも呼ばれている

法22条区域内で、通常の火災で火の粉による火災の発生を防止するために屋根に必要な基準。

・防火上有害な発炎をしない
・屋内に達する損傷などを生じない　【令109条の9】

↓
屋根不燃化　← 屋根は、防火・準防火地域内の建築物の仕様（p.100 1）と同じということ。

屋根：不燃化
軒裏や開口部に対しては特別の規定はない。
↑
ここが準防火地域内の場合と異なる

外壁（延焼のおそれのある部分）：準防火性能

：延焼のおそれのある部分 (p.108)

b. 木造建築物等の外壁の制限　【法23条】

p.123 上部の説明文

法22条区域内で『外壁の延焼のおそれのある部分』は、通常の火災に対して  準防火性能（次ページ）を有する。

適用の除外　【法22条】
・茶室、あずま屋など
・延べ面積が10㎡以内の物置、納屋
・上記に類する建築物の屋根の延焼のおそれのある部分以外の部分

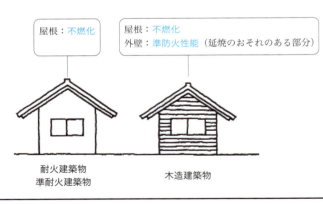

屋根：不燃化　／　屋根：不燃化　外壁：準防火性能（延焼のおそれのある部分）

耐火建築物　準耐火建築物　　木造建築物

2. 準防火性能 【令109条の10】

法22条区域内の建築物において、外壁の延焼のおそれのある部分に求められる性能。
⇧防火構造とは違い、法22条区域にのみ求められる性能のこと

① 技術基準 【令109条の10】

いずれも、建築物の周囲から発生する通常の火災に対する基準。

・外壁（耐力壁）：加熱開始後20分間、構造耐力上支障のある変形・溶融・破壊その他の損傷を生じない。

・外壁（非耐力壁）：加熱開始後20分間、加熱面以外の面（屋内に面するものに限る）が、可燃物燃焼温度以上に上昇しないもの。

② 適合仕様（外壁） 【平12建告1362号】

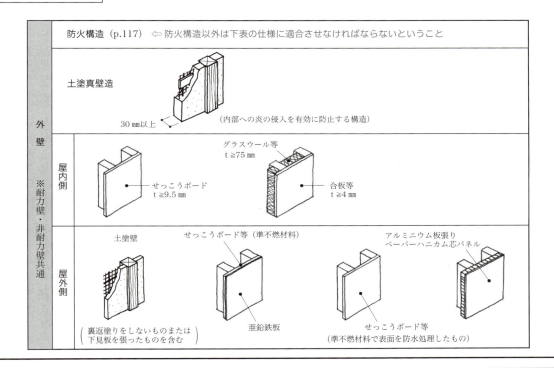

防火・準防火地域や法22条区域と耐火・準耐火建築物などの関係は、主に下記のようにまとめられる。

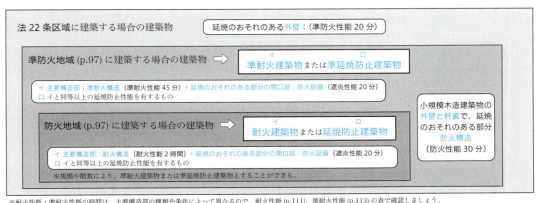

※耐火性能・準耐火性能の時間は、主要構造部の種類や条件によって異なるので、耐火性能（p.111）、準耐火性能（p.113）の表で確認しましょう。

8 その他の地域地区

特例容積率適用地区　【法57条の2】【都市計画法9条16項】

- 市街地の防災機能の確保等のため、未利用の容積を移転することにより、防災空間を確保するための地区。
- 建築物の共同化や老朽マンションの建て替え等を円滑に進めるための地区。

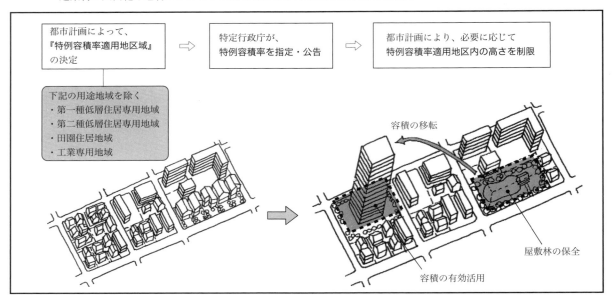

高層住居誘導地区　【法57条の5】【都市計画法9条17項】

都市における居住機能の適正な配置を図るため、高層住宅の建設を誘導する地区。

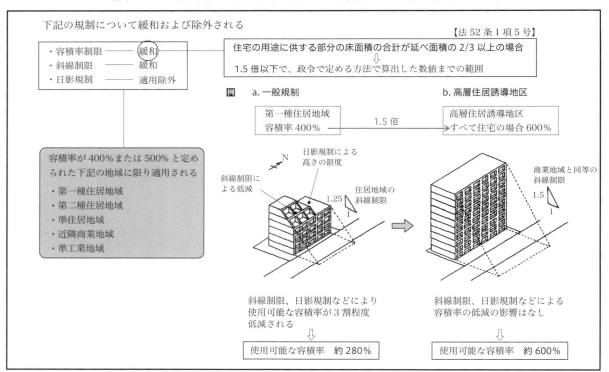

高度地区　　【法58条】【都市計画法9条18項】

用途地域内において、市街地の環境を維持し、または土地利用の増進を図るため、建築物の高さの最高限度または最低限度を定める地域地区で、市町村が必要に応じて定める。

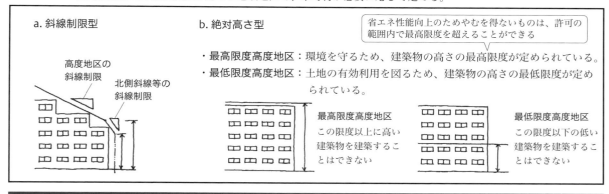

a. 斜線制限型　　b. 絶対高さ型

省エネ性能向上のためやむを得ないものは、許可の範囲内で最高限度を超えることができる

・最高限度高度地区：環境を守るため、建築物の高さの最高限度が定められている。
・最低限度高度地区：土地の有効利用を図るため、建築物の高さの最低限度が定められている。

高度利用地区　　【法59条】【都市計画法9条19項】

・小規模建築物の建築を抑制するとともに、建築物の敷地内に有効な空地を確保することにより、土地の合理的かつ健全な高度利用と都市機能の更新を促進するための地区。
・建蔽率の低減の程度等に応じ、容積率を割増。

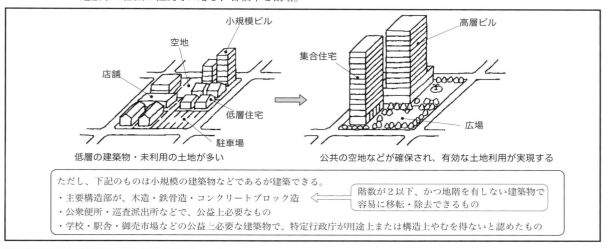

ただし、下記のものは小規模の建築物などであるが建築できる。
・主要構造部が、木造・鉄骨造・コンクリートブロック造　← 階数が2以下、かつ地階を有しない建築物で容易に移転・除去できるもの
・公衆便所・巡査派出所などで、公益上必要なもの
・学校・駅舎・卸売市場などの公益上必要な建築物で、特定行政庁が用途上または構造上やむを得ないと認めたもの

総合設計制度（敷地内に広い空地を有する建築物の容積率等の特例）　【法59条の2】

一定の割合以上の空地を有する建築物について、計画を総合的に判断して、市街地の環境の整備改善につながると認められる場合に、いくつかの緩和を受けることができる制度。

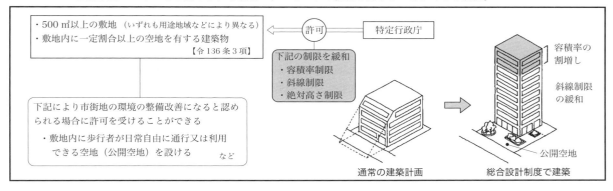

・500㎡以上の敷地（いずれも用途地域などにより異なる）
・敷地内に一定割合以上の空地を有する建築物　【令136条3項】

下記により市街地の環境の整備改善になると認められる場合に許可を受けることができる
・敷地内に歩行者が日常自由に通行又は利用できる空地（公開空地）を設ける　など

下記の制限を緩和
・容積率制限
・斜線制限
・絶対高さ制限

許可　←　特定行政庁

特定街区　　【法60条】【都市計画法9条20項】

街区を単位として、有効な空地を備えた市街地の整備改善を、都市計画に定め、建築物にかかる一般的な規制を適用せずこれに置き換えるもの。

- 有効な空地の規模等に応じ、容積率を割増することができる。
- 隣接する複数の街区を一体的に計画する場合には、街区間の容積率移転が可能となる。

用途地域に定める下記の制限は適用されない
- 容積率制限
- 建蔽率制限
- 斜線制限
- 日影規制　など

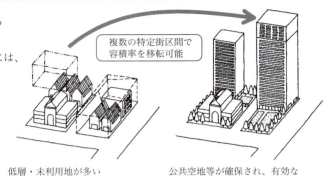

複数の特定街区間で容積率を移転可能

低層・未利用地が多い　　公共空地等が確保され、有効な土地利用が実現する

特定防災街区整備地区　　【法67条】【都市計画法8条1項5号の2】★

火災や地震時の延焼防止や避難上確保されるべき機能について定められた地区。

【密集市街地整備法31条】

① 特定防災街区整備地区内の建築物は、以下のいずれかとしなければならない。
- 耐火建築物等 ──（耐火建築物または延焼防止建築物）
- 準耐火建築物等 ──（準耐火建築物または準延焼防止建築物）

② 建築物が特定防災整備地区の内外にわたる場合。

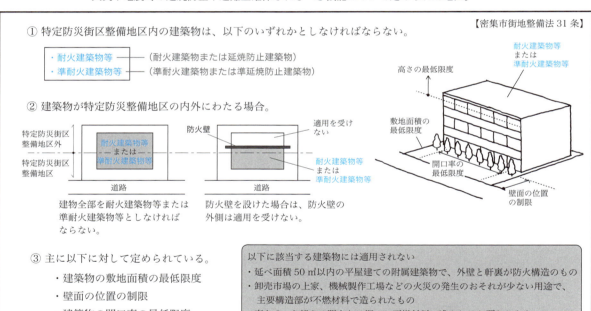

建物全部を耐火建築物等または準耐火建築物等としなければならない。

防火壁を設けた場合は、防火壁の外側は適用を受けない。

③ 主に以下に対して定められている。
- 建築物の敷地面積の最低限度
- 壁面の位置の制限
- 建築物の間口率の最低限度
- 建築物の高さの最低限度

以下に該当する建築物には適用されない
- 延べ面積50㎡以内の平屋建ての附属建築物で、外壁と軒裏が防火構造のもの
- 卸売市場の上家、機械製作工場などの火災の発生のおそれが少ない用途で、主要構造部が不燃材料で造られたもの
- 高さ2mを超える門または塀で、不燃材料で造られるか覆われたもの
- 高さ2m以下の門または塀

景観地区　　【法68条】【都市計画法8条1項6号】★

市街地の良好な景観の形成を図る地区。

下記の制限等が定められた地区。
- 高さの最高限度および最低限度
- 壁面の位置の制限
- 敷地面積の最低限度　　など

高さの制限については、下記のものは適用されない。
- 公衆便所・巡査派出所などで、公益上必要なもの。
- 特定行政庁が用途上等でやむを得ないと認めて許可したもの。

4章　防火制限と内装制限

1 用語の説明 ………108
　延焼のおそれのある部分・防火設備・防火材料

2 火災に対する構造基準 ………111
　耐火構造・防火構造・耐火建築物など

3 耐火建築物等にしなければならない建築物 …120
　特殊建築物・3階建て共同住宅・大規模木造建築物など

4 火災の拡大を防ぐための規定 ………127
　防火区画・防火壁・内装制限など

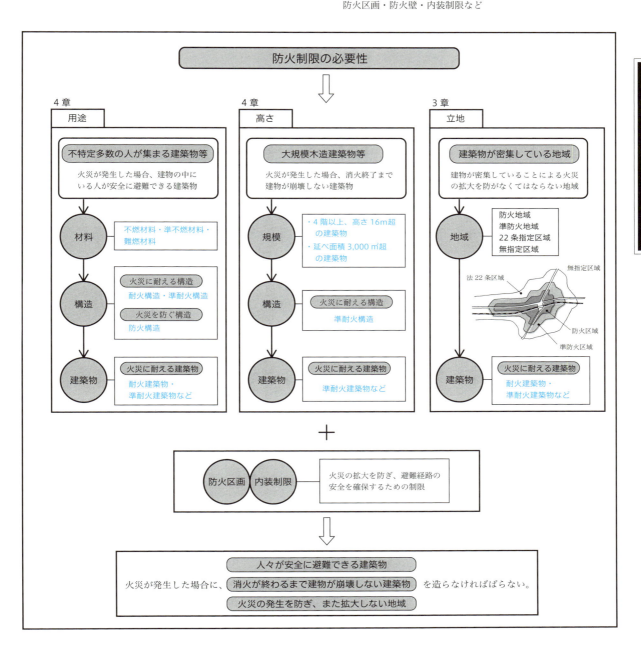

1 用語の説明

延焼のおそれのある部分　【法2条6号】★

隣地からの火災の延焼や、建築物間の延焼を防止するため、防火処置をしなければならない建築物の部分。

① 延焼のおそれのある部分 ← 隣接する建築物からの火災が燃え移りやすい範囲をいう。

隣地境界線、道路中心線から下記の範囲の建築物の部分

| 1階 | : 3m以下 |
| 2階以上 | : 5m以下 |

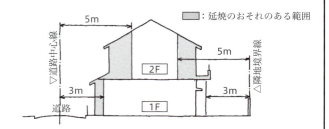

ただし、次のいずれかに該当する場合は除く。

a. 防火上有効な公園、広場、川等の空地、水面、耐火構造の壁がある場合

b. 建築物の外壁面と隣地境界線などとの角度に応じて、周囲から発生する火災時の火熱により延焼するおそれがないものとして国土交通大臣が定めた部分 【令2国交告197号】

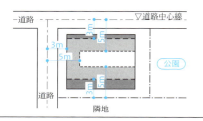
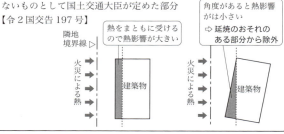

② 同一敷地内に2以上の建築物がある場合

a. 延べ面積の合計が500㎡以内
　一つの建物と見なす。

b. 延べ面積の合計が500㎡超
　相互の外壁間の中心線からそれぞれに適用される。

ほかの建築物の高さに応じて算出された高さより上の部分は、「延焼のおそれのある部分」から除外することができる。【令2国交告197号】

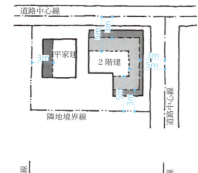
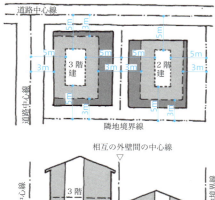
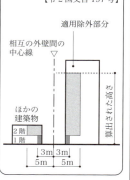
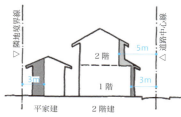
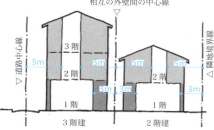

■：1階で延焼のおそれのある部分
□：2階以上の階で延焼のおそれのある部分

防火設備

外壁の延焼のおそれのある部分の開口部や、防火区画の開口部に設け、延焼あるいは火災の拡大を防ぐための設備。
(p.127)

1. 防火設備の種類　　【法2条9号の2ロ】【令109条】

① 防火設備 - 1　【令109条1項】

a. 防火戸　　b. ドレンチャー設備（防火設備）

その他、大臣が定めた構造方法を用いるもの

② 防火設備 - 2　【令109条2項】

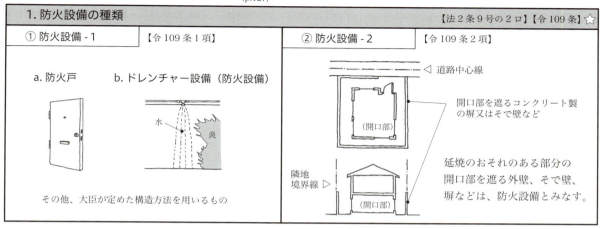

延焼のおそれのある部分の開口部を遮る外壁、そで壁、塀などは、防火設備とみなす。

2. 遮炎性能適合仕様

① 防火設備 （法2条9号の2ロ）　【令109条の2】【平12建告1360号】

通常の火災による火熱が加えられた場合に、加熱開始後20分間、その加熱面以外の面（屋内・屋外の両面）に火炎を出さないもの。　　`20分間遮炎` ⇐ `両面遮炎`

※条文に『屋内に面するものに限る』が入っていないので、屋内・屋外の両面に遮炎性能が必要ということになる！

適合仕様の主なもの

a. 鉄製防火戸
鉄製ドア
スチールシャッターも含まれる
（鉄板の厚さ：0.8mm以上1.5mm未満）
1.5mm以上の場合は特定防火設備となる。

b. 網入鉄製防火戸
鉄製ドア（網入ガラス入り）
スチールサッシ（網入ガラス入り）

c. 防火塗料を塗布した木製骨組戸
木製骨組戸
屋内面：厚さ1.2cm以上の木毛セメント板又は0.9cm以上のせっこうボード張
屋外面：亜鉛鉄板張

② 20分間防火設備　【令元年国交告196号】

通常の火災による火熱が加えられた場合に、加熱開始後20分間、その加熱面以外の面（屋内に限る）に火炎を出さないもの。　　`20分間遮炎` ⇐ `片面遮炎`

③ その他の防火設備

- 10分間防火設備：10分間遮炎【令2国交告198号】
- 20分間防火設備：20分間遮炎【令137条の10第1号ロ(4)】
- 30分間防火設備：30分間遮炎
- 45分間防火設備：45分間遮炎
- 75分間防火設備：75分間遮炎
- 90分間防火設備：90分間遮炎【令元年国交告193号】

特定防火設備 (p.130)

屋内から火災が発生した場合に、火災の拡大を防ぐためのもの。

（主に、大規模建築物の内部に用いられる）

- 特定防火設備：1時間遮炎【令112条1項】
- 遮熱型特定防火設備：90分間遮熱【令6国交告227号】

など

防火材料　【法2条9号】【令1条5号・6号】

不燃性能に応じて、3区分とする。

　　　不燃材料　　　準不燃材料　　　難燃材料

1. 不燃性能　【法2条9号】【令108条の2】

通常の火災による火熱が加えられた場合に次の条件を満たしていること。

- **非燃焼性**：燃焼しない。
- **非損傷性**：防火上有害な変形・溶融・き裂その他の損傷を生じない。
- **非発煙性**：避難上有害な煙またはガスを発生しない。

2. 不燃性能の保有時間

加熱開始後、所定の時間、不燃性能（前項）を満たすもの。

- a. 不燃材料　：　20分間　【令108条の2】
- b. 準不燃材料：　10分間　【令1条5号】
- c. 難燃材料　：　5分間　【令1条6号】

```
不燃材料 20分間
準不燃材料 10分間
難燃材料 5分間
```

準不燃材料　【平12建告1401号】

不燃材料
厚さ9mm以上のせっこうボード
厚さ15mm以上の木毛セメント板
厚さ9mm以上の硬質木片セメント板
厚さ30mm以上の木片セメント板
厚さ6mm以上のパルプセメント板

難燃材料　【平12建告1402号】

準不燃材料
厚さ5.5mm以上の難燃合板
厚さ7mm以上のせっこうボード

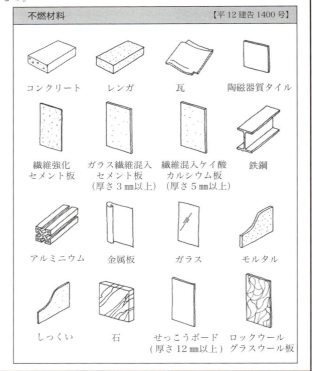

不燃材料　【平12建告1400号】

コンクリート／レンガ／瓦／陶磁器質タイル／繊維強化セメント板／ガラス繊維混入セメント板（厚さ3mm以上）／繊維混入ケイ酸カルシウム板（厚さ5mm以上）／鉄鋼／アルミニウム／金属板／ガラス／モルタル／しっくい／石／せっこうボード（厚さ12mm以上）／ロックウール　グラスウール板

非損傷性・遮炎性・遮熱性

次ページ以降の耐火構造や準耐火構造などに求められる性能。

- **非損傷性**：通常の火災による火炎が加えられた場合に、構造耐力上支障のある変形、溶融、破裂その他の損傷を生じないもの。
- **遮炎性**：屋内火災による火熱を受けても、屋外に火炎を出す原因となるような亀裂その他の損傷が生じないもの。
- **遮熱性**：加熱面以外の面が可燃物燃焼温度以上に上昇しないもの。

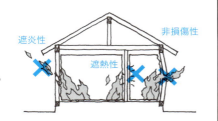

可燃物燃焼温度【平12建告1432号】
加熱面以外の面において、平均160℃、最高200℃のいずれかに達すること。

2　火災に対する構造基準

構造基準の種類 ★

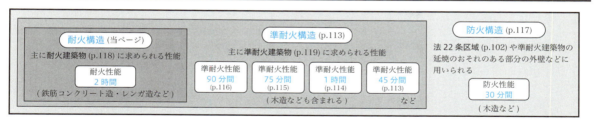

耐火構造　【法2条7号】★

耐火構造：壁、柱、床その他の建築物の構造のうち、耐火性能を有する下記の構造のもの。
※鉄筋コンクリート造、レンガ造など

1. 耐火性能の技術基準　【令107条】☆

耐火性能：通常の火災が終了するまでの間、その火災による建築物の倒壊・延焼を防止するためにその建築物の部分に必要とされる性能。【法2条7号】

① 主要構造部　【1号】

下表に該当する建築物の部分に、表中の時間の「非損傷性能」が求められる。

建築物の部分		最上階及び最上階から数えた階数2以上で4以内の階	最上階から数えた階数5以上で9以内の階	最上階から数えた階数10以上で14以内の階	最上階から数えた階数15以上で19以内の階	最上階から数えた階数20以上の階
耐力壁	間仕切壁	1時間	1.5時間	2時間	2時間	2時間
	外壁	1時間	1.5時間	2時間	2時間	2時間
柱		1時間	1.5時間	2時間	2.5時間	3時間
床		1時間	1.5時間	2時間	2時間	2時間
はり		1時間	1.5時間	2時間	2.5時間	3時間
屋根		30分				
階段		30分				

※ 最上階　：階数に算入されない屋上部分がある場合は、屋上部分も建築物の最上階に含まれる。
※ 階数の算定：通常階数に算入しない部分であっても、地階はすべて階数に算入する。

② 壁・床　【2号】※一部の非耐力壁を除く。

1時間の「遮熱性能」が求められる。（屋内に面するものに限る）

③ 外壁・屋根　【3号】※一部の非耐力壁・屋根を除く。

1時間の「遮炎性能」が求められる。

2. 適合仕様　※抜粋

【平12建告1399号】

(単位cm)

壁（耐力壁）

構造と材料	耐火時間 1時間	耐火時間 2時間
鉄筋コンクリート造 鉄骨鉄筋コンクリート造 鉄骨コンクリート造	B≧7	t≧3 B≧10
鉄骨造　鉄網モルタル（塗厚さ）	t≧3	t≧4
コンクリートブロック レンガ，石	t≧4	t≧5
パーライトモルタル		t≧3.5
補強コンクリートブロック造 レンガ造・石造を含む	t≧4 B≧5	t≧5 B≧8
軽量気泡コンクリート製パネル 高温高圧蒸気養生したもの		B≧7.5
木毛セメント板 両側にモルタル塗り		t≧1 B≧8
中空鉄筋コンクリート製パネル 内部にパーライトまたは 気泡コンクリートを充填		t≧5 B≧12
木材または鉄骨＋防火被覆 間柱および下地　強化せっこうボード2枚以上	t≧4.2 (総厚)	—(総厚)
強化せっこうボード2枚以上 ＋ けい酸カルシウム板	t≧3.6 ＋ t≧0.8	

柱

構造と材料		耐火時間 1時間	耐火時間 2時間	耐火時間 3時間
鉄筋コンクリート造 鉄骨鉄筋コンクリート造 鉄骨コンクリート造		厚さの 規定なし	t≧5 B≧25	t≧6 B≧40
鉄骨造	鉄網モルタル	t≧4	t≧6 B≧25	t≧8 B≧40
	コンクリートブロック レンガ，石	t≧5	t≧7 B≧25	t≧9 B≧40
	鉄網パーライトモルタル		t≧4 B≧25	—
鉄骨造＋防火被覆	けい酸カルシウム板（かさ比重0.35以上）	—	t≧5	
	けい酸カルシウム板（かさ比重0.15以上）	t≧2.7	t≧5.5	
木材または鉄骨＋防火被覆	強化せっこうボード2枚以上	t≧4.6 (総厚)		

はり

構造と材料		耐火時間 1時間	耐火時間 2時間	耐火時間 3時間
鉄筋コンクリート造 鉄骨鉄筋コンクリート造 鉄骨コンクリート造		厚さの 規定なし	t≧5	t≧6
鉄骨造＋耐火被覆	鉄網モルタル	t≧4	t≧6	t≧8
	コンクリートブロック レンガ，石	t≧5	t≧7	t≧9
	鉄網パーライトモルタル	—	t≧4	t≧5
鉄骨小屋組	天井がないもの または 天井が準不燃材料で造られたもの	H≧4 (m)	—	—
鉄骨造＋防火被覆	けい酸カルシウム板（かさ比重0.35以上）	—	t≧4.5	
	けい酸カルシウム板（かさ比重0.15以上）	t≧2.5	t≧4.7	
木材または鉄骨＋防火被覆	強化せっこうボード2枚以上	t≧4.6 (総厚)		

※その他、梁の1時間耐火は、柱の1時間耐火と同じ構造とすることができる。

床

構造と材料	耐火時間 1時間	耐火時間 2時間
鉄筋コンクリート造 鉄骨鉄筋コンクリート造 鉄骨コンクリート造	B≧7	B≧10
補強コンクリートブロック造 コンクリートブロック レンガ，石	t≧4 B≧5	t≧5 B≧8
鉄骨造 鉄網モルタルまたはコンクリート	t≧4	t≧5
軽量気泡コンクリートパネル	t≧10	—
木材または鉄骨＋防火被覆 根太および下地 強化せっこうボード2枚以上　表側	t≧4.2 (総厚)	—
裏側または 直下天井	t≧4.6	

階段

構造と材料	耐火時間
鉄筋コンクリート造 鉄骨鉄筋コンクリート造	30分
無筋コンクリート造 コンクリートブロック造 レンガ造 石造	
レンガ造 石造 コンクリートブロック造 ※いずれも鉄材で補強されたもの	
鉄造	
木材＋防火被覆（表裏の両側） けた及び下地 強化せっこうボード2枚以上	t≧2.7 (総厚)

屋根

構造と材料	耐火時間
鉄筋コンクリート造 鉄骨鉄筋コンクリート造	30分
補強コンクリートブロック造 レンガ造，石造	
・下記で葺いたもの 鉄網コンクリート 鉄網モルタル	
・下記で造られたもの ガラスブロック 【コンクリート、鉄材等で補強されたもの】 網入りガラス	
鉄筋コンクリート製パネル B≧4	
木材または鉄骨＋防火被覆 下地 強化せっこうボード2枚以上	t≧2.7 (総厚)

準耐火構造　【法2条7号の2】★

準耐火構造：壁、柱、床その他の建築物の構造のうち、準耐火性能を有する構造のもの。

耐火構造にしなくてもよいが、一般的な準耐火性能よりも厳しい基準が定められているもの。

準耐火構造
準耐火性能 ● 90分間 / 75分間 / 1時間 　(p.116)　(p.115)　(次ページ)
準耐火性能 45分間

1. 準耐火性能（準耐火性能：45分間）

準耐火性能：通常の火災による延焼を抑制するために必要な構造とされる性能。【法2条7項の2】

① 技術基準　【令107条の2】

- **a. 主要構造部【1号】**：右表に該当する建築物の部分に、表中の時間の「非損傷性能」が求められる。
- **b. 壁・床・軒裏【2号】**：45分間の「遮熱性能」が求められる。（屋内に面するものに限る）　← 非耐力壁の外壁などを除く
- **c. 外壁・屋根【3号】**：45分間の「遮炎性能」が求められる。

壁	耐力壁	外壁	45分間
		間仕切壁	45分間
柱			45分間
床			45分間
はり			45分間
屋根（軒裏を除く）			30分間
階段			30分間

② 適合仕様　※抜粋　【平12建告1358号】

耐力壁（間仕切壁・外壁）・柱・はり・床・軒裏 ⇒ 1時間準耐火性能（次ページ）
屋根・階段 ⇒ 耐火構造（p.111）

または

- 法27条1項の認定を受けた主要構造部（特殊建築物(p.120)）
- 法21条1項の認定を受けた主要構造部（大規模木造建築物等(p.123)）

または 下記の構造方法

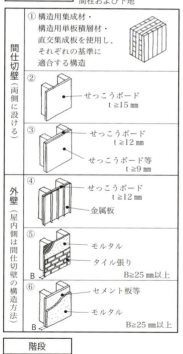

a. 耐力壁　木材および鉄材＋防火被覆　間柱および下地

間仕切壁（両側に設ける）
① 構造用集成材・構造用単板積層材・直交集成板を使用し、それぞれの基準に適合する構造
② せっこうボード t≧15mm
③ せっこうボード t≧12mm、せっこうボード等 t≧9mm

外壁（屋内側は間仕切壁の構造方法）
④ せっこうボード t≧12mm、金属板
⑤ モルタル、タイル張り B≧25mm以上
⑥ セメント板等、モルタル B≧25mm以上

階段
木造の階段の裏面に防火被覆を設ける　裏面に防火被覆

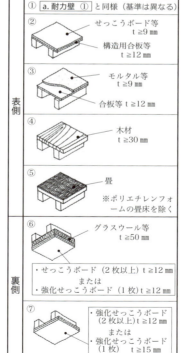

b. 床　木材および鉄材＋防火被覆　根太および下地

① a.耐力壁 ① と同様（基準は異なる）

表側
② せっこうボード等 t≧9mm、構造用合板等 t≧12mm
③ モルタル等 t≧9mm、合板等 t≧12mm
④ 木材 t≧30mm
⑤ 畳　※ポリエチレンフォームの畳床を除く

裏側
⑥ グラスウール等 t≧50mm、せっこうボード（2枚以上）t≧12mm または 強化せっこうボード（1枚）t≧12mm
⑦ 強化せっこうボード（2枚以上）t≧12mm または 強化せっこうボード（1枚）t≧15mm

取合いの部分は、**炎侵入防止構造** とする。(p.115)
A 屋根の材料＋防火被覆
B 野地板＋防火被覆
C 防火被覆のみ

c. 柱・はり
① 防火被覆型　柱／防火被覆
② 燃えしろ型　燃えしろ

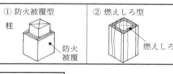

d. 屋根　A.B.Cのいずれかとする。

① a.耐力壁 ① と同様（基準は異なる）

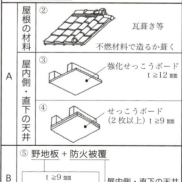

A
屋根の材料
② 瓦葺き等　不燃材料で造るか葺く
屋内側・直下の天井
③ 強化せっこうボード t≧12mm
④ せっこうボード（2枚以上）t≧9mm

B
⑤ 野地板＋防火被覆
t≧9mm 構造用合板 構造用パネル パーティクルボード
屋内側・直下の天井
t≧12mm 強化せっこうボード

C
屋内側・直下の天井
⑥ 強化せっこうボード t≧15mm
⑦ 強化せっこうボード＋ロックウール　t≧12mm　t≧50mm
⑧ せっこうボード（2枚以上）厚さの合計≧21mm

2.1 時間準耐火構造　　　　　　　　　　　　　　　　　　　　　　　【令112条2項】

1時間準耐火構造：準耐火構造のうち、準耐火性能の時間が1時間のもの。
耐火構造にしなくてもよいが、準耐火性能を本来の45分間よりも長い1時間と定めたもの。

これらの建築物は、大断面木材などを活用して、木造にできるということ！⇨

関係する主な建築物
○防火地域・準防火地域の建築物 (p.97〜p.99)
○大規模木造建築物等 (p.123〜p.125)
○特殊建築物 (p.120〜p.122)

---

① 技術基準　　【令112条2項】

a. 主要構造部：下表に該当する建築物の部分に、表中の時間の「非損傷性能」が求められる。

本来の準耐火性能の時間(前ページ)
【令107条の2】

壁	耐力壁	間仕切壁	1時間	45分間
		外壁	1時間	45分間
柱			1時間	45分間
床			1時間	45分間
はり			1時間	45分間

※上表に含まれていない屋根、階段などは、準耐火性能の規定と同じく30分間となる。

b. 壁・床・屋根の軒裏：1時間の「遮熱性能」が求められる。(屋内に面するものに限る)
※一部の非耐力壁・屋根を除く。

c. 外壁：1時間の「遮炎性能」が求められる。

---

② 適合仕様（主要構造部）　※抜粋　【令元年国交告195号】

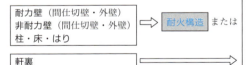

耐力壁（間仕切壁・外壁）
非耐力壁（間仕切壁・外壁）
柱・床・はり
⇨ 耐火構造 または

特定準耐火構造
主要構造部の構造が以下のいずれかに適合するもの
- 避難時倒壊防止構造 (法27条1項) (p.121)
  (特定避難時間：1時間以上)
- 火災時倒壊防止構造 (法21条1項) (p.123)
  (通常火災終了時間：1時間以上)

または　下記の構造方法

軒裏 ⇨

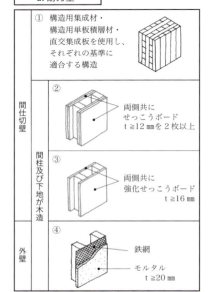

a. 耐力壁
① 構造用集成材・構造用単板積層材・直交集成板を使用し、それぞれの基準に適合する構造

間仕切壁
② 両側共にせっこうボード t≧12mm を2枚以上
③ （間柱及び下地が木造）両側共に強化せっこうボード t≧16mm

外壁
④ 鉄網 モルタル t≧20mm

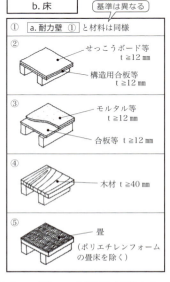

b. 床　　基準は異なる
① a.耐力壁① と材料は同様
② せっこうボード等 t≧12mm ／ 構造用合板等 t≧12mm
③ モルタル等 t≧12mm ／ 合板等 t≧12mm
④ 木材 t≧40mm
⑤ 畳（ポリエチレンフォームの畳床を除く）

取合いの部分は、炎侵入防止構造とする。(次ページ)

c. 柱・はり
① 防火被覆型　柱　防火被覆

② 燃えしろ型　柱　燃えしろ

d. 床の裏側又は直下の天井
① グラスウール等 t≧50mm ／ せっこうボード t≧12mm を2枚以上

② 強化せっこうボード t≧12mm を2枚以上

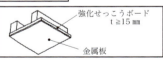
e. 軒裏
強化せっこうボード t≧15mm ／ 金属板

4　防火制度と内装制限

3. 75分間準耐火構造

【令元年国交告193号第1第10項】

75分間準耐火構造：準耐火構造のうち、主要構造部の壁・柱・床・はり・屋根の軒裏の準耐火性能が75分間のもの。

関係する主な建築物
- 防火地域・準防火地域の建築物 (p.97〜p.99)
- 大規模木造建築物等 (p.123〜p.125)

適合仕様（主要構造部） ※抜粋

a. 耐力壁

A（木造建築物（防火被覆を設けていないもの））

① 構造用集成材、構造用単板積層材、直交集成板を使用し、それぞれ同号の基準に適合する構造。
　火災時も、燃え残り部分で構造耐力を維持できる厚さを確保するもの

② ・通常火災終了時間が75分間以上の建築物の耐力壁
　　（法21条1項の規定または認定を受けたもの）
　・特定避難時間が75分間以上の建築物の耐力壁
　　（法27条1項の規定または認定を受けたもの）

B（木造建築物、組積造、鉄骨造、鉄筋コンクリート造の建築物（防火被覆されたもの））

① 鉄筋コンクリート造／鉄骨鉄筋コンクリート造／鉄骨コンクリート造　B≧85mm
　※それぞれ、かぶり厚さは基準に適合させる

② 軸組：鉄骨造　両面に鉄網モルタル　t≧4cm
　※下地が不燃材料の場合を除く

③ 軸組：鉄骨造　両面に鉄網パーライトモルタル　t≧3.5cm
　※下地が不燃材料の場合を除く

④ 軸組：鉄骨造　両面にコンクリートブロック、レンガ、石　t≧5cm
　※下地が不燃材料の場合を除く

⑤ 間柱および下地：木材または鉄材
　両面に防火被覆　強化せっこうボード2枚以上　厚さの合計≧42mm

耐力壁が外壁の場合
屋外側の防火被覆の上を以下のいずれかで仕上げる
- 金属板、軽量気泡コンクリートパネル、窯業系サイディングを張る
- モルタル、しっくいで塗る

b. 柱、はり　[基準は異なる]

A
① a.耐力壁 A① と材料は同様（直交集成板を除く）
② 耐火構造（耐火性能が2時間のもの）
③ ・通常火災終了時間が75分間以上の建築物の柱またははり
　　（法21条1項の規定または認定を受けたもの）　→大規模木造建築物等
　・特定避難時間が75分間以上の建築物の柱またははり
　　（法27条1項の規定または認定を受けたもの）　→特殊建築物等

B（木造建築物）
① A②③と同様
② 防火被覆型　柱　強化せっこうボード2枚以上　厚さの合計≧46mm
③ 燃えしろ型　燃えしろ

c. 床　[基準は異なる]

A
① a.耐力壁 A① と材料は同様
② a.耐力壁 A② の建築物の床と同様

B（木造建築物）
① a.耐力壁 B①〜④と同様
② 根太および下地：木材または鉄材
　表側（防火被覆）：強化せっこうボード2枚以上　厚さの合計≧42mm
　裏側（防火被覆）：強化せっこうボード2枚以上　厚さの合計≧46mm
③ a.耐力壁 A② の建築物の床と同様

d. 軒裏　[基準は異なる]

A
① a.耐力壁 A① と材料は同様
② a.耐力壁 A② と建築物の軒裏と同様

B（木造建築物）
① a.耐力壁 B①〜③と同様
② b.柱、はり A②③ と同様
③ 強化せっこうボード2枚以上　厚さの合計≧46mm

炎侵入防止構造

木造建築物では、防火被覆の取合いの部分、目地の部分などは、裏面に当て木が設けるなどで、建築物の内部への炎の侵入を有効に防止する構造が必要とされる。

【令元年国交告193号第1第2項】

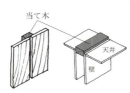

通常火災終了時間：火災時倒壊防止構造を参照（p.123①ロ）
特定避難時間　　：避難時倒壊防止構造を参照（p.121②）

4 防火制度と内装制限

4. 90分間準耐火構造

【令元年国交告193号第1第9項】

90分間準耐火構造：準耐火構造のうち、壁・屋根の軒裏の耐火性能が90分間のもの。

> 関係する主な建築物
> ○防火地域・準防火地域の建築物 (p.97〜p.99)

適合仕様　※抜粋

a. 壁

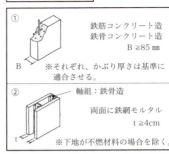

① 鉄筋コンクリート造　鉄骨コンクリート造　B ≧85㎜
　※それぞれ、かぶり厚さは基準に適合させる。

② 軸組：鉄骨造　両面に鉄網モルタル　t ≧4cm
　※下地が不燃材料の場合を除く。

③ 間柱および下地：木材または鉄材
　両面共：強化せっこうボード3枚以上　B ≧63㎜

④ ・大規模木造建築物等（法21条1項）(p.123) で、通常火災終了時間が90分間以上のもの
　・特殊建築物（法27条1項）(p.120) で、特定避難時間が90分間以上のもの
　※いずれも非耐力壁の外壁は延焼のおそれのある部分に限る。

b. 軒裏

※延焼のおそれのある部分に限る。

① a.壁 ①〜③と同様

② ・大規模木造建築物等（法21条1項）で、特定主要構造部などの性能 (p.123) に適合するもの
　・特殊建築物（法27条1項）で、特定準耐火構造の特定主要構造部などの性能 (p.121) に適合するもの
　※いずれも非耐力壁の外壁は延焼のおそれのある部分に限る。

準耐火構造を用いた延焼防止建築物

p.98 表より

【令元年国交告194号第2第1項1号表2】

建築物の用途		主要構造部（外壁、屋根、階段を除く）	外壁 屋根の軒裏	屋根（軒裏を除く） 階段	外壁開口部設備
(一)	(1) 劇場、映画館、演芸場、観覧場、公会堂、集会場　など	1時間準耐火構造 (p.114)	75分間準耐火構造 (令元年国交告193号第1第10項) (p.115)	準耐火構造 (p.113)	延焼のおそれのある部分に設ける開口部のこと 防火設備 (法2条9号の2ロ) (p.109)
	(3) 学校、体育館　など				
	(4) 百貨店、マーケット、展示場、キャバレー、カフェー、ナイトクラブ、バー、ダンスホール、遊技場、（物品販売業を営む店舗を除く）				
	事務所				

例　学校などの場合

その他、床面積が500㎡以内ごとに、1時間準耐火構造の床または壁で区画し、区画された部分ごとにスプリンクラー設備などを設ける。

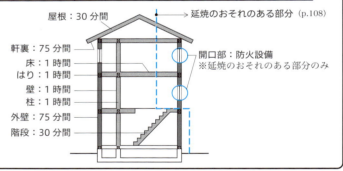

屋根：30分間
軒裏：75分間
床：1時間
はり：1時間
壁：1時間
柱：1時間
外壁：75分間
階段：30分間

→延焼のおそれのある部分 (p.108)
開口部：防火設備
※延焼のおそれのある部分のみ

燃えしろ設計

> 木材に防火被覆をしないということ！

全部または一部に木材を用いた木造建築物で、火災時に木材の表面が燃える厚さ（燃えしろ）を想定し、その厚みを必要な断面寸法に加えた部材を用いて設計するもの。

以下の基準などに適合しなければならない。
・耐力壁、柱、床、梁、軒裏などの主要構造部に十分な燃えしろが確保された構造用集成材、構造用単板積層材、製材を用いる。
・部材の取合い部分が「炎侵入防止構造」であるもの。
・階段室、付室の壁・天井の室内に面する部分の仕上げを不燃材料でつくる。──消火活動を支援するため

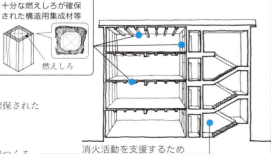

十分な燃えしろが確保された構造用集成材等
燃えしろ

防火構造　　【法2条8号】★

防火構造：建築物の周囲から発生する火災による延焼を防ぐために、外壁と軒裏に求められる性能。
『耐火構造』は内部から発生した火に耐える構造に対して、『防火構造』は外部からの延焼を防ぐためのもの。

主な対象建築物：準防火地域の木造建築物 (p.97) や、大規模木造建築物等 (p.124 d) の外壁と軒裏。

1. 防火性能の技術基準　　【令108条】☆

- a. 外壁（耐力壁）：30分間の「非損傷性能」が求められる。
- b. 外壁・軒裏　　：30分間の「遮熱性能」が求められる。（屋内に面するものに限る）

2. 適合仕様　※抜粋　　【平12建告1359号】

外壁・軒裏 ⇒ 準耐火構造 または 下記の構造方法

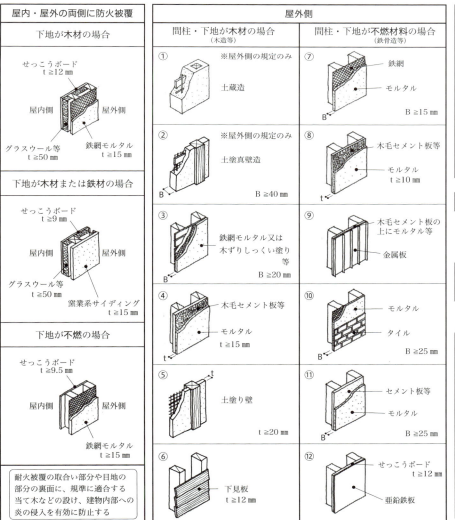

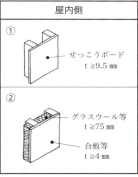

防火性能と準防火性能の違い！

a. 防火性能

対象：外壁と軒裏

防火性能　30分間

b. 準防火性能 (p.103)

対象：法22条区域内の外壁
（延焼のおそれのある部分に限る）

防火性能　20分間

耐火建築物　【法2条9号の2】【令108条の4】★

- 不特定多数の人が集まる大規模な建築物等
- 建物が密集した地域で一定規模以上の建築物

⇒ 火災の終了後も損傷しない高い性能を有する建築物。

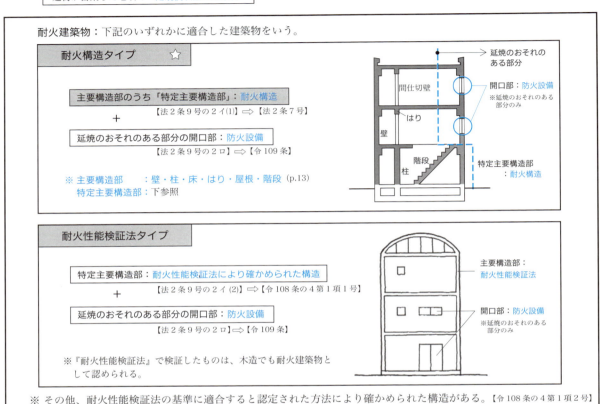

耐火建築物：下記のいずれかに適合した建築物をいう。

耐火構造タイプ ☆

主要構造部のうち「特定主要構造部」：耐火構造
【法2条9号の2イ(1)】⇒【法2条7号】
＋
延焼のおそれのある部分の開口部：防火設備
【法2条9号の2ロ】⇒【令109条】

※ 主要構造部　：壁・柱・床・はり・屋根・階段 (p.13)
　 特定主要構造部：下参照

耐火性能検証法タイプ

特定主要構造部：耐火性能検証法により確かめられた構造
【法2条9号の2イ(2)】⇒【令108条の4第1項1号】
＋
延焼のおそれのある部分の開口部：防火設備
【法2条9号の2ロ】⇒【令109条】

※『耐火性能検証法』で検証したものは、木造でも耐火建築物として認められる。

※ その他、耐火性能検証法の基準に適合すると認定された方法により確かめられた構造がある。【令108条の4第1項2号】

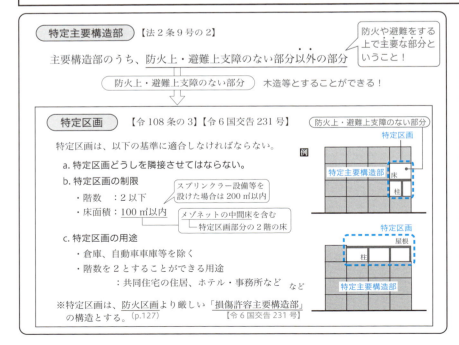

特定主要構造部　【法2条9号の2】

主要構造部のうち、防火上・避難上支障のない部分以外の部分
（防火や避難をする上で主要な部分ということ！）

防火上・避難上支障のない部分 → 木造等とすることができる！

特定区画　【令108条の3】【令6国交告231号】

特定区画は、以下の基準に適合しなければならない。
a. 特定区画どうしを隣接させてはならない。
b. 特定区画の制限
　・階数：2以下
　・床面積：100㎡以内
　（スプリンクラー設備等を設けた場合は200㎡以内）
　（メゾネットの中間床を含む　特定区画部分の2階の床）
c. 特定区画の用途
　・倉庫、自動車車庫等を除く
　・階数を2とすることができる用途
　　：共同住宅の住居、ホテル・事務所など　など

※特定区画は、防火区画より厳しい「損傷許容主要構造部」の構造とする。(p.127)　【令6国交告231号】

概略としては下図のようにまとめられる。

準耐火建築物　【法2条9号の3】【令109条の3】★

- 不特定多数の人が集まる中・小規模の建築物
- 建物が密集した地域で中・小規模の建築物

⇒ 火災の継続中は損傷しないが、火災終了後には損傷する可能性がある建築物。

準耐火建築物：下記のいずれかに適合した建築物をいう。

準耐火構造（イ準耐火タイプ）☆

主要構造部：準耐火構造
+ 【法2条9号の3イ】⇒【法2条7号の2】

延焼のおそれのある部分の開口部：防火設備
【法2条9号の2ロ】⇒【令109条】

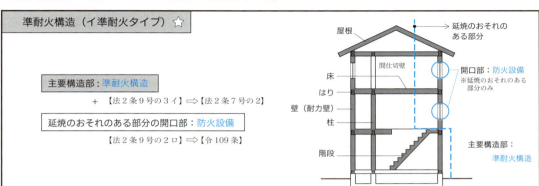

準耐火構造に準ずる構造（ロ準耐火タイプ）
⇐ イ準耐火（上記）と同様の準耐火性能を有するもの。

1号

外壁耐火構造
【法2条9号の3ロ】⇒【令109条の3第1号】

外壁：耐火構造
屋根：不燃化（法22条1項の構造）
延焼のおそれのある部分の屋根：
　　　20分間の非損傷性能
+
延焼のおそれのある部分の開口部：防火設備

柱・はり・床の規制はない ⇐ 木造でもよいということ

2号

主要構造部：不燃材料
【法2条9号の3ロ】⇒【令109条の3第2号】

主要構造部（柱・梁）：不燃材料
主要構造部（その他）：準不燃材料
屋根：不燃化（法22条1項の構造）
延焼のおそれのある部分の外壁：防火構造
床：準不燃材料
3階以上の階の床またはその直下の天井：
　　　30分間の非損傷性能　など
+
延焼のおそれのある部分の開口部：防火設備

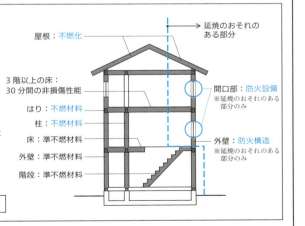

4　防火制度と内装制限

119

3 耐火建築物等にしなければならない建築物

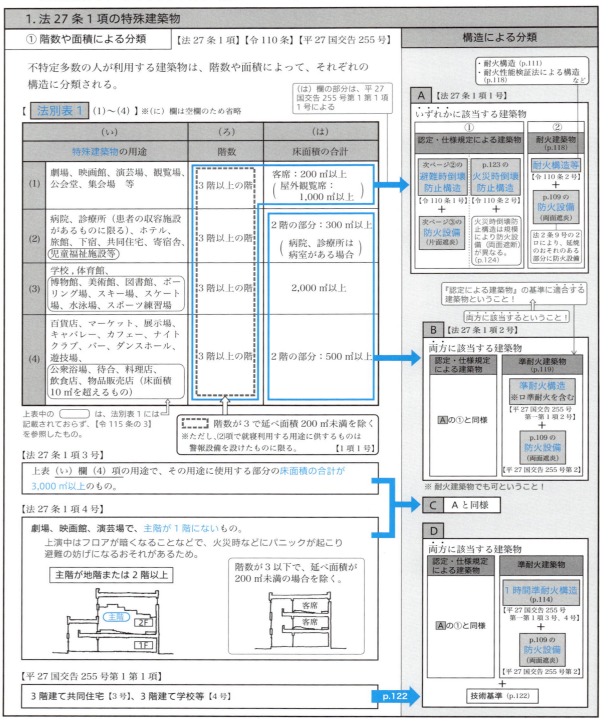

② 避難時倒壊防止構造　【令110条1号】【平27国交告255号第1第2項】

通常の火災が発生した際に、建物内にいるすべての人（消防隊の救助活動を含む）が、地上までの避難が終了するまでの間、建築物の倒壊および延焼を防止するために特定主要構造部に必要とされる性能の持つもの。

> 特定主要構造部が特定避難時間に基づく準耐火構造などということ！

特定主要構造部などの性能　【令110条1号】

特定避難時間、特定主要構造部の「非損傷性能」、床・壁の「遮熱性能」、外壁・屋根の「遮炎性能」が求められる。（屋内に面するものに限る）

> 特定避難時間は加熱開始後からの時間

壁	耐力壁	間仕切壁	特定避難時間
		外壁	特定避難時間
柱			特定避難時間
床			特定避難時間
はり			特定避難時間
屋根（軒裏を除く）			30分間
階段			30分間

※特定避難時間が45分未満の場合は45分間。

特定避難時間の算定
- 階段などを区画する壁は、**特定避難時間×1.6倍**の高い性能が求められる。
- 防火被覆型、燃えしろ型の構造によって、特定避難時間の算定が異なる。

a. 防火被覆型

b. 燃えしろ型

③ 防火設備　【令110条の2】【令110条の3】

延焼するおそれがある外壁の開口部　【令110条の2】

下記の部分には、防火戸やドレンチャーなどの防火設備を設ける。

a. 延焼のおそれのある部分
b. a以外で他の外壁の開口部から、通常の火災時の火炎が到達するおそれがある開口部

> b. は下記のいずれかに限りに適用される。
> ・別表1 表中 □ 内の建築物で、避難時倒壊防止構造の場合
> ・3階建て学校等の場合（前ページ『構造の分類』D）で、1時間準耐火構造の場合
> 耐火構造の場合は適用されないということ！

火炎が到達するおそれがある開口部
【平27国交告255号第3】

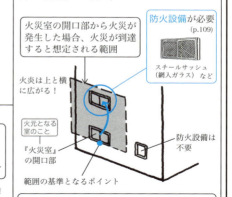

火災室の開口部から火災が発生した場合、火災が到達すると想定される範囲

防火設備が必要（p.109）
スチールサッシ（網入ガラス）など

火炎は上と横に広がる！
火元となる室のこと
『火災室』の開口部
範囲の基準となるポイント
防火設備は不要

火災室が下記に該当する場合を除く。
・自動式のスプリンクラー設備などを設ける。
・天井の室内側の仕上げを準不燃材料とする。
・開口部に防火設備（p.109）を設ける。⇐ 両面遮炎
・開口部が小さい。
　（高さ0.3m以下、面積0.2㎡以内）　など

防火設備の遮炎性能　【令110条の3】

20分間遮炎（片面遮炎）⇒ 20分間防火設備
　　　　　　　　　　　（p.109「2. 遮炎性能適合仕様」②）

2. 法27条2項・3項の特殊建築物

【法別表1 (5)(6)】

			耐火建築物【法27条2項】(p.118)	準耐火建築物【法27条3項】(p.119)
	（い）	（ろ）	（は）	（に）
	特殊建築物の用途	階数	床面積の合計	床面積の合計
(5)	倉庫 等		3階以上の部分：200㎡以上	1,500㎡以上 (p.119)
(6)	自動車車庫、自動車修理工場、映画スタジオ、テレビスタジオ	3階以上の階		150㎡以上（ロ準耐1号を除く）【令115条の4】

3. 3階建て共同住宅・学校等の特例　　【平 27 国交告示 255 号】

階数が 3（地階を除く）	＋	3 階が、下宿・共同住宅・寄宿舎	⇒	1 時間準耐火構造 (p.114) とすることができる。
		学校等 学校、体育館、美術館、図書館、ボーリング場など	⇒	＋木造の建築物でも可能ということ！ 防火設備（法 2 条 9 号の 2 ロの防火設備）(p.109) 延焼のおそれのある部分に両面遮炎の防火設備 ＋ 下記の技術基準にも適合させなければならない。

3 階が下宿、共同住宅・寄宿舎　【平 27 国交告 255 号 第 1 第 1 項 3 号】

下記の基準を満たさなければならない。
・防火地域以外の区域にあるもの → ①②③
・防火地域、準防火地域以外の区域にあるもの → ①③

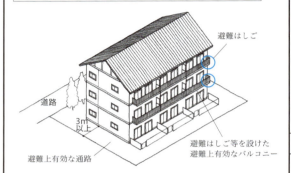

3 階建ての学校等　【平 27 国交告 255 号第 1 第 1 項 4 号】

下記の基準を満たさなければならない。
・③ の基準
・前ページ『③ 防火設備』b. の基準

延焼のおそれのある部分以外の外壁の開口部から火災が到達するおそれのある開口部にも防火設備が必要ということ！

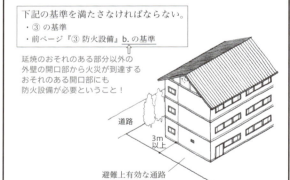

① 避難上有効なバルコニー

下宿の宿泊室、共同住宅の住戸、寄宿舎の寝室には、避難上有効なバルコニーを設ける。

避難はしごは、火災等が発生した際に、上階から下階へと避難できるようベランダ等に設置されるもの。

ただし、以下の基準を満たしている場合を除く。
・各宿泊室等から地上に通ずる廊下、階段、その他の通路が直接外気に開放されている。
・各宿泊室等の通路に面する開口部に、防火設備がある。

② 各宿泊室の開口部に防火設備

以下の開口部には防火設備を設ける。
・外壁の開口部
・各宿泊室等以外の部分に面する開口部

『法 2 条 9 号の 2 ロ』(p.109)

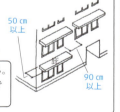
スチールサッシ（網入ガラス）　など

ただし、以下の基準を満たしている場合を除く。
・外壁の開口部
・直接外気に開放された廊下
・階段その他の通路に面する開口部

⇩ 上記の部分で下記のいずれかの場合

・窓どうしの距離が 90cm 以上離れている。
・他の開口部と 50cm 以上突き出た庇等で防火上有効に遮られている。

50 cm 以上
90 cm 以上

③ 避難上有効な通路

建築物の周囲に、敷地が接する道に達する、幅員 3 m 以上の通路を設ける。

幅員 3m 以上が必要な通路 ⇒ ・居室に設けられた開口部に面する通路
・上記の通路から道路に達するまでの通路

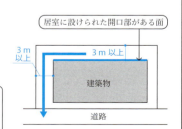
居室に設けられた開口部がある面

ただし、3 階建て共同住宅の場合で、下記の基準を満たした場合を除く。
a. 各宿泊室等に避難上有効なバルコニー等が設けられている。
b. 各宿泊室等から地上に通ずる廊下、階段、その他の通路が直接外気に開放されている。かつ、各宿泊室等の通路に面する開口部に、防火設備がある。
c. 外壁の開口部からその上階の開口部へ延焼するおそれがある場合で、その開口部の上部にひさし等を防火上有効に設ける。

大規模木造建築物等 【法21条】★

木造建築物等：主要構造部（柱、はり、壁）の全部または一部に
木材、プラスチックその他の可燃材料を用いたもの。

（自重、積載荷重を支える部材のみ。したがって、床、屋根、階段は除く。）

※以下の他に、防火壁（p.132）の敷地内通路（p.149）の規制がかかる。

1. 構造制限 【法21条】☆

① ・階数4以上（地階を除く）の建築物
　・高さ16mを超える建築物
　・倉庫、自動車車庫などで高さが13mを超える建築物
【法21条1項】

以下のイ、ロいずれかに適合するものとしなければならない。

イ　主要構造部が耐火構造または耐火性能検証法により確かめられた構造 など
【令109条の5第2号】

→ 特定主要構造部が通常火災終了時間に基づく準耐火構造などということ！

ロ　火災時倒壊防止構造　【令109条の5第1号】

通常の火災が発生した際に、消火の措置により終了するまでの間、建築物の倒壊および延焼を防止するために特定主要構造部に必要とされる性能をもつもの。

（通常火災終了時間：建築物の構造、建築設備、用途に応じて、通常の火災が消火の措置によって終了するまでに、通常要する時間。）

特定主要構造部などの性能

通常火災終了時間、特定主要構造部の「非損傷性能」、床・壁の「遮熱性能」、外壁・屋根の「遮炎性能」が求められる。（屋内に面するものに限る）

壁	耐力壁	間仕切壁	通常火災終了時間
		外壁	通常火災終了時間
柱、床、はり			通常火災終了時間
屋根（軒裏を除く）、階段			30分間

※通常火災終了時間が45分未満の場合は45分間。

火災時倒壊防止構造で建築物の規模に応じた構造方法　次ページ

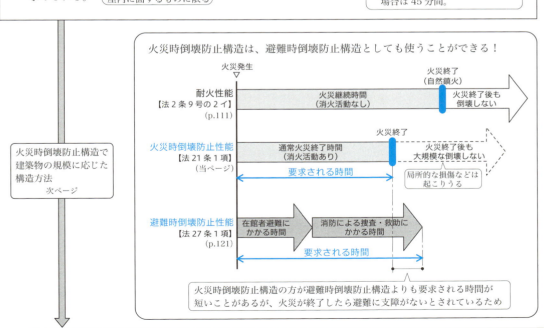

火災時倒壊防止構造は、避難時倒壊防止構造としても使うことができる！

【令元年国交告 193 号第 1】

a. 主要構造部が火災時倒壊防止構造　【1号】

階数：規定なし（地階を除く）

- 区画（階段室・付室を除く）：床面積の合計 100m² 以内ごとに火災時倒壊防止構造の床や壁、または通常火災終了時間防火設備で区画
  - スプリンクラー設備などで自動式のものを設け、天井の仕上げを準不燃材料とした場合は、200 ㎡以内
- 給水管等が防火区画を貫通する場合　右図参照
- 避難階段　2 階以上に居室がある場合は、特別避難階段を設ける。
- 外壁の開口部　火炎が到達するおそれのある開口部：上階延焼抑制防火設備（防火設備・庇・そで壁）
- 敷地内通路 (p.148)　居室に設けられた開口部に面する部分には、3m 以上の敷地内通路を設ける。

など

b. 主要構造部が 75 分間準耐火構造　【2号】

倉庫、自動車車庫などを除く。

階数：4 以下（地階を除く）

- 区画：床面積の合計 200m² 以内ごとに 75 分間準耐火構造の床や壁、または 75 分間防火設備で区画 (p.115)
  - スプリンクラー設備等を設ける。
  - 防火設備が常時閉鎖または作動した状態の場合は、床面積の合計 500 ㎡以内ごととすることができる。
- 給水管等が防火区画を貫通する場合　a. と同様
- 避難階段　2 階以上に居室がある場合は、特別避難階段を設ける。
- 外壁の開口部　火炎が到達するおそれのある開口部：防火設備 (p.109)
- 敷地内通路　居室に設けられた開口部に面する部分には、3m 以上の敷地内通路を設ける。

など

c. 主要構造部が 1 時間準耐火構造　【3号】

倉庫、自動車車庫などを除く。

階数：3 以下（地階を除く）

敷地内通路　3m 以上

ただし、下記の基準に適合している場合はこの限りではない。
延べ面積が 200 ㎡以内ごとに 1 時間準耐火構造の床・壁または防火設備 (p109) で区画する。　など

d. 外壁・軒裏が防火構造　【4号】

倉庫、自動車車庫などを除く。

階数：2 以下（地階を除く）

内装制限

以下のいずれかとする。
- 室内の壁（床面からの高さが 1.2m 以下の部分を除く）、天井の室内に面する部分の仕上げを難燃材料とする。
- スプリンクラー設備などの自動式のものと排煙設備を設ける。

など

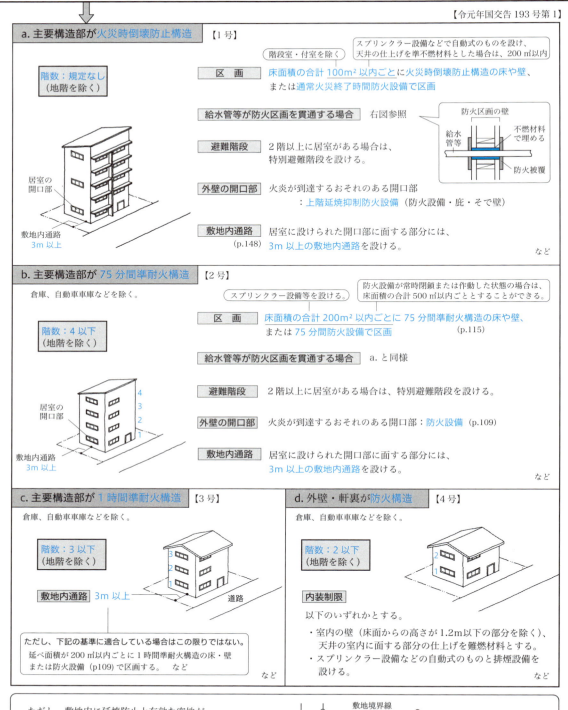

ただし、敷地内に延焼防止上有効な空地がある場合は、この限りではない。
【法 21 条ただし書き】
【令 109 条の 6】

建築物が倒壊するおそれのある範囲
＝
この範囲が敷地境界内の空地であれば、上記 a〜c の規定は受けないということ！

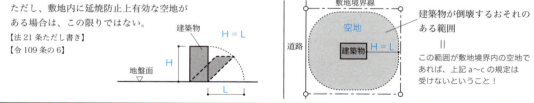

② 延べ面積が 3,000 ㎡を超える大規模建築物　【法21条2項】【令109条の7】【令6国交告284号第1第1号・2号】

イ　特定主要構造部が耐火構造または耐火性能検証法により確かめられた構造 など　【令109条の5第2号】

ロ　特定主要構造部が火災時倒壊防止構造【令109条の5第1号】(前ページ)

ハ　周辺危害防止構造　【令109条の7】
倉庫、自動車車庫などを除く。

主要構造部の部分とそで壁・塀などの部分と防火設備の構造が、その建築物の周辺高火熱面積の規模を避難上・消火上必要な機能の確保に支障を及ぼさないもの

放射熱量を制御

消防隊の救助活動が可能な程度の放射熱

❶ 4,500 ㎡以下の建築物　【令6国交告284号第1第1号】

建築物のすべての室（火災発生のおそれのない室を除く）にスプリンクラー設備等が設けられている場合は 6,000 ㎡以下

主要構造部
・壁、柱、床、梁、屋根の軒裏　：準耐火構造 (p.113)
・屋根（軒裏を除く）　　　　　：1時間準耐火構造に適合する床の構造 (p.114) など

階数：3以下（地階を除く）

区　画　(階段室・付室の部分を除く)

床面積の合計 500 ㎡以内ごとに以下のいずれかで防火区画する
　a. 1時間準耐火基準に適合する床・壁
　b. 遮熱型特定防火設備：遮熱型 90 分防火設備など
　　　　　　　　　　　　　　　　　　　など

給水管等が防火区画を貫通する場合　（前ページ a. 参照）

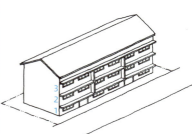

外壁と外壁の開口部
・外壁の屋外側の仕上げ：不燃材料
・階数が 2 以上の建築物の開口部：45 分間防火設備
　（地階を除く）

以下を設けた場合を除く
上階延焼抑制防火設備
＋
法2条9号の2ロの防火設備 (p.109)

竪穴部分

竪穴部分とそれ以外の部分の区画
　a. 1時間準耐火基準に適合する床・壁
　b. 準遮熱型特定防火設備 など
　　　　　　　　　　　　　など

など

❷ 4,500 ㎡ < 建築物 ≦ 13,500 ㎡　【2号】

建築物のすべての室（火災発生のおそれのない室を除く）にスプリンクラー設備等が設けられている場合は 6,000 ㎡超

a. 4,500 ㎡以下の建築物
＋
外壁：火熱遮断壁等または耐火構造
＋
6,000 ㎡ごとに大規模延焼防止壁等を設ける

など

---

2. 大規模木造建築物等の外壁等　【法25条】

延べ面積 1,000 ㎡を超える木造建築物等は、以下の構造としなければならない。
・外壁および軒裏で延焼のおそれのある部分 ⇒ 防火構造 (p.117)
・屋根 ⇒ 不燃化 (p.100 の防火地域・準防火地域の共通基準と同様)

屋根：瓦葺き（不燃材料）

4 防火制度と内装制限

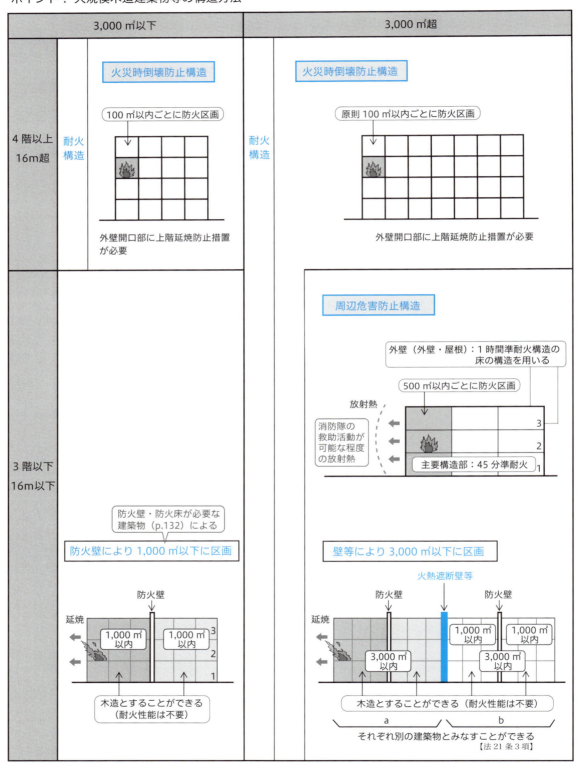

4 火災の拡大を防ぐための規定

防火区画　【令112条】★

建築物の内部で火災が発生した時、火災の拡大を防ぎ、被害を最小限にとどめるとともに、避難を円滑に行うためのもの。

適用場所：大規模建築物の内部

1. 防火区画の種類

主要構造部を耐火構造、準耐火構造とした場合下記の4種類となる。

- 面積区画
- 高層階区画
- 竪穴区画
- 異種用途区画

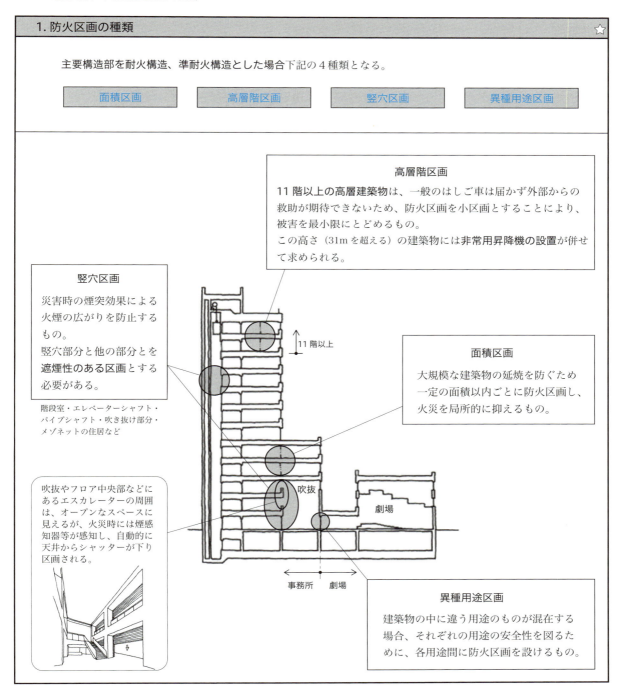

高層階区画
11階以上の高層建築物は、一般のはしご車は届かず外部からの救助が期待できないため、防火区画を小区画とすることにより、被害を最小限にとどめるもの。
この高さ（31mを超える）の建築物には非常用昇降機の設置が併せて求められる。

竪穴区画
災害時の煙突効果による火煙の広がりを防止するもの。
竪穴部分と他の部分とを遮煙性のある区画とする必要がある。

階段室・エレベーターシャフト・パイプシャフト・吹き抜け部分・メゾネットの住居など

面積区画
大規模な建築物の延焼を防ぐため一定の面積以内ごとに防火区画し、火災を局所的に抑えるもの。

吹抜やフロア中央部などにあるエスカレーターの周囲は、オープンなスペースに見えるが、火災時には煙感知器等が感知し、自動的に天井からシャッターが下り区画される。

異種用途区画
建築物の中に違う用途のものが混在する場合、それぞれの用途の安全性を図るために、各用途間に防火区画を設けるもの。

2. 防火区画の一覧　【令112条】

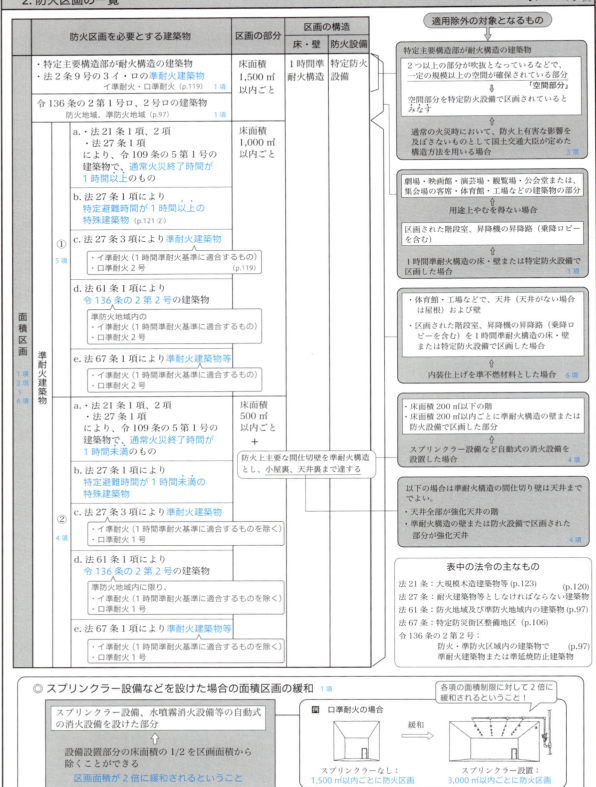

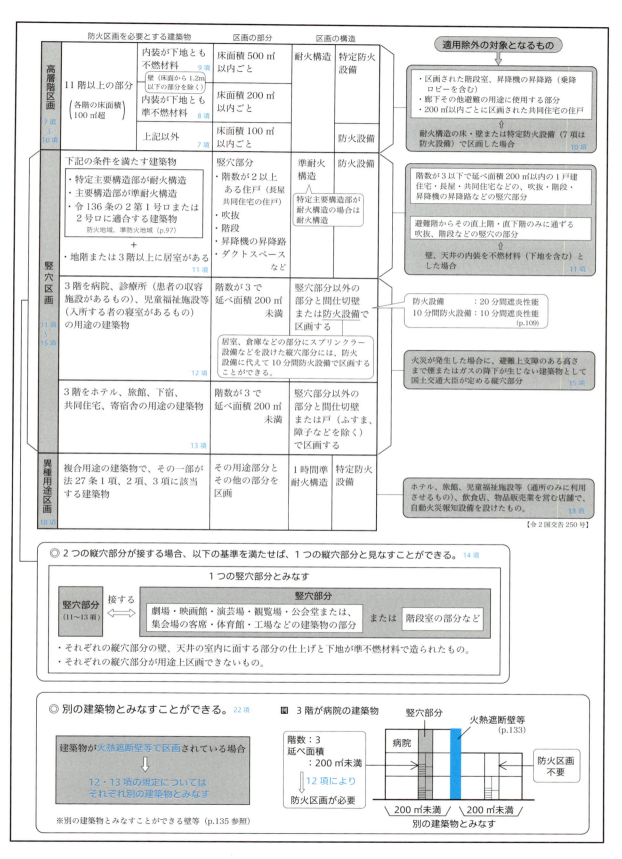

防火区画の構造

屋内で発生した火災が、隣接する区画に延焼することを防ぐためのもので、**木造建築物等の防火壁**（p.132）**または、耐火・準耐火建築物の防火区画に設ける開口部に使用しなければならない防火区画の構造。**

適用される建築物は『防火区画の一覧』を参照（p.128～p.129）

1. 特定防火設備　　【令112条1項】【平12建告1369号】

通常の火災による火熱が加えられた場合、**加熱開始後1時間、加熱面以外の面に火炎を出さない構造。**
⇧ 防火区画を形成する耐火構造、1時間準耐火構造の床、壁の耐火時間が1時間であるため。

　　1時間遮炎　⇐　防火設備（p.109）は20分間遮炎

① 適合仕様　【平12建告1369号】

適合仕様の主なもの

a. 鉄製骨組戸（フラッシュドア）

両面に厚さ0.5mm以上の鉄板を張ったもの

b. 鉄製プレスドア
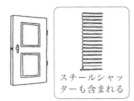
スチールシャッターも含まれる
鉄板の厚さ1.5mm以上のもの

c. 防火ダンパー

炎の熱でダンパーが閉じるため、風道からの火災の拡大を防ぐ。

d. 鉄骨コンクリート製鉄筋コンクリート製
厚さ3.5cm以上のもの

a～cは、周囲の部分が不燃材料で造られた開口部に取り付ける。

② 開閉機能　【令112条19項】【昭48建告2563号】※抜粋

a. 常時閉鎖式防火戸
・扉の面積：3㎡以内
・直接手で開けることができ、かつ、自動的に閉鎖するもの

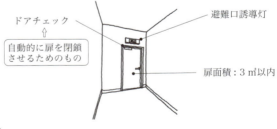
ドアチェック ⇧ 自動的に扉を閉鎖させるためのもの
避難口誘導灯
扉面積：3㎡以内

b. 感知器連動閉鎖式防火戸

火災時の熱または煙により自動的に閉鎖するもの

煙感知器など
常時開いている部分の面積の制限はない

火災が発生すると煙感知器などが感知し、自動的に閉まる

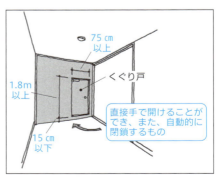
75cm以上
くぐり戸
1.8m以上
15cm以下
直接手で開けることができ、また、自動的に閉鎖するもの

2. 防火区画の周辺部の対策　　【令112条16項】

防火区画を行った場合でも、開口部から廻り込むことによる延焼を防がなくてはならないため、下記の対策がとられている。

下図の部分は、準耐火構造で造らなければならない。

a. 90 cm以上の幅の外壁

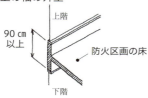

b. 50 cm以上突き出した庇

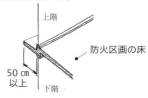

c. 90 cm以上の幅の外壁

d. 50 cm以上突き出したそで壁

3. 防火区画を貫通する給水管等の措置　　【令112条20項・21項】

① 給水管・配電管等　【令112条20項】【令129条の2の4第1項7号】

準耐火構造の防火区画を貫通する場合

下記の部分は、モルタルなどの不燃材料で造らなければならない。
- 防火区画を貫通する管類とのすき間
- 防火区画の壁から両側に 1m の範囲

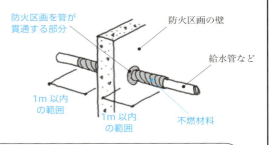

『1時間準耐火構造』の床、壁または特定防火設備で他の部分と防火区画されたパイプシャフト・パイプダクトなどの内部にある部分は、不燃材料としなくてよい。

② 風道等（換気・冷暖房設備）　【令112条21項】【平12建告1376号】

準耐火構造の防火区画を貫通する場合

防火区画を貫通部分または近接する部分に、特定防火設備（防火ダンパー）を設ける。
また、貫通する部分の風道は、厚さ1.5 mm以上の鉄板で造るか、または不燃材料で被覆する。

防火ダンパー

防火壁・防火床　【法26条】★

1. 防火壁・防火床が必要な建築物　【法26条】

延べ床面積が 1,000 ㎡を超える建築物は、防火上有効な防火壁または防火床で、床面積の合計 1,000 ㎡以内ごとに有効に区画する。

← 用途等は関係なく、面積を超えると防火壁が必要ということ

ただし、下記のいずれかの場合はこの限りではない。
・耐火建築物・準耐火建築物
・一定の条件を満たす卸売市場の上家　　など

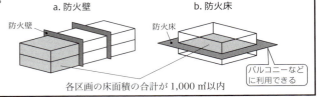

a. 防火壁　　b. 防火床　　各区画の床面積の合計が 1,000 ㎡以内　　バルコニーなどに利用できる

2. 木造建築物等の防火壁・防火床　【令113条】【令元年国交告197号】

① 防火壁・防火床の構造

a. 防火壁・防火床が倒壊しないための構造
- 耐火構造とする。
- 木造の建築物では、無筋コンクリート造または、組積造としない。
- 防火壁：自立する構造とする。
- 防火床：防火床を支持する耐力壁、柱、はりを耐火構造とする。

b. 延焼を有効に防止するための構造

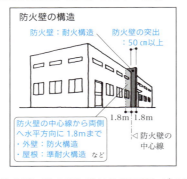

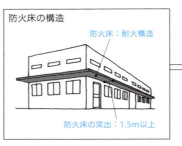

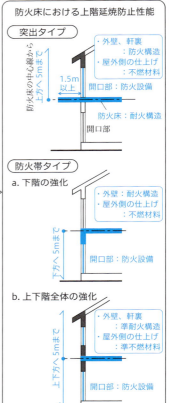

防火床における上階延焼防止性能
突出タイプ / 防火帯タイプ
a. 下階の強化
b. 上下階全体の強化

c. 防火壁、防火床に設ける開口部などの措置
- 防火壁に設ける開口部の幅および高さ、防火床に設ける開口部の幅及び長さをそれぞれ 2.5m 以下とし、特定防火設備（p.130）を設ける。
- 防火壁、防火床を貫通する管（給水管など）のすき間は、モルタルなどの不燃材料で埋める。（前ページ3項①参照）
- 防火壁、防火床を貫通する風道は、特定防火設備を設ける。（前ページ3項②参照）

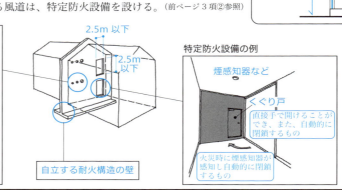

火熱遮断壁等　【令109条の8】

1. 火熱遮断壁等の種類　【令6国交告227号】

火熱遮断壁等：延焼を遮断できる高い性能の壁や部材で構成されるもの

a. 壁タイプ
- 耐力壁である間仕切壁と防火設備で区画する
- 間仕切壁、柱、梁と防火設備で区画する

b. コアタイプ
火災の発生のおそれのない室で区画する

c. 渡り廊下タイプ
渡り廊下で区画する

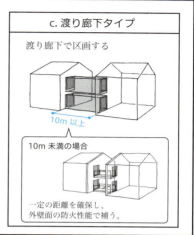

10m 以上

10m 未満の場合
一定の距離を確保し、外壁面の防火性能で補う。

2. 火熱遮断壁等の性能　【令109条の8】

壁タイプの場合

非損傷性・遮熱性・遮炎性
高い耐火性能の壁と防火設備

壁の構造
90分耐火性能など
- 火災継続予測時間に応じた構造方法
- 鉄筋コンクリート造、鉄骨鉄筋コンクリート造、耐火構造など

防火設備
a. 遮熱性能が求められる
- 遮熱型特定防火設備など
- 準遮熱型特定防火設備など

b. 開口部の幅などには制限はない

防火壁に設ける開口部（前ページ）には大きさなどに制限があるのに対し、火熱遮断壁等には制限がないということ！

壁等の突出　2m以上　A棟　火熱遮断壁等　B棟

自立性
火災部分の倒壊により生じる応力を受けた場合に、B棟に防火上有害な損傷を生じさせない

エキスパンションジョイントなど

壁等以外の建築物の部分の特定主要構造部が以下の場合はこの限りではない。
- 耐火構造など
- 火災時倒壊防止構造

延焼防止性
火熱遮断壁等の突出：2m以上
突出した部分には開口部を設けてはならない。

突出が2m以下の場合
突出の長さに応じて、一定の範囲を耐火構造・防火構造とする。

外壁の耐火・防火構造の範囲によって壁等の突出を短くしたり突出させない構造方法もある！

---

a. 壁タイプの場合

防火設備
特定防火設備：2枚

火熱遮断壁等
- 屋内の不燃化の範囲
  特定防火設備など＋準不燃化（下地含む）
- 屋外の防火・耐火構造・不燃化の範囲
  壁等の突出が2m以下で、範囲が3mの場合：
  防火構造、準不燃仕上げ・防火設備　など

b. コアタイプの場合　【令6国交告227号】

防火設備
特定防火設備

火熱遮断壁等
- 屋内の不燃化の範囲
  特定防火設備など＋準不燃化
- 屋外の防火・耐火構造・不燃化の範囲
  範囲が3mの場合：
  耐火構造＋遮延性防火設備＋不燃仕上げ　など

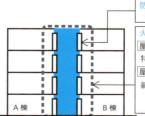

4　防火制度と内装制限

界壁・間仕切壁・隔壁　【令114条】★

小屋組が火災時に燃焼することにより、小屋組を延焼経路として火災が早期に拡大するのを防ぐためのもの。

① 界壁　【法30条】【令114条1項】

界壁：各戸の境界の壁

　長屋、共同住宅
　　↓
・隣接する住戸からの日常生活に伴い生ずる音を、衛生上支障がないように
　低減するために、界壁に必要とされる基準に適合させる。⇐ 遮音性能
・各戸の界壁を準耐火構造とし、小屋裏または天井裏に達するようにする。

　　ただし、右図のように基準に適合した強化天井を設ける場合、
　　界壁は天井までとすることができる。

ただし①②は、スプリンクラー設備などの自動式の消火設備を設置した場合などはこの限りではない。

② 間仕切壁　【2項】

間仕切壁：各室を仕切る壁

　学校、病院、診療所（患者の収容施設があるもの）、
　児童福祉施設等、ホテル、旅館、下宿、寄宿舎、マーケット

防火上主要な間仕切壁を準耐火構造とし、小屋裏または天井裏に達するようにする。
（①と同様に天井を強化天井とした場合、間仕切壁は天井までとすることができる。）

③ 隔壁

隔壁：空間を仕切る壁

a. 建築面積が300㎡を超える建築物の小屋組が木造の場合　【3項】
　　↓ 以下のいずれかとする。
・小屋裏直下の天井の全部を強化天井とする。
・桁行間隔12m以内ごとに小屋裏に準耐火構造の隔壁を設ける。

　　ただし、下記の場合はこの限りではない。
　　・主要構造部が耐火構造または耐火性能が検証された建築物
　　・各室、各通路の壁、天井の仕上げが難燃材料で造られ、または
　　　自動式の消火設備、排煙設備が設けられている
　　・周囲が農地で、延焼防止上支障がない畜舎など

b. 延べ面積それぞれが200㎡を超える　　＋　小屋裏が木造で桁行きが
　　耐火構造以外の建築物を連絡する渡り廊下　　4mを超える
　　　　　　　　　　　　　　　　　　　　　　【4項】

小屋裏に準耐火構造の隔壁を設ける。

建築物が火熱遮断壁等で区画されている場合、
火熱遮断壁等（p.133）で分離された部分は、
隔壁の適用についてはそれぞれ別の建築物とみなす。

④ 給水管等・風道が貫通する場合

上記①②③を貫通する給水管等を設ける場合　（p.131、3項①参照）
上記①②③を貫通する風道を設ける場合　（p.131、3項②参照）

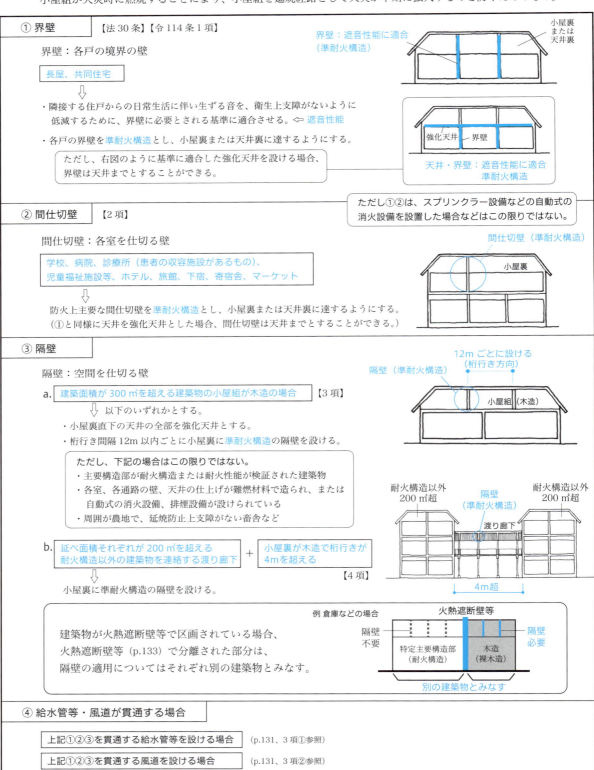

別の建築物とみなすことができる壁等

延焼を遮断できる高い耐火性能の「火熱遮断壁等」や「防火壁・防火床」で区画すれば、建築物の2以上の部分を、防火規制の適用上、別の建築物とみなすことができる。

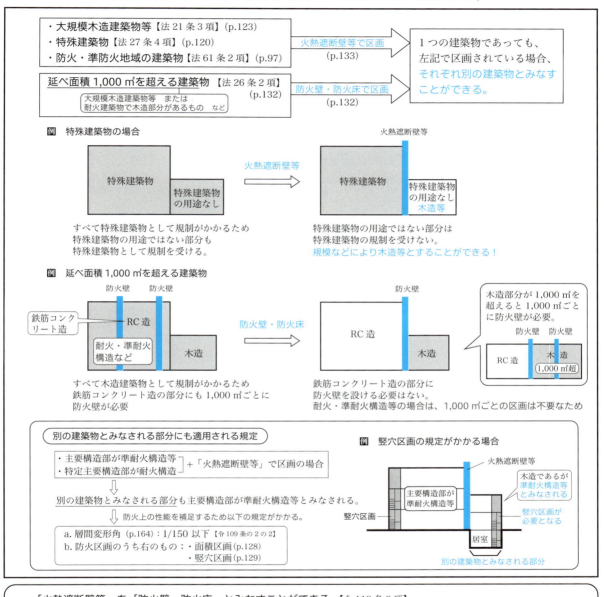

「火熱遮断壁等」を「防火壁・防火床」とみなすことができる【令113条3項】

| | 内装制限 | 【法35条の2】★ |

内装制限の目的

a. 避難経路を確保する

天井・壁の内装材が燃えやすい建材や有毒ガスを発生するおそれのある建材を用いたのでは、火災を拡大させ、または、避難上の障害となるおそれがあるため。

b. フラッシュオーバーを防ぐ

c. 天井や壁の上部に防火材料を用いて不燃化を図る

建築物内で火災が拡大していくのは、火炎が天井を這うようにして燃え広がっていくため。

> **フラッシュオーバー：**
> 建築物の室内で火災が発生すると、ある段階で、瞬間的に爆発的な炎上が生じることがある。これを機に火災は急激に拡大延焼し、避難者もこれに巻き込まれて死亡することがある。

---

1. 内装制限を受ける特殊建築物または大規模建築物　【令128条の4】【令128条の5】☆

建築物の用途	耐火建築物（特定主要構造部が耐火構造）準耐火建築物（1時間準耐火構造）	準耐火建築物（1時間準耐火構造以外）	その他
(1) 劇場、映画館、演芸場、観覧場、公会堂、集会場	客席の床面積の合計 400㎡以上	客席の床面積の合計 100㎡以上	
(2) 病院、診療所（患者の収容施設があるものに限る）、ホテル、旅館、下宿、共同住宅、寄宿舎、児童福祉施設等	3階以上の部分の床面積の合計 300㎡以上　100㎡以内（共同住宅の住戸は200㎡）ごとに準耐火構造の床、壁または防火設備で区画された部分の居室を除く	2階部分の床面積の合計 300㎡以上（病院、診療所は病室がある場合）	床面積の合計200㎡以上
(3) 百貨店、マーケット、展示場、キャバレー、カフェー、ナイトクラブ、バー、ダンスホール、遊技場、公衆浴場、待合、飲食店、料理店、物品販売店（床面積10㎡を超えるもの）	3階以上の部分の床面積の合計 1,000㎡以上	2階部分の床面積の合計 500㎡以上	床面積の合計200㎡以上
(4) 自動車車庫、自動車修理工場	全部		
(5) 地階または地下工作物に設ける上記（1）〜（3）の用途の居室	全部		
(6) 大規模建築物（学校等および高さ31m以下の部分にある(2)の用途部分を除く）　学校等：学校、体育館、ボーリング場、スキー場、スケート場、水泳場、スポーツの練習場		階数3以上： 500㎡超　階数2 ： 1,000㎡超　階数1 ： 3,000㎡超　いずれも延べ面積	

内装制限　【令128条の5】

A 【1項】
居室
壁・天井：難燃材料（1.2m以下の壁を除く）

> ただし、3階以上に居室がある場合
> ↓
> 天井：準不燃材料
> 壁は難燃材料でいいということ！

廊下・階段等
壁・天井：準不燃材料
⇒ 次ページ①参照

B 【2項】
各用途に供する部分・通路
壁・天井：準不燃材料
⇒ 次ページ②参照

C 【3項】
居室・廊下・階段等
壁・天井：準不燃材料
⇒ 次ページ③参照

D 【4項】
居室
壁・天井：難燃材料（1.2m以下の壁を除く）
廊下・階段等
壁・天井：準不燃材料

以下のすべてを満たす場合を除く
・100㎡以内ごとに準耐火構造の床、壁または防火設備（p.130②の開閉機能のあるもの）で防火区画されている
・特殊建築物の用途以外の部分の居室
・高さが31m以下の部分にあるもの

下記の場合は、内装不燃化の制限（内装制限）は適用除外とすることができる。

火災が発生した場合、避難上支障のある高さまで煙又はガスの降下が生じない建築物の部分　【令128条の5第7項】
・床面積、天井の高さ
・消火設備、排煙設備の設置の状況と構造
それぞれを考慮して、国土交通大臣が定めるもの　【令2国交告251号】

簡易な構造の建築物（自動車車庫、スポーツ練習場など）　【法84条の2】
防火上必要な技術基準【令136条の10】に適合するもの。

2. 内装制限の対象となる部分

① 表(1)〜(3)に該当するもの　【令128条の5第1項】

a. 居室

- 壁（床面からの高さ1.2mを超える範囲）
- 天井

⇒ 『難燃材料』

ただし

- 3階以上にある居室の天井 ⇒ 『準不燃材料』

地階・無窓居室・火気使用室などを除く。（次ページ）
※幅木・廻り縁・窓枠・窓台などは含まれない。

b. 居室から地上に通ずる廊下、階段その他の通路

- 壁
- 天井

⇒ 『準不燃材料』

※幅木・廻り縁・窓枠・窓台などは含まれない。

> 居室よりも廊下、階段その他の通路などの避難経路に対する規定の方が厳しい！

壁を難燃材料としなくてもよい居室　【平12建告1439号】

- 天井 ⇒ 『準不燃材料』

壁は下記の仕上げとすることができる。
木材、合板、構造用パネル など

ただし、木材を用いる場合は、下記としなければならない。
- 木材の厚さを25mm以上とする。
- 表面に火炎の伝達を著しく助長するような溝を設けない。など

② 表(4)に該当するもの　【令128条の5第2項】

- 自動車車庫または自動車修理工場の用途に供する部分
- 上記から地上に通じる主な通路

→ 壁・天井 ⇒ 『準不燃材料』

③ 表(5)に該当するもの　【令128条の5第3項】

- 地階または地下工作物内に設ける居室で 表5 の用途に供するもの（表(1)〜(3)の用途ということ）
- 上記の居室から地上に通ずる主な廊下、階段その他の通路

→ 壁・天井 ⇒ 『準不燃材料』

別の建築物とみなす　【令128条の6】

建築物が開口部のない耐火構造の床または壁で区画されている場合

⇓

それぞれ別の建築物とみなすことができる。

> 前ページ表の用途や規模に応じて、それぞれ内装制限の規定に適合させるということ！

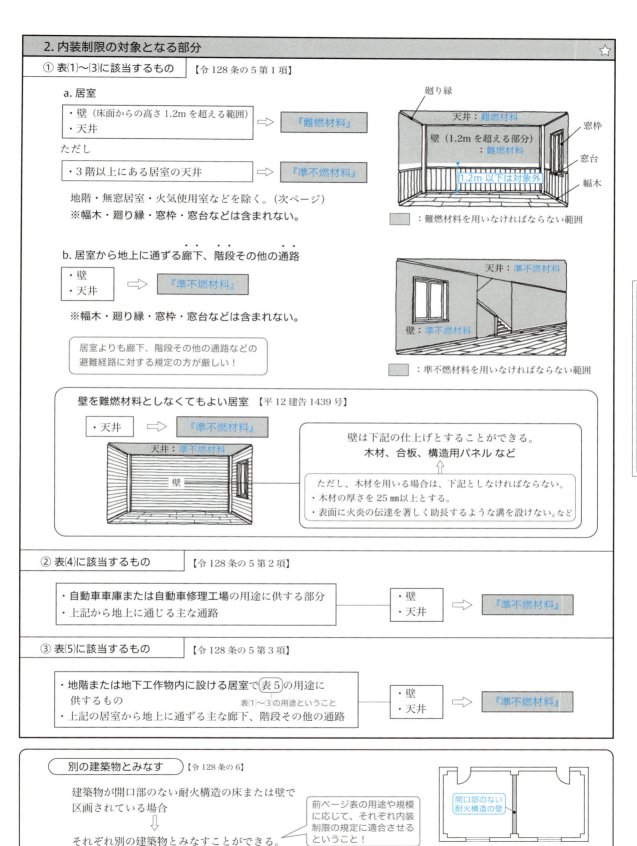

4　防火制度と内装制限

3. 前項（前ページ）以外で内装制限の対象となる部分

① 内装上無窓の居室　【令128条の5第5項】

- ・居室
- ・居室から地上に通じる主な廊下、階段その他の通路

・天井
・壁　⇒　『準不燃材料』

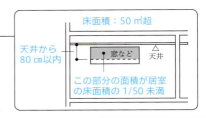

無窓居室　【令128条の3の2】

天井高6mを超える居室以外を除き、下記に掲げる条件の居室

a. 排煙上無窓居室
床面積が50㎡を超える居室で、天井または天井から80cm以内に開放できる部分が、その居室の床面積の1/50未満のもの。

b. 採光上無窓居室
用途上やむを得ない居室で、採光のための開口部が設けられないもの。

② 火気を使用する室　【令128条の5第6項】☆

・天井、壁　⇒　『準不燃材料』

火気を使用する室　【令128条の4第4項】

調理室等の火を使用する設備や器具（暖炉を含む）を設けた部屋

特定主要構造部を耐火構造とした建築物の火気使用室以外は内装制限の適用を受ける。ただし、住宅で下図の位置にある火気使用室を除く。

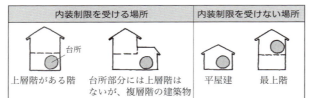

IHクッキングヒーターを設置した場合は、火気を使用しないこととなるため火気使用室の制限を受けない。
ただし、消防法、火災予防条例などによる規制があるので注意する。

台所兼食堂

天井から50cm以上の垂れ壁（不燃材料で造られたもの）がある場合は、台所だけが内装制限の適用を受ける。（参考資料：昭和46.1.29建設省住指発第44号）

火気使用設備周辺の内装が特定不燃材料、不燃材料の場合は、それ以外の部分に難燃材料や木を用いることができる。【平21国交告225号】

ただし、以下の場合を除く。
・火気使用室の内装制限以外で壁、天井の仕上げを準不燃材料などにしなければならない室
・ホテル・旅館・飲食店などの厨房

無窓居室の主要構造部　【法35条の3】【令111条】★

劇場、映画館、演芸場など（別表1 (い)欄(1)）以外の用途の居室に対して適用される。

主要構造部：耐火構造（p.111）または不燃材料（p.110）で造る。

避難上支障のない居室は、主要構造部を耐火構造としなくてよい。　【令2国交告249号】

- ・床面積30㎡以内（寝室、宿直室などを除く）
- ・避難階（p.36）で、屋外への出口までの歩行距離が30m以下
- ・避難階の直上階、直下階で屋外への出口または屋外避難階段までの歩行距離が20m以下

左記のいずれかに該当【1号】 ＋ 自動火災報知設備を設けた建築物の居室【2号】　など

無窓居室

a. 採光上無窓居室
有効採光面積（p.40）の合計が、床面積の1/20未満の居室

b. 避難上無窓居室
避難上有効な構造で、右のいずれかに該当する開口部を有しない居室

直径1m以上の円が内接する　または　75cm以上／120cm以上

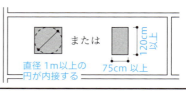

5章　避難施設

1 避難経路 ………140
　　避難施設の規定
　　直通階段の規定
　　避難階段の分類
　　敷地内通路　など

2 非常用の避難施設 ………150
　　排煙設備
　　非常用の照明装置
　　非常用の進入口
　　非常用の昇降機

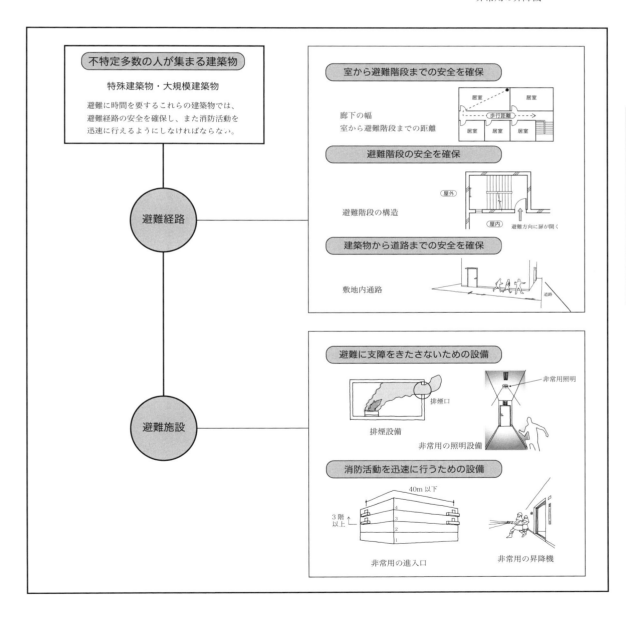

1 避難経路

避難施設の規定 【法35条】

避難経路となる廊下・階段・出入口の寸法・構造・配置などにさまざまな規定を設け、建築物の室内から安全に避難できるようにしたもの。

1. 避難規定の適用を受ける建築物（廊下・直通階段・避難階段・出入口など） 【令117条】

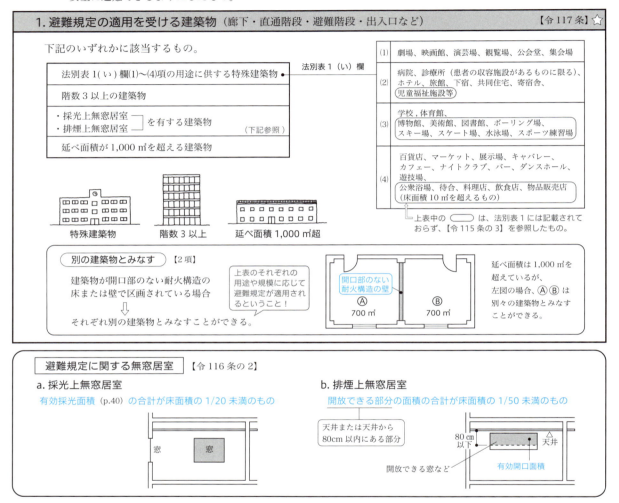

避難規定に関する無窓居室 【令116条の2】

a. 採光上無窓居室
有効採光面積 (p.40) の合計が床面積の 1/20 未満のもの

b. 排煙上無窓居室
開放できる部分の面積の合計が床面積の 1/50 未満のもの

2. 廊下の幅 【令119条】

建築物の用途や規模により、下記のように最低限の廊下の幅が決められている。

用途・規模	廊下の幅 中廊下	廊下の幅 片廊下
小学校・中学校・義務教育学校・高等学校・中等教育学校の児童用または生徒用	2.3m 以上	1.8m 以上
病院の患者用	1.6m 以上	1.2m 以上
共同住宅の共用廊下（住戸・住室の床面積の合計が100㎡を超える階の共用のもの）	1.6m 以上	1.2m 以上
居室の床面積の合計が200㎡（地階は100㎡）を超える階（3室以下の専用のものを除く）	1.6m 以上	1.2m 以上

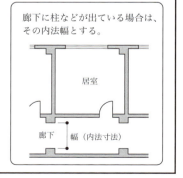

廊下に柱などが出ている場合は、その内法幅とする。

3. 出入口等

① 劇場・映画館・演芸場・観覧所・公会堂・集会所の戸　【令118条】【令125条2項】

避難時に人の流れをスムーズにするため下記の扉は、**内開きとしてはならない。**

- 客席からの出口の戸【令118条】
- 屋外への出口の戸　【令125条2項】

一時期に人が集中するため、火災時等はパニックが起こり、出口に人が集中すると考えられる。扉が内開きでは、押し寄せる人で、扉が内側には開かなくなる可能性がある。

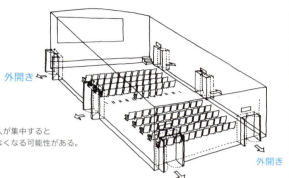

外開き

外開き

② 避難階段の扉　【令123条1項6号】

避難をスムーズにするため**避難の方向に開くことが**できるもの。

外開き

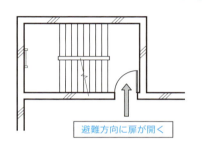

避難方向に扉が開く

③ 屋外への出口等の施錠装置　【令125条の2】

屋内から鍵を使わずに解錠できるものとし、解錠方法は見やすいところに表示しておく。

- 屋外の避難階段に屋内から通ずる出口
- 避難階段から屋外に通ずる出口

など

例 本締自動錠の場合

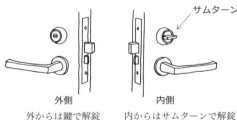

サムターン

外側　　　　　内側
外からは鍵で解錠　内からはサムターンで解錠

4. 手すりの高さ　【令126条1項】

屋上広場(p.148)や2階以上の階に設けるバルコニーには、**高さ1.1m以上の手すり壁等を設ける。**

a. 金属製の手すりの場合　　　　b. 手すり壁がある場合

1.1m以上　　　　　　　　　　　1.1m以上

5 避難施設

直通階段の規定

1. 直通階段の設置　【令120条】

避難のための階段は、
- 屋内階段は避難階
- 屋外階段は地上

に直通させなければならない。⇒ 直通階段

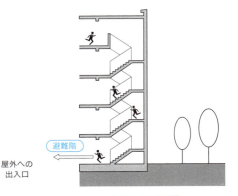
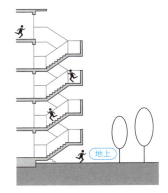

直通階段または、直通階段までの経路は避難時に支障のないように下記についての規定がある。
- 避難階以外の階の居室から階段までの歩行距離の限度（次ページ表）
- 2以上の直通階段（p.144）
- 直通階段（避難階段）の分類とその構造（p.145～p.147）

屋外に設ける直通階段　【令121条の2】
屋外に設ける直通階段は、構造を木造にしてはならない。
ただし、準耐火構造で、かつ有効な防腐処理が施されたものは除く。

2. 歩行距離の算定方法　【令120条】

① 直通階段までの歩行距離の測り方

歩行距離：その階の最も遠い居室の部分から、直通階段に至るまでの通常の歩行経路の距離。

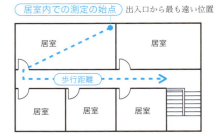

特定区画などが避難経路の一部である場合　【令108条の3第2号】

特定区画（p.118）が、防火上・避難上支障がある廊下や通路の一部となる場合
⇩
建物内にいるすべての人が、その通路を経由しないで地上まで避難を終了することができるようにする。

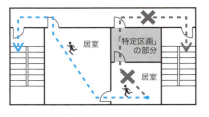

② 直通階段までの歩行距離　【令120条】

居室の種類 （主たる用途に供する居室とする）	歩行距離 耐火構造（特定主要構造部）・準耐火構造（主要構造部）・不燃材料 内装不燃化しないもの 14階以下【1項】	〃 15階以上【3項】	内装不燃化【2項】 14階以下	〃 15階以上	その他の場合 【1項】
採光上無窓居室 (p.138) （有効採光面積 (p.40) が床面積の 1/20 未満のもの） 採光上無窓居室の床面積、採光上無窓居室から避難のための廊下や通路の構造、消火設備・排煙設備・非常用の照明装置・警報装置の設置の状況、構造に関し避難上支障がないものを除く	30m 以下	20m 以下	40m 以下	30m 以下	30m 以下
百貨店・マーケット・展示場・キャバレー・カフェー・ナイトクラブ・バー・ダンスホール・遊技場・公衆浴場・待合・料理店・飲食店・物品販売店（床面積 10 ㎡を超えるもの）の居室					
病院・診療所（患者の収容施設のあるもの）・ホテル・旅館・下宿・共同住宅・寄宿舎・児童福祉施設等の居室	50m 以下	40m 以下	60m 以下	50m 以下	
その他の居室					40m 以下

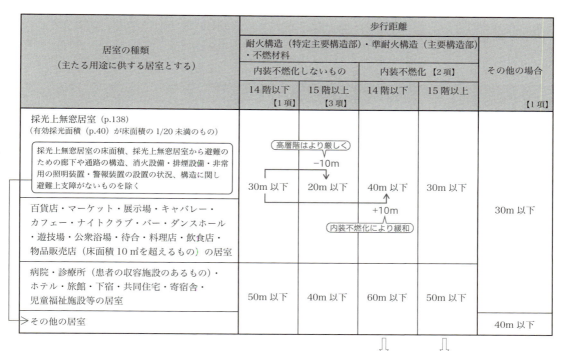

内装不燃化の距離の緩和は、以下の両方を満たす場合。
- 耐火構造（特定主要構造部）・準耐火構造（主要構造部）・不燃材料
- 居室、居室から地上に通じる主たる廊下・階段・その他の通路　→　天井・壁（床から1.2mを超える部分）　⇐　準不燃材料

※幅木・廻り縁などは除く。

③ メゾネット式の共同住宅の緩和　【令120条4項】

下記の条件を満たす場合の緩和措置

- 耐火構造（特定主要構造部）または　準耐火構造（主要構造部）
- 階数が2または3
- 出入口が1の階のみにある

⇓

算定歩行距離が40m以下

⇓

出入口のある階のみが直通階段に通じていればよい

歩行距離の算定方法
出入口のある階から最も遠い階までの距離を上下階にわたって算定をする。

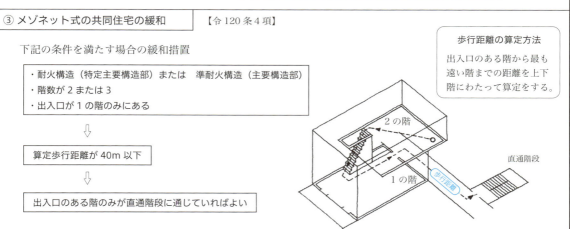

3. 2以上の直通階段の設置　【令121条】

① 2以上の直通階段が必要な建築物　【1項・2項・4項】

特殊建築物や規模の大きい建築物は、避難経路を有効に確保するため、居室のある階には直通階段を2以上設けなければならない。

	階の用途 (居室の種類)	対象となる階	・耐火構造 (特定主要構造部) ・準耐火構造 (主要構造部) ・不燃材料 【令121条2項】	その他
(1)	劇場・映画館・演芸場・観覧場・公会堂・集会場	客席・集会室などを有する階	面積に関係なく適用される	
(2)	物品販売業を営む店舗(床面積の合計が1,500㎡を超えるもの)	売場を有する階	面積に関係なく適用される	
(3)	キャバレー・カフェー・ナイトクラブ・バー・個室付浴場を営む施設・ヌードスタジオなど	客席・客室などを有する階	面積に関係なく適用される	
(4)	病院、診療所　(病室の床面積の合計) 児童福祉施設等 (主な用途に供する部分の床面積の合計)		100㎡超	50㎡超
(5)	ホテル、旅館、下宿(宿泊室の床面積の合計) 共同住宅　(居室の床面積の合計) 寄宿舎　(寝室の床面積の合計)		200㎡超	100㎡超
(6)	その他の階	6階以上の階	居室を有する場合	
		5階以下の階　避難階の直上階(居室の床面積)	400㎡超	200㎡超
		その他の階(居室の床面積)	200㎡超	100㎡超

※表中の面積は、それぞれの用途に使用する階の床面積の合計。

a. 下記の Ⓐ Ⓑ いずれかの場合は、直通階段を1とすることができる。
Ⓐ (下記の条件を満たすもの)
・5階以下
・その階の居室の床面積 100㎡以下
・下記のいずれかが設けられている
　・直通階段(屋外避難階段、特別避難階段に限る)
　・避難上有効なバルコニー
　・屋外通路

Ⓑ
・5階以下
・その階の居室の床面積 100㎡以下
・避難階の直上階または直下階の階の居室

b. 下記の場合は、直通階段を1とすることができる

階数3以下で、延べ面積200㎡未満

間仕切壁または、以下の構造で区画
・(4)の用途の場合 ⇒ 防火設備(p109 2.①)
　※児童福祉施設等は入居者の寝室のあるもの
・児童福祉施設等
・(5)の用途　⇒　戸(ふすま、障子などを除く)
　※児童福祉施設等は入居者の寝室のないもの

c. 下記の場合は、直通階段を1とすることができる
下記の条件を満たすもの
・(1)〜(4)の用途以外
・その階の居室の床面積 100㎡以下
・直通階段などがあるもの

a.c.の居室の床面積は、いずれも主要構造部を準耐火構造または不燃材料とした場合は、居室の床面積を200㎡以下とすることができる。

② 重複距離　【3項】

各室からそれぞれの直通階段まで、同じ経路を通らずに避難できることが望ましいが、歩行経路が重なる場合がある。

歩行距離と重複距離

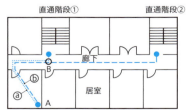

ⓐ：直通階段①までの歩行距離
ⓑ：直通階段②までの歩行距離
⇓
A点からB点までが重複距離となる。

重複距離は、令120条(前ページ表)で定められている歩行距離の1/2以下とする。
ただし、重複区間を通らずに避難上有効なバルコニー、屋外通路などに避難できる場合を除く。

避難階段の分類 【令122条】★

人々が安全に避難できるように、避難経路の中でも重要な直通階段は、避難階段とするように定められている。避難階段は、建築物の規模や用途により、2種類に分類される。

避難階段　　　特別避難階段

1. 設置基準

	用途	避難階段	特別避難階段
地上階	物品販売店舗（床面積1,500㎡超）	3階以上の階に通ずる直通階段	・5階以上の売場に通ずる直通階段のうち1以上 ・15階以上の売場に通ずるすべての直通階段
地上階	その他	5階以上の階に通ずる直通階段	15階以上の階に通ずる直通階段
地階	すべての用途	地下2階以下に通ずる直通階段	地下3階以下の階に通ずる直通階段

下記の場合は、避難階段・特別避難階段としなくてもよい。
- 特定主要構造部が耐火構造
  ＋
- 床面積の合計が100㎡以内（共同住宅の住戸は200㎡以内）ごとに、耐火構造の床・壁または特定防火設備で防火区画されている

下記の場合は、避難階段を設置しなくてもよい。

主要構造部が準耐火構造または不燃材料で造られている
＋
5階以上の階の床面積の合計が100㎡以下
または
地下2階以下の階の床面積の合計が100㎡以下

物品販売業はなぜ規制が厳しい？
これまでに、千日デパートや大洋デパートなどの火災で、多くの人が亡くなるなどの大惨事に見舞われたため、物品が多く並べられているデパート等は特に規制が厳しいものとなった。(p.233参照)

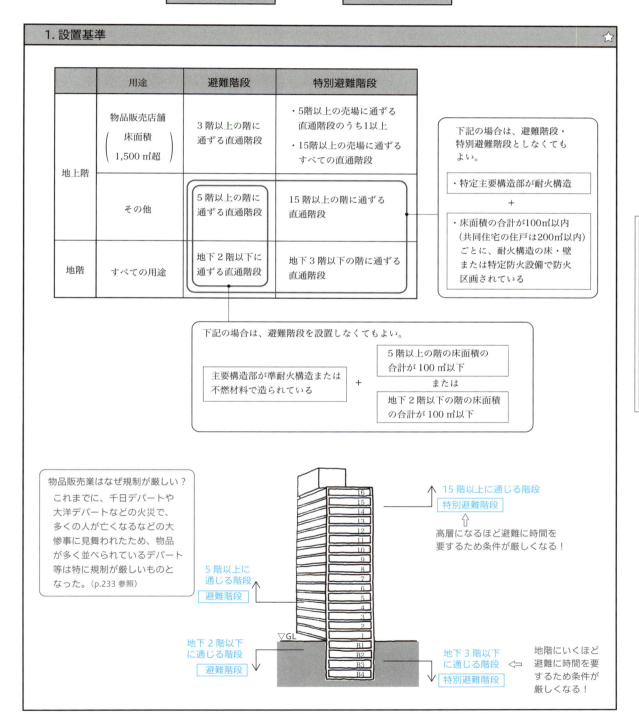

15階以上に通じる階段　特別避難階段
⇑
高層になるほど避難に時間を要するため条件が厳しくなる！

5階以上に通じる階段　避難階段

地下2階以下に通じる階段　避難階段

地下3階以下に通じる階段　特別避難階段
⇐ 地階にいくほど避難に時間を要するため条件が厳しくなる！

5 避難施設

2. 避難階段の構造基準　　【令123条】

① 屋内に設ける避難階段　【1項】

◎照明設備など

窓その他の採光上有効な開口部、または予備電源付きの照明設備を設ける

非常用の照明装置
（予備電源付き）

◎壁

耐火構造とする

◎内装（壁・天井）

仕上げ、下地とも不燃材料で造る

◎階段

耐火構造とし、避難階まで直通する
⇧
階段自体が火に耐えることができなければ、安全に避難することができなくなるため

鉄筋コンクリート造など

◎屋外に面する開口部

階段室の開口部と階段室以外の開口部との距離を90cm以上離す

屋外
90cm
以上
屋内

下記の場合は90cmの規定は適用されない
・開口部の面積が1㎡以内の防火戸などの防火設備で、はめ殺し戸の場合
・壁、屋根が耐火構造の場合

屋外　屋内　避難方向に扉が開く

◎窓（屋内に面するもの）

面積が1㎡以内の防火戸などの防火設備で、はめ殺し戸とする

◎出入口の戸

防火戸（遮炎性能20分間）等の防火設備とする

◎戸の開閉方向

避難方向とする

・直接手で開けられる
・常時閉鎖式または、煙感知器などで自動的に閉鎖するもの

鉄製ドアなど

② 屋外に設ける避難階段　【2項】

屋外
2m以上
手すり
屋内
避難方向に扉が開く

◎壁
耐火構造

◎階段

屋内避難階段と同様

◎出入口の戸

屋内避難階段と同様

◎戸の開閉方向

屋内避難階段と同様

◎屋外に面した開口部

開口部は階段から2m以上離す
⇧
窓が接近していると窓から火が噴き出る恐れがあり、非常に危険なため

面積が1㎡以内の防火設備ではめ殺しとした場合は、2m未満の範囲にも窓を設けることができる。

1㎡以内

屋外避難階段の留意点

地上

屋外階段は、煙や救助活動の面では非常に有効ではあるが、中高層階になると、高さからの心理的な不安を感じる場合がある。
また、積雪や凍結などの問題もある。

5
避難施設

3. 特別避難階段の構造基準　　【令123条3項】

特別避難階段：屋内階段に入る前に、下記のいずれかを設けたもの。

① 付室（排煙設備又は外気に向かって開くことのできる窓を設けたもの）
② バルコニー　　　　　　　　⇧『付室』などを設けることで、階段室に煙が
　　　　　　　　　　　　　　　入りにくくなり、より安全に避難ができる。

※特別避難階段の階段室は屋外に設けてはならない。

※15階以上の各階または地下3階以下の各階に特別避難階段を設ける場合には、階段室および付室・バルコニーの床面積が決められている。

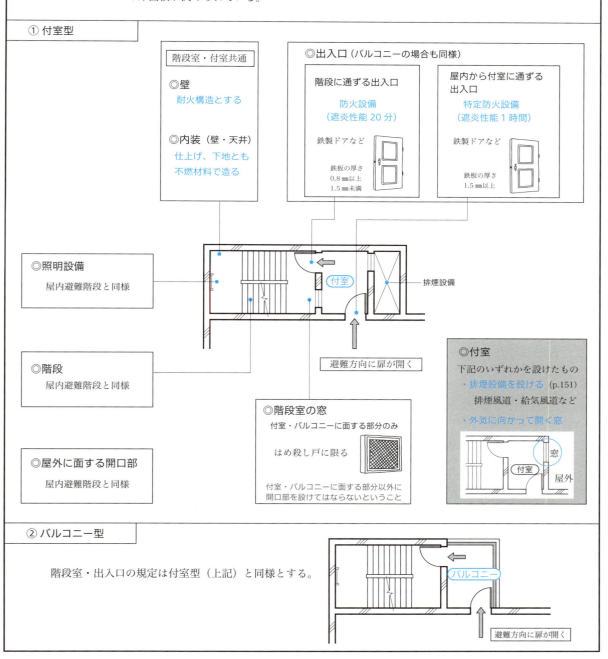

物品販売業の店舗の避難施設 ★

床面積の合計が、1,500 ㎡を超える場合は、下記について適用を受ける。

① 階段・出入口の幅

a. 避難階段・特別避難階段に関して【令124条1項】

地上階：直上階以上の階
地階　：その階以下の階

(1)	階段の幅の合計	≧ 60 cm × $\dfrac{最大の階の床面積(㎡)}{100 ㎡}$
(2)	階段への出入口の幅の合計	地上階　≧ 27 cm × $\dfrac{その階の床面積(㎡)}{100 ㎡}$
		地階　　≧ 36 cm × $\dfrac{その階の床面積(㎡)}{100 ㎡}$

1または2の地上階から避難階・地上に通じる避難階段・特別避難階段は、その幅が1.5倍あるものとみなされる。

また、これらに通じる出入口も、その幅が1.5倍あるものとみなされる。

階段の幅が1.5倍あるとみなされる階段の例

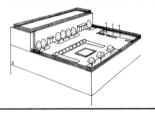

b. 避難階に関して【令125条3項】

屋外への出入口の幅の合計	≧ 60 cm × $\dfrac{最大の階の床面積(㎡)}{100 ㎡}$

※ a.b. のいずれも、屋上広場は階とみなされる。

② 屋上広場の設置　【令126条2項】

5階以上の階に百貨店の売り場を設ける場合は、避難時に使用できる屋上広場を設置する。

敷地内通路　【法35条】

避難を速やかにするために、建築物の周囲に一定以上の通路を設ける。また、この通路は消防活動にも有効となる。

1. 敷地内通路が必要な建築物　【法35条】【令128条】

下記のいずれかに該当する場合に適用される

法別表1（い）欄(1)〜(4)項の用途に供する特殊建築物 (p.140)右上表
階数3以上の建築物
・採光上無窓居室 ・排煙上無窓居室　を有する建築物 (p.140)
延べ面積が1,000 ㎡を超える建築物

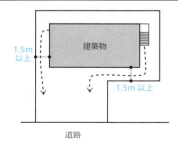

屋外避難階段や屋外への出口から道路・空地などに通じる通路の幅は 1.5m 以上とする。
※階数3以下で、延べ面積200 ㎡未満の場合は、通路の幅を90cm 以上とすることができる。

用途などに関係なく、左記に該当する場合は90cm 以上でよいということ！

2. 大規模木造建築物等の敷地内通路　　【令128条の2】

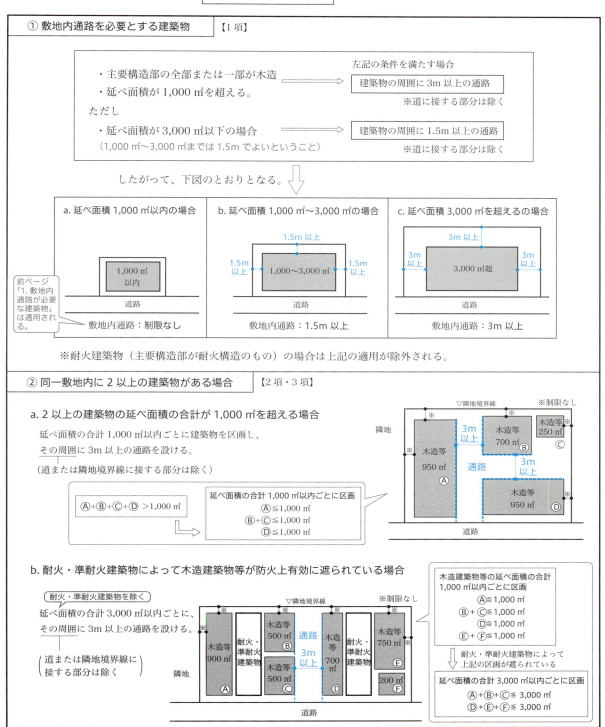

2 非常用の避難施設

排煙設備　【法35条】【令126条の2】★

火災が発生した時に、煙やガスを有効に排出し、居室や避難経路が煙によって危険な状態となるのを防ぎ、避難の安全性を確保する設備。

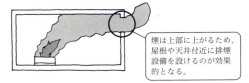

煙は上部に上がるため、屋根や天井付近に排煙設備を設けるのが効果的となる。

1. 排煙設備を必要とする建築物等　【令126条の2】☆

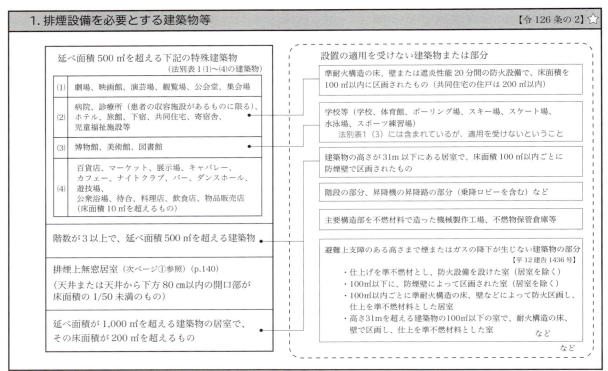

延べ面積500㎡を超える下記の特殊建築物（法別表1(1)〜(4)の建築物）

(1)	劇場、映画館、演芸場、観覧場、公会堂、集会場
(2)	病院、診療所（患者の収容施設があるものに限る）、ホテル、旅館、下宿、共同住宅、寄宿舎、児童福祉施設等
(3)	博物館、美術館、図書館
(4)	百貨店、マーケット、展示場、キャバレー、カフェー、ナイトクラブ、バー、ダンスホール、遊技場、公衆浴場、待合、料理店、飲食店、物品販売店（床面積10㎡を超えるもの）

- 階数が3以上で、延べ面積500㎡を超える建築物
- 排煙上無窓居室（次ページ①参照）(p.140)（天井または天井から下方80cm以内の開口部が床面積の1/50未満のもの）
- 延べ面積が1,000㎡を超える建築物の居室で、その床面積が200㎡を超えるもの

設置の適用を受けない建築物または部分

- 準耐火構造の床、壁または遮炎性能20分間の防火設備で、床面積を100㎡以内に区画されたもの（共同住宅の住戸は200㎡以内）
- 学校等（学校、体育館、ボーリング場、スキー場、スケート場、水泳場、スポーツ練習場）
  　法別表1(3)には含まれているが、適用を受けないということ
- 建築物の高さが31m以下にある居室で、床面積100㎡以内ごとに防煙壁で区画されたもの
- 階段の部分、昇降機の昇降路の部分（乗降ロビーを含む）など
- 主要構造部を不燃材料で造った機械製作工場、不燃物保管倉庫等
- 避難上支障のある高さまで煙またはガスの降下が生じない建築物の部分　【平12建告1436号】
  ・仕上げを準不燃材とし、防火設備を設けた室（居室を除く）
  ・100㎡以下に、防煙壁によって区画された室（居室を除く）
  ・100㎡以内ごとに準耐火構造の床、壁などによって防火区画し、仕上を準不燃材料とした居室
  ・高さ31mを超える建築物の100㎡以下の室で、耐火構造の床、壁で区画し、仕上を準不燃材料とした室
  　　　　　　　　　　　　　　　　　　など

2. 防煙区画　【令126条の3】☆

前項1.に該当する建築物または部分は、防煙区画をしなければならない。

区画面積	床面積500㎡以内ごとに防煙壁で区画
排煙口	区画ごとに排煙口を設ける
排煙口までの距離	区画内の各部分から水平距離30m以下

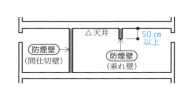

防煙壁　【令126条の2】

不燃材料で造られ、または覆われた下記のもの
・間仕切壁
・天井から下方へ50cm以上突出した垂れ壁

5 避難施設

3. 排煙設備の構造 【令126条の3】

排煙の種類

a. 自然排煙：直接外気に接する。

b. 機械排煙：排煙風道に直結させる。
（排煙風道には排煙機を設ける）

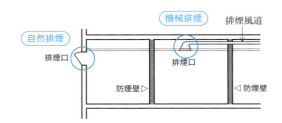

① 自然排煙

排煙口の位置：
　天井または、天井から下方 80 cm 以内の壁の上部

排煙口の面積：
　防煙区画部分の床面積の 1/50 以上

防煙壁の高さが 80 cm より短い場合

開口部の面積は防煙壁の高さまでとして計算をする。

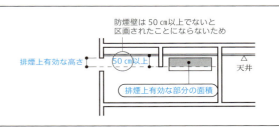

排煙口は常時閉鎖状態とし、その開閉には手動開放装置・煙感知器連動自動開放装置、遠隔操作による開放装置を用いる。
ただし、自動のものや遠隔操作のものも、必ず手動開放装置を設置しなければならない。

手動開放装置の高さ：
　床面から 80 cm 以上、1.5m 以下に設置する（壁に設置する場合）。

② 機械排煙

自然排煙ができない場合は、排煙風道に直結させる。

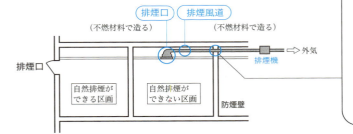
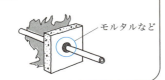

風道が防煙壁を貫通する場合

すき間をモルタルなどの不燃材料で埋める

※排煙設備の排煙口・風道その他の煙に接する部分は、不燃材料で造る。

非常用の照明装置　【法35条】【令126条の4】【令126条の5】★

特殊建築物、大規模建築物などの、居室内と各居室から地上に出るまでの避難経路に設置が義務付けられている。

1. 構造基準　【令126条の5】

構造	停電時に予備電源で点灯する
明るさ	床面で1 lx 以上 （床面の新聞紙の見出しが読める程度）
点灯時間	30分以上
その他	・直接照明とする。 ・主要部分を不燃材料で造りまたは覆う

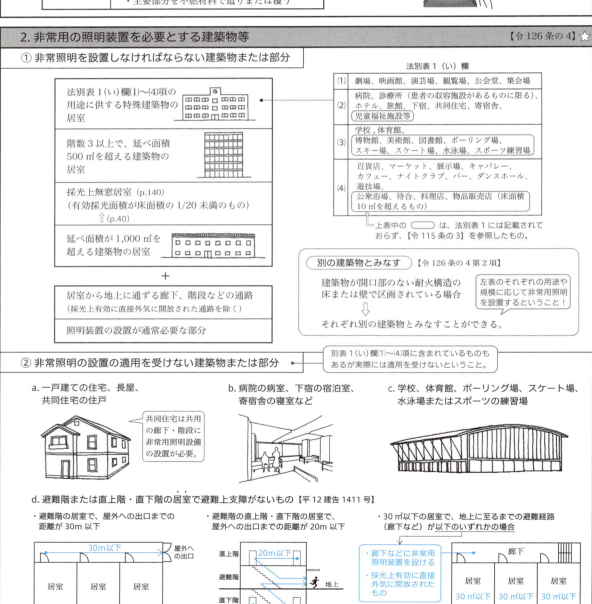

2. 非常用の照明装置を必要とする建築物等　【令126条の4】

① 非常照明を設置しなければならない建築物または部分

- 法別表1（い）欄(1)～(4)項の用途に供する特殊建築物の居室
- 階数3以上で、延べ面積500㎡を超える建築物の居室
- 採光上無窓居室（p.140）（有効採光面積が床面積の1/20未満のもの）⇧ (p.40)
- 延べ面積が1,000㎡を超える建築物の居室

＋

- 居室から地上に通ずる廊下、階段などの通路（採光上有効に直接外気に開放された通路を除く）
- 照明装置の設置が通常必要な部分

法別表1（い）欄

(1)	劇場、映画館、演芸場、観覧場、公会堂、集会場
(2)	病院、診療所（患者の収容施設があるものに限る）、ホテル、旅館、下宿、共同住宅、寄宿舎、児童福祉施設等
(3)	学校、体育館、博物館、美術館、図書館、ボーリング場、スキー場、スケート場、水泳場、スポーツ練習場
(4)	百貨店、マーケット、展示場、キャバレー、カフェー、ナイトクラブ、バー、ダンスホール、遊技場、公衆浴場、待合、料理店、物品販売店（床面積10㎡を超えるもの）

上表中の ⬭ は、法別表1には記載されておらず、【令115条の3】を参照したもの。

【別の建築物とみなす】【令126条の4第2項】

建築物が開口部のない耐火構造の床または壁で区画されている場合

それぞれ別の建築物とみなすことができる。

左表のそれぞれの用途や規模に応じて非常用照明を設置するということ！

② 非常照明の設置の適用を受けない建築物または部分

別表1（い）欄(1)～(4)項に含まれているものもあるが実際には適用を受けないということ。

a. 一戸建ての住宅、長屋、共同住宅の住戸

共同住宅は共用の廊下・階段に非常用照明設備の設置が必要。

b. 病院の病室、下宿の宿泊室、寄宿舎の寝室など

c. 学校、体育館、ボーリング場、スケート場、水泳場またはスポーツの練習場

d. 避難階または直上階・直下階の居室で避難上支障がないもの【平12建告1411号】

・避難階の居室で、屋外への出口までの距離が30m以下

・避難階の直上階・直下階の居室で、屋外への出口までの距離が20m以下

・30㎡以下の居室で、地上に至るまでの避難経路（廊下など）が以下のいずれかの場合
  ・廊下などに非常用照明装置を設ける
  ・採光上有効に直接外気に開放されたもの

非常用の進入口　【法35条】【令126条の6】【令126条の7】★

消防救助活動を行うため、道または道に通じる通路や空地に面する各階の外壁面に、消防隊が進入できる非常用の進入口を設ける。

1. 設置基準　【令126条の6】【令126条の7】☆

範囲	3階以上31m以下の部分
間隔	外壁40m以下ごと ※道または道に通じる幅員4m以上の通路や空地のいずれかに面する各階の外壁面に設ける。

ただし、下記の場合は非常用進入口を設けなくてもよい。
・不燃性の物品の保管など、火災の発生のおそれの少ない用途の階
・非常用エレベーターを設置した場合
・非常用の進入口に代わる一定規模・構造の進入経路がある場合
（「3. 非常用の進入口に代わる開口部」）　　など

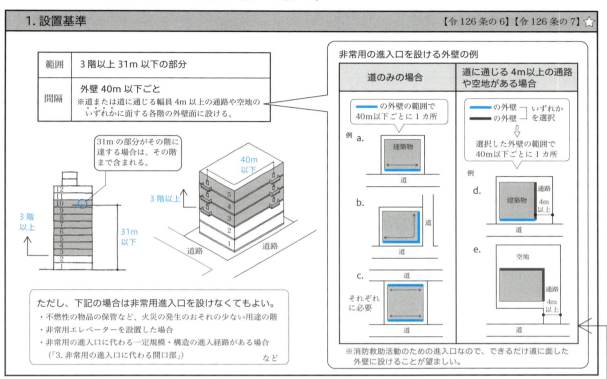

※消防救助活動のための進入口なので、できるだけ道に面した外壁に設けることが望ましい。

2. 構造基準　【令126条の7】☆

進入口の大きさ	幅：75cm以上 高さ：1.2m以上
進入口の構造	外部から開けることができるもの、または破壊して進入できるもの
バルコニーの大きさ	幅：4m以上 奥行き：1m以上
進入口の表示	赤色灯の標識および赤色マーク

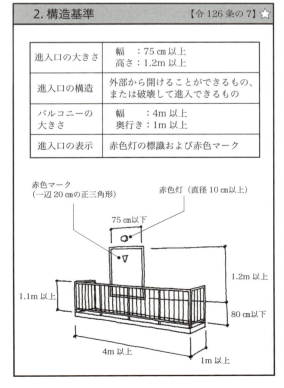

3. 非常用の進入口に代わる開口部　【令126条の6第2号】

壁面10m以内ごとに右図の規模の開口部を設けた場合は、「1. 設置基準」の進入口を設けなくてもよい。

※道または道に通じる幅員4m以上の通路や空地のいずれかに面する各階の外壁面に設ける。

開口部を設ける外壁は上図を参照

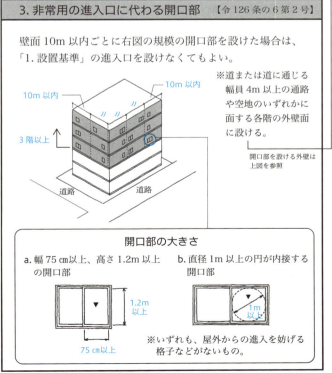

※いずれも、屋外からの進入を妨げる格子などがないもの。

5 避難施設

非常用の昇降機（非常用エレベーター）　　【法34条2項】★

消防はしご車の届かない高層建築物（高さ31m以上）に設置し、その高層建築物で火災が発生した時には、消防隊が消火活動などのために使用するもの。

1. 設置基準　　【法34条2項】【令129条の13の2】【令129条の13の3】★

設置基準	31mを超える建築物　【法34条2項】
設置台数	高さ31mを超える部分の床面積が最大の階の床面積によって決められている。【令129条の13の3第2項】

高さ31mを超える部分の床面積が最大の階の床面積	台数
1,500㎡以下	1
1,500～4,500㎡	2
4,500～7,500㎡	3
…	

⇧1,500㎡を超える場合は、3,000㎡以内を増すごとに1基を増加するということ。

※2以上の非常用エレベーターを設置する場合は、避難上、消火上有効な間隔で配置する。

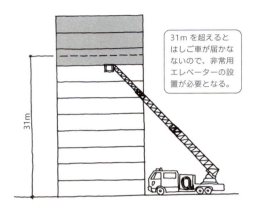

31mを超えるとはしご車が届かないので、非常用エレベーターの設置が必要となる。

非常用エレベーターの使われ方

平常時は一般用として使用できる。

非常時は消防活動などに使用される。停電時は、自家発電機の電力で動く。

高さが31mを超える部分が下記のいずれかに該当する場合は、非常用エレベーターを設置しなくてもよい。　　【令129条の13の2】

a. 階段室、昇降機などの建築設備の機械室、物見塔など。

b. 各階の床面積の合計が500㎡以下。

c. その部分の階数が4以下の特定主要構造部を耐火構造とした建築物で、床面積100㎡以内ごとに防火区画されている。

d. 主要構造部が不燃材料で造られているなど、火災発生の少ない構造で、機械製作工場、不燃性の物品を保管する倉庫などの用途のもの。

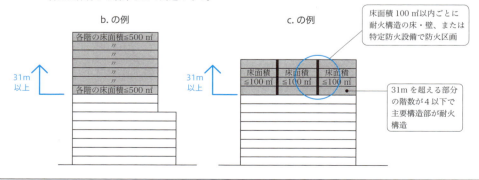

b.の例

c.の例

床面積100㎡以内ごとに耐火構造の床・壁、または特定防火設備で防火区画

31mを超える部分の階数が4以下で主要構造部が耐火構造

2. 構造基準

【令129条の13の3第6～12項】

積載荷重	1150 kg以上
最大定員	17人以上
かごの内法寸法	幅1.8m以上・奥行き1.5m以上・高さ2.3m以上
有効出入口	幅1.0m以上・高さ2.1m以上

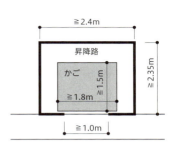

その他
- かご内と中央管理室を連絡する電話装置を設ける。
- 予備電源を設ける。
- かごの戸が開いた状態で、かごを昇降させることができる装置を設ける。　　　　　　　　　　　　　　　など

3. 乗降ロビーの構造

【令129条の13の3第3項】

- 各階（避難階を除く）において、屋内と連絡する。
- バルコニーまたは外気に向かって開くことができる窓または排煙設備を設ける。
- 出入口には特定防火設備を設ける。
- 耐火構造の床・壁で囲む（窓・排煙設備・出入口は除く）。
- 室内の天井・壁の仕上げ・下地とも不燃材料で造る。
- 予備電源付き照明設備を設ける。
- 床面積は、一基につき10㎡以上とする。　　　　　　　　　　　　　　　など

4. 避難階の歩行距離

【令129条の13の3第5項】

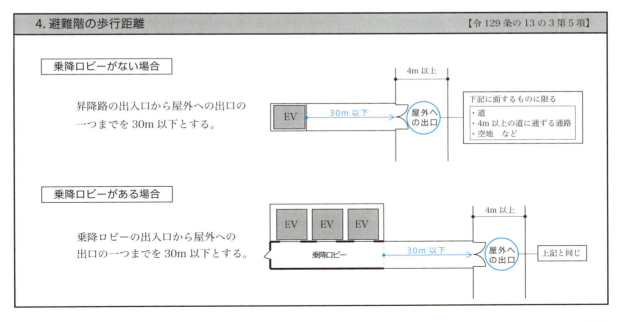

乗降ロビーがない場合

昇降路の出入口から屋外への出口の一つまでを30m以下とする。

乗降ロビーがある場合

乗降ロビーの出入口から屋外への出口の一つまでを30m以下とする。

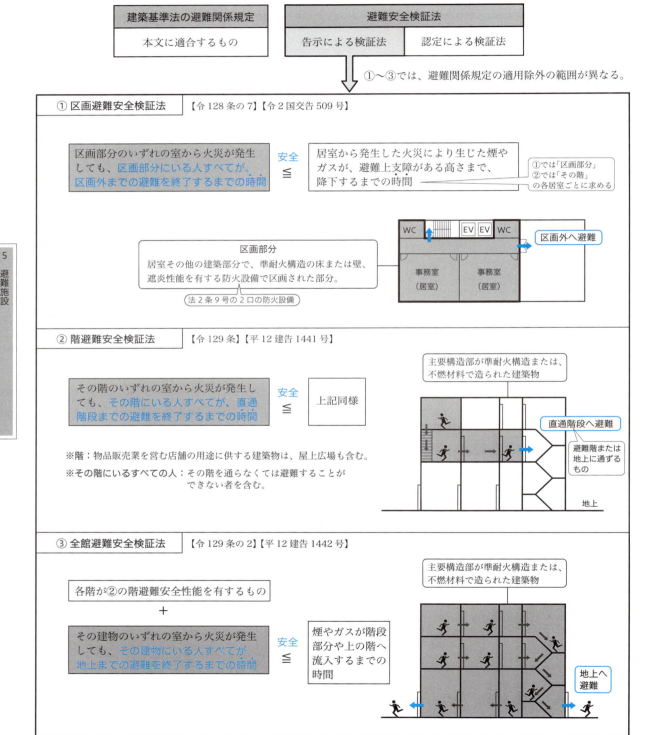

6章　構造強度

1 構造計算 ……… 158
　　構造計算の基準
　　許容応力度計算　など

2 構造規定 ……… 166
　　耐久性等関係規定
　　基礎の構造
　　木造
　　組積造
　　補強コンクリートブロック造
　　鉄骨造
　　鉄筋コンクリート造　など

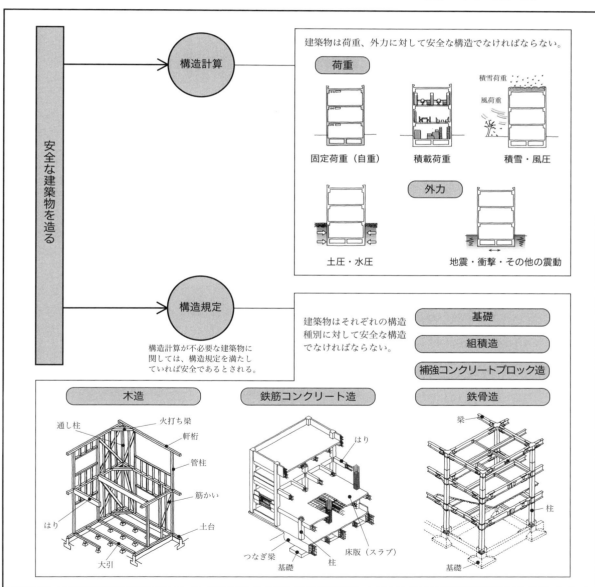

1 構造計算

構造計算の基準 【法20条】【令81条】★

建築確認申請が必要な建築物の規模【法6条1項】(p.16)

- （特殊建築物【1号】）特殊建築物の用途に供する部分の床面積の合計：200㎡超
- （特殊建築物以外【2号】）階数：2以上　床面積の合計：200㎡超
- （都市計画区域内の建築物【3号】）規模にかかわらず申請が必要

⇒ 上記のうち、次項に該当する場合は、構造計算が必要となる。

1. 構造計算の必要な建築物 【法20条1項】

① 超高層建築物（法20条1項1号で定める建築物）

◎ 高さが60mを超えるもの

② 大規模建築物（法20条1項2号で定める建築物）【令36条の2】【平19国交告593号】

◎ 高さが60m以下で、下記に該当するもの

❶ 木造　【法20条1項2号】
- a. 階数：4以上（地階を除く）
- b. 高さ：16m超

❷ 鉄骨造
- a. 階数：4以上（地階を除く）【法20条1項2号】
- b. 階数：3以下（地階を除く）＋高さ：16m超【令36条の2】

上記以外の建築物で下記に該当するもの【平19国交告593号】
- ・構造スパン：6m超
- ・延べ面積：500㎡超　など

❸ 鉄筋コンクリート造・鉄骨鉄筋コンクリート造（両方の混構造を含む）
- a. 高さ：20m超【法20条1項2号】

上記以外の建築物で下記に該当するもの【平19国交告593号】
- ・構造スパン：6m超
- ・延べ面積：500㎡超
- ・各階の耐力壁の水平断面積が一定未満のもの　など

❹ 組積造・補強コンクリートブロック造
- a. 階数：4以上（地階を除く）【令36条の2】

❺ 併用建築物

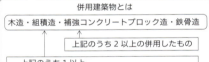

併用建築物とは
木造・組積造・補強コンクリートブロック造・鉄骨造
上記のうち2以上の併用したもの
上記のうち1以上
＋
鉄筋コンクリート造または鉄骨鉄筋コンクリート造

- a. 階数：4以上（地階を除く）
- b. 高さ：16m超【令36条の2】

上記以外の建築物で下記に該当するもの【平19国交告593号】
- ・鉄筋コンクリート造、鉄骨鉄筋コンクリート造を含まない混構造で500㎡超
- ・鉄骨造の部分のスパンが6m超　など

❻ その他

下記に該当するもの【平19国交告593号】
- ・デッキプレートを用いたもの
- ・骨組膜構造　など

③ 中規模建築物（法 20 条 1 項 3 号で定める建築物）

◎ ①・② 以外のもので、下記に該当するもの

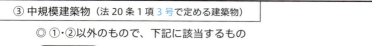

木造	木造以外
階数：3 以上（地階を除く）または 延べ面積：300 ㎡超	階数：2 以上 または 延べ面積：200 ㎡超

④ 小規模建築物（法 20 条 1 項 4 号で定める建築物）

◎ ①～③（前ページ）以外の建築物　← 構造計算が不要な建築物。
ただし、構造規定（p.166～p.192）には適合しなければならない。

エキスパンションジョイント等で構造上分離されている建築物の各部分は、分離されている部分ごとに、異なる構造計算の方法を適用できる。
【法 20 条 2 項】【令 36 条の 4】

2. 構造計算の流れ

構造計算が必要な建築物に関しては下記の基準に従って計算しなければならない。
また、建築物の規模や計算方法により、確認申請時に構造計算適合性判定（p.19）を受けなければならない。

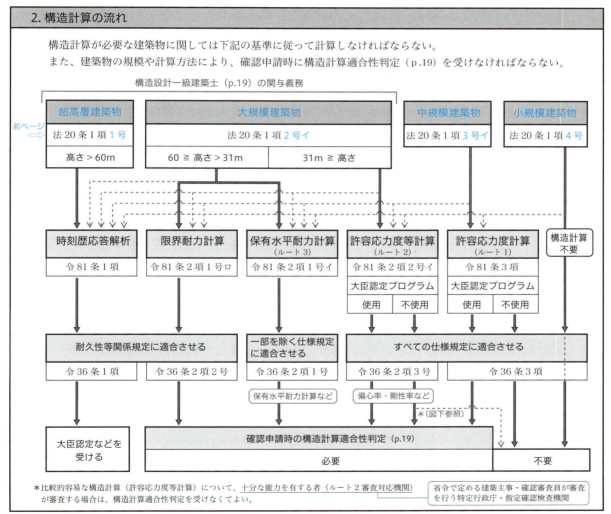

* 比較的容易な構造計算（許容応力度等計算）について、十分な能力を有する者（ルート 2 審査対応機関）が審査する場合は、構造計算適合性判定を受けなくてよい。

- 長期荷重に対しては、すべての計算方法においても許容応力度計算が必要
- 地震などの水平荷重（短期荷重）に対しては、上表の計算方法によって安全を確認する

159

許容応力度計算

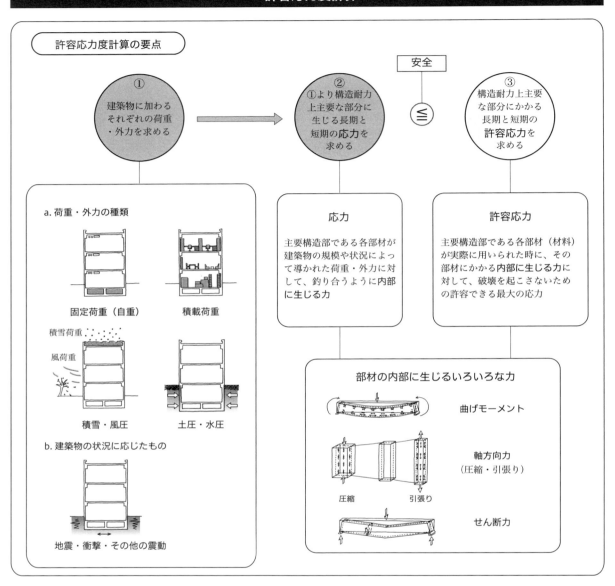

1. 応力度　　【令82条表】

建築物の構造耐力上主要なそれぞれの部分に対して、長期・短期荷重がかかる場合の内部に生じる応力を求める。

特定行政庁が、多雪区域と認めた場合に算入する

長期荷重：固定荷重＋積載荷重（＋積雪荷重）

短期荷重：長期荷重＋積雪荷重　　　　積雪荷重：積雪時
　　　　　長期荷重＋風圧力　　　　　風 圧 力：暴風時
　　　　　長期荷重＋地震力　　　　　地 震 力：地震時

① 固定荷重（自重）　【令84条】

建築物を構成する構造材や仕上材の重量。
原則、建築物の実況に応じて計算する。

固定荷重＝単位面積当たりの荷重×各部分の面積
【令84条表】

※丈夫にしようと各部材の断面を大きくすると、それだけ建物が重くなり負担がかかるため、バランスが必要。

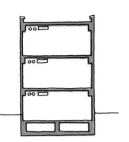

② 積載荷重　【令85条】

原則、建築物の実況に応じて計算する。
　　a. 室の種類（住宅、事務所、倉庫など）により異なる。
　　b. 構造計算の対象となるもの（床、大ばりなど、地震力）により異なる。

積載荷重＝単位面積当たりの荷重×室の床面積

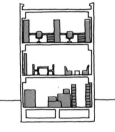

a. 室の種類		（い）床の構造計算をする場合	（ろ）大ばり、柱または基礎の構造計算をする場合	（は）地震力を計算する場合
(1)	住宅の居室、住宅以外の建築物における寝室または病室	1,800	1,300	600
(2)	事務室	2,900	1,800	800
(3)	教室	2,300	2,100	1,100
(4)	百貨店または店舗の売場	2,900	2,400	1,300
(5)	劇場、映画館、演芸場、観覧場、公会堂、集会場などの用途に使用する建築物の客席または集会室　固定席の場合	2,900	2,600	1,600
	その他の場合	3,500	3,200	2,100
(6)	自動車車庫、自動車通路	5,400	3,900	2,000
(7)	廊下、玄関、階段	(3)〜(5)までに掲げる室に連絡するものにあっては、(5)の「その他の場合」の数値による		
(8)	屋上広場、バルコニー	(1)の数値による。ただし、学校または百貨店の用途に使用する建築物にあっては、(4)の数値による		

（単位：N/㎡）

倉庫業を営む倉庫の床面積の積載荷重：
　　　計算した数値が3,900N/㎡未満の場合においても、3,900N/㎡とする。

③ 積雪荷重　【令86条】

積雪荷重 ＝ 積雪の単位荷重 × 屋根の水平投影面積 × その地方における垂直積雪量

積雪の単位荷重： 積雪量1cmごとに1㎡につき20N以上（一般的な地域）

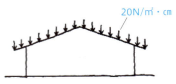

※特定行政庁は地域により、異なる数値とすることができる。
　屋根勾配により、軽減される。

以下のいずれにも該当する建築物には、**積雪後の降雨を考慮した割増係数を乗じる。**【平19国交告594号】

　a. 多雪区域以外の区域にある建築物（垂直積雪量が15cm以上の区域）
　b. 以下の屋根を有する建築物
　　・大スパン（棟から軒までの長さが10m以上）
　　・緩勾配（15度以下）　鉄筋コンクリート造　鉄骨鉄筋コンクリート造
　　・屋根の重量が軽い（屋根版がRC造またはSRC造でないもの）

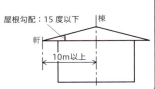

④ 風圧力　【令87条】

気象の状況、建築物の形、地形などにより異なる。

風圧力 ＝ 速度圧 × 風力係数

建築物の屋根の高さや風速に影響を与える周辺の建築物や樹木などの状況により、速度圧の数値を軽減することができる。

建築物に接近して、風の方向に対して有効に遮る他の建築物や防風林などがある場合
⇩
その方向の速度圧は数値の1/2まで減らすことができる。

隣接する建築物　　　　　　　　防風林

⑤ 地震力　【令88条】

地上部分：（固定荷重＋積載荷重（＋積雪荷重））× 地震層せん断力係数
地下部分：（固定荷重＋積載荷重）× 水平震度

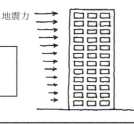

2. 許容応力度

① 材料強度　【令95条〜99条】

材料が実際に破壊に至るまでの耐力 ⇒ 終局強度

材料ごと（木材・鋼材等・コンクリート・溶接・その他）に下記に対して定められている。

| 圧縮（F_c） | 引張り（F_t） | 曲げ（F_b） | せん断（F_s） |

それぞれの材料に対して、長期・短期の許容応力度を調べ、安全でなければならない。

② 許容応力度　【令89条〜94条】

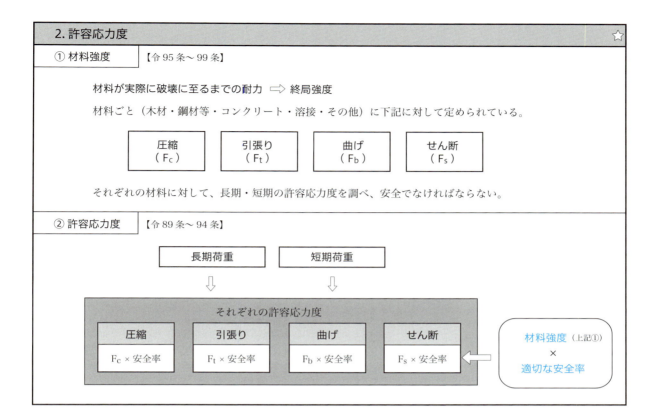

例

木材の許容応力度　【令89条】

長期に生ずる力に対する許容応力度				短期に生ずる力に対する許容応力度			
圧縮	引張り	曲げ	せん断	圧縮	引張り	曲げ	せん断
$\dfrac{1.1F_c}{3}$	$\dfrac{1.1F_t}{3}$	$\dfrac{1.1F_b}{3}$	$\dfrac{1.1F_s}{3}$	$\dfrac{2F_c}{3}$	$\dfrac{2F_t}{3}$	$\dfrac{2F_b}{3}$	$\dfrac{2F_s}{3}$

（単位　N／mm²）

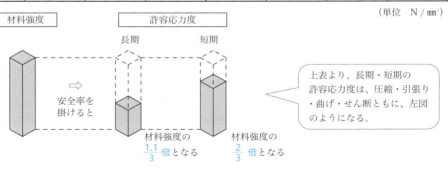

上表より、長期・短期の許容応力度は、圧縮・引張り・曲げ・せん断ともに、左図のようになる。

コンクリート・地盤　【令91条】【令93条】

短期は長期の 2 倍

鋼材・溶接・高力ボルト接合　【令90条】【令92条】【令92条の2】

短期は長期の 1.5 倍

6 構造強度

『層間変形角』、『偏心率・剛性率』、『保有水平耐力』の検討

許容応力度計算で安全が確かめられた場合においても、下記について検証しなければならない。

均整のとれた配置

許容応力内であっても、地震等の水平力に対して、ねじれが生じないように釣り合いよく柱、壁等を配置する。

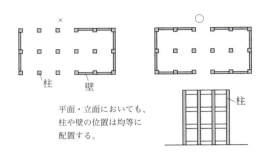

平面・立面においても、柱や壁の位置は均等に配置する。

剛性・靱性を確保

許容応力内であっても、下記について検討する。

剛性：変形・振動を防ぐための構造物の硬さ

靱性：瞬間的な破壊を避けるための構造物の粘り強さ

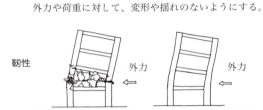

外力や荷重に対して、変形や揺れのないようにする。

地震等で、破壊することのない粘り強さを持たせる。

層間変形角　【令82条の2】★

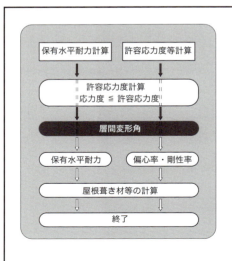

層間変形角 ≦ 1/200
（スラブ天端レベルの間隔に対して）

※地震によって構造上主要な部分が変形した場合に、仕上材が追従する場合は1/120以内とすることができる。

1階の層間変形角： $\dfrac{a_1}{h_1}$

2階の層間変形角： $\dfrac{a_2}{h_2}$

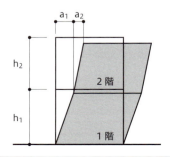

偏心率・剛性率　【令82条の6】★

建築物が極めて大きな地震によって被害を受けないかを確かめる。

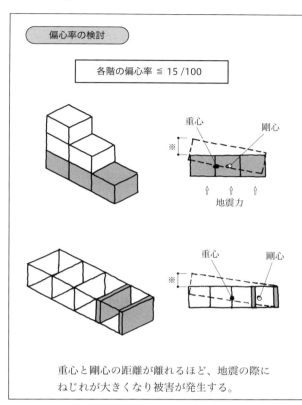

重心と剛心の距離が離れるほど、地震の際にねじれが大きくなり被害が発生する。

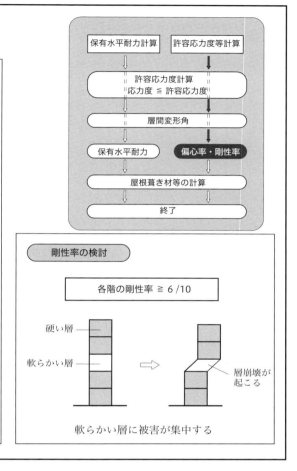

軟らかい層に被害が集中する

保有水平耐力　【令82条の3】★

建築物が極めて大きな地震に対して、十分な耐力を有しているかを確かめる。

各階の水平力に対する耐力 ≧ 必要保有水平耐力

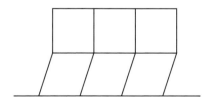

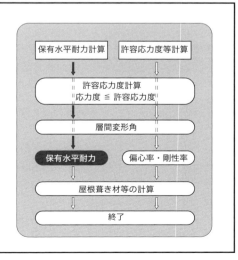

2 構造規定

耐久性等関係規定 【令36条】

耐久性、品質等に関わる規定で、構造計算による安全性の検証にかかわらず必ず適合しなければならない規定。

(1)	構造設計に関する基本原則	令36条	構造方法に関する技術的基準
		令36条の3	構造設計の原則
		令38条1項	基礎：支持力・耐力確保など基礎構造が満たすべき性能基準
		令39条1項	屋根ふき材等の緊結：脱落しないこと等の外装材が満たすべき性能基準
(2)	建築物の品質の確保に関する規定	令41条	木材：耐久性上必要な品質を確保するため節・腐れ等のないこと
		令72条	コンクリートの材料
		令74条	コンクリートの強度
(3)	耐久性に関する規定	令37条	構造部材の耐久
		令38条6項	基礎：基礎杭の耐久性上配慮すべき事項
		令49条	外壁内部等の防腐措置等
		令79条	鉄筋のかぶり厚さ：鉄筋の腐食防止等のための基準
		令79条の3	鉄骨のかぶり厚さ：鉄骨の腐食防止等のための基準
(4)	施工性に関する規定	令38条5項	基礎：基礎杭の施工時に配慮すべき事項
		令75条	コンクリートの養生：コンクリートが十分に固まるよう配慮すること
		令76条	型枠および支柱の除去：打設したコンクリートの形状確保のための基準
(5)	防火性に関する規定	令70条	鉄骨造の柱の防火被覆

構造計算による建築物の安全性を確かめるだけではなく、
耐久性等関係規定または構造規定に適合したものとしな
ければならない。

構造規定
耐久性等関係規定

【令36条2項1号】

	耐久性等関係規定		一部を除く構造規定	構造規定		
	+ 時刻歴解析	+ 限界耐力計算	+ 保有水平耐力計算	+ 許容応力度等計算	+ 許容応力度計算	
小規模建築物 (法20条1項4号)	○	○	○	○	○	○
中規模建築物 (法20条1項3号)	○	○	○	○	○	
大規模建築物 (法20条1項2号)	○	○	○	○ 高さ31m以下の建築物に限る		
超高層建築物 (法20条1項1号)	○					

⇧ (p.158 〜 p.159 参照)　　　　　　　　　　　　※それぞれの構造計算の流れは p.159 参照

構造部材の耐久 【令37条】★

・構造耐力上主要な部分には、腐食、腐朽、摩損しにくい材料を使用する。
・有効な錆び止め、防腐、摩損防止の措置をした材料を使用する。

基礎の構造　　【令38条】★

地震時に限らず、通常時にも沈下が生じるなどの被害を防ぐために、地盤種別・構造種別・規模などに対して、構造方法が決められている。

a. 異なる構造方法の基礎は併用してはいけない。

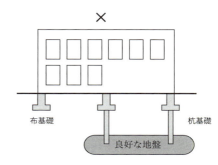

b. 基礎の底部などを良好な地盤まで達しなければならない。

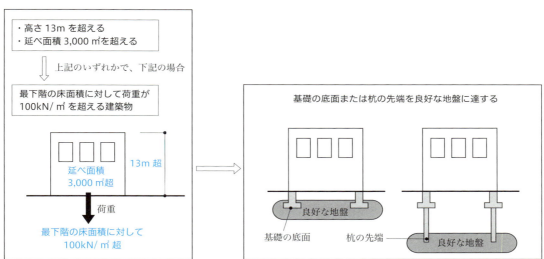

1. 地耐力に応じた構造方法　　【平12建告1347号】☆

地盤の長期に生ずる力に対する許容応力度（地耐力）に応じて決まる。

地耐力	基礎の種類
20kN/㎡未満	基礎ぐい
20kN/㎡以上30kN/㎡未満	基礎ぐい・べた基礎
30kN/㎡以上	基礎ぐい・べた基礎・布基礎

※下記の場合はこの限りではない。
・木造建築物で、茶室、あずまやなど、または延べ面積10㎡以内の物置、納屋等に用いる基礎
・門、塀などの基礎　など

① 布基礎の構造

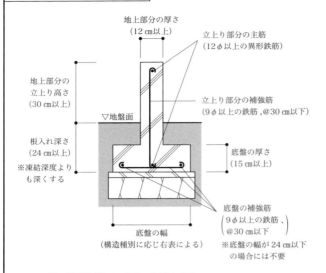

地盤の長期に生ずる力に対する許容応力度 (単位 kN/m²)	建築物の種類		
底盤の幅 (単位 cm)	木造または鉄骨造などの重量の小さな建築物		その他の建築物
	平家建て	2階建て	
30 以上 50 未満	30	45	60
50 以上 70 未満	24	36	45
70 以上	18	24	30

※一体の鉄筋コンクリート造とする。

② べた基礎の構造

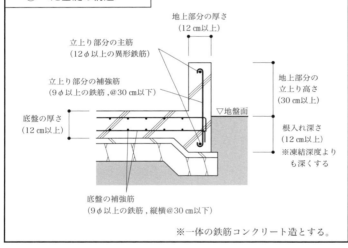

※一体の鉄筋コンクリート造とする。

③ 換気口の補強

換気口の周辺には、径9mm以上の補強筋を配置する。

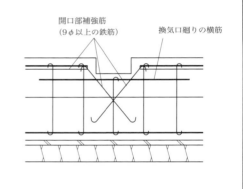

屋根葺き材等 【令39条】★

下記の部分等は、風圧、地震などの震動または衝撃によって、脱落しないようにしなければならない。また、構造耐力上安全なものとする。

建物の荷重を直接負担しない壁のこと。（カーテンウォールなど）

- 屋根葺き材・内装材・外装材・帳壁などの建築物の部分
- 広告塔・装飾塔で建築物の屋外に取り付けるもの
- 特定天井 ⇐ 特に腐食、腐朽その他の劣化の恐れがあるものは、防腐、劣化防止の措置をした材料を使用する。

脱落によって重大な危害を生ずる恐れがあるとして国土交通大臣が定める天井のこと。

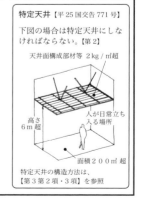

特定天井【平25国交告771号】
下図の場合は特定天井にしなければならない。【第2】

特定天井の構造方法は、【第3第2項・3項】を参照

6 構造強度

木造

1. 適用範囲　【令40条】

- 木造建築物。
- その他の構造と併用する建築物の木造部分に適用される。

> ただし下記の建築物は適用されない。
> - 茶室、あずまや等
> - 延べ面積が10㎡以内の物置、納屋等

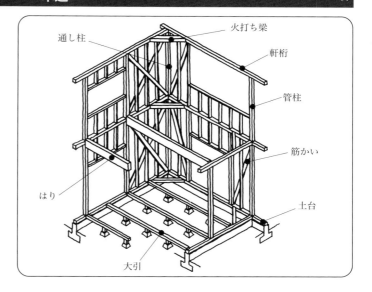

2. 木材　【令41条】

壁・柱・土台・筋かいなど【令1条3号】(p.13)
↓
構造耐力上主要な部分に使用する木材の品質は、節、腐れ、繊維の傾斜、丸身など、耐力上の欠点がないものを使用する。

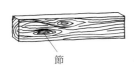　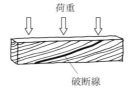　

節がある部分に荷重がかかるとその部分が折れる可能性がある。　　荷重がかかった場合、繊維にそって割れる可能性がある。　　丸身があると、必要な断面積を確保できない。

3. 土台と基礎　【令42条】

- 構造上主要な部分である柱で、最下階に使用するものの下部には、土台を設ける。
- 土台は基礎に緊結する。

> ただし、下記の場合は土台を設けなくてもよい。
> - 柱を基礎に緊結した場合
> - 平家建ての建築物で足固めを使用した場合

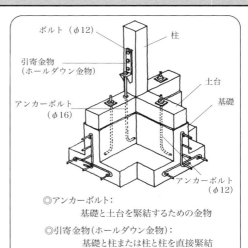

◎アンカーボルト：
　基礎と土台を緊結するための金物
◎引寄金物(ホールダウン金物)：
　基礎と柱または柱と柱を直接緊結するための金物

6 構造強度

4. 柱 【令43条】

① 柱の小径

a. 算定式による求め方

$$\frac{de}{l} = 0.027 + 22.5 \cdot \frac{Wd}{l^2}$$

de：必要な柱の小径（mm）
l：横架材の相互間の垂直距離（mm）
Wd：当該階が負担する単位面積あたりの固定荷重と積載荷重の和（N/㎡）

※荷重算定は壁量計算の基準と同様
※積雪荷重は含まない

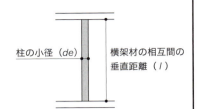

b. 早見表（下表）を用いる求め方　公益財団法人日本住宅・木材技術センター

表の見方は、p.172 下または公益財団法人日本住宅・木材技術センターのHPを参照
https://www.howtec.or.jp/publics/index/411/

1. 仕様を確認

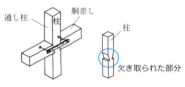

2. 各階の柱の小径を求める

日本住宅・木材技術センターHPより（一部抜粋）

② 柱に対する注意事項

a. 補強

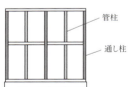

柱の所要断面積の1/3以上を欠き取る場合は、その部分を補強する。

b. 通し柱

階数が2以上の建築物の隅柱は通し柱とする。

ただし、接合部を通し柱と同等以上の耐力を有するように補強した場合は、通し柱としなくてもよい。

c. 有効細長比

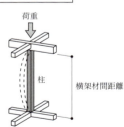

構造耐力上主要な部分である柱の**有効細長比：150以下**

有効細長比：断面の最小二次率半径に対する座屈長さの比

$$\text{有効細長比} = \frac{\text{座屈長さ（横架材間距離）}}{\text{断面二次半径}} = \frac{\text{横架材間距離} \times 3.46}{\text{柱の断面の一辺の長さ}} \leq 150$$

断面二次半径 ＝ b（柱の断面の1辺の長さ）/ 3.46

※柱の断面が正方形の場合

5. はりなどの横架材 【令44条】

中央部附近の下側に、耐力上支障のある欠込みをしてはならない。

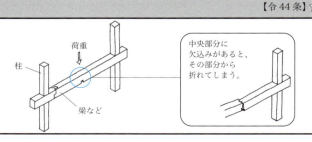

中央部分に欠込みがあると、その部分から折れてしまう。

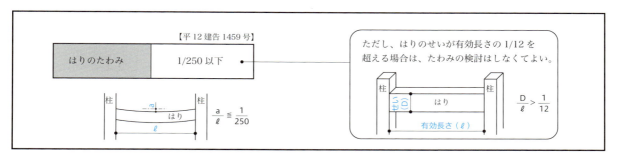

6. 筋かい 【令 45 条】

① 筋かいの種類　【1 項・2 項】

② 筋かいの接合部　【3 項】【平 12 建告 1460 号】

筋かいの端部は、
柱、はり等の横架材との仕口に接近して、
ボルト、かすがい、釘その他の金物で
緊結する。

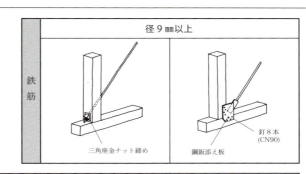

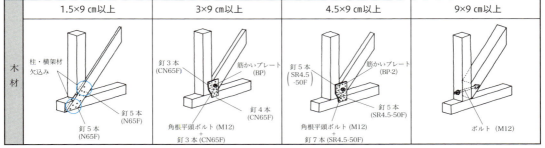

③ 注意事項　【4 項】

a. 筋かいには、
　欠込みをしてはならない。

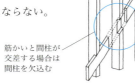

b. たすき掛けにするために
　やむを得ない場合は、
　必要な補強をする。

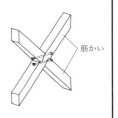

7-1. 壁量計算 　　　　　　　　　　　　　　　　　　　　　　　【令46条4項】

地震・風圧力などの水平荷重に対しては、壁や筋かいのある軸組が抵抗するため、壁量が足りているかを確認する。
※各階の張り間方向、桁行き方向のそれぞれについて確認しなければならない。

壁量計算が必要な建築物　以下のいずれかの木造建築物
・階数が2以上
・延べ面積が50 ㎡を超えるもの

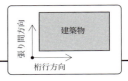

① 壁量計算の進め方　※1階張り間方向の場合

1. 必要壁量（次ページ❶・❷）を求める
（建築物の規模に対して、最低限必要な耐力壁の量（長さ））

2. 設計壁量（次ページ❸）を求める
（建築物の実際に配置されている耐力壁の量（長さ））

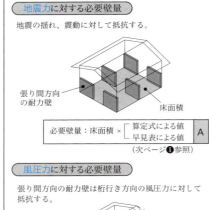

地震力に対する必要壁量
地震の揺れ、震動に対して抵抗する。

必要壁量：床面積 × 算定式による値／早見表による値　A
（次ページ❶参照）

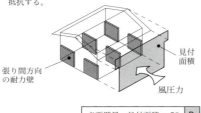

風圧力に対する必要壁量
張り間方向の耐力壁は桁行き方向の風圧力に対して抵抗する。

必要壁量：見付面積 × 50　B
（次ページ❷参照）

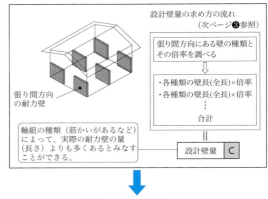

設計壁量の求め方の流れ（次ページ❸参照）

張り間方向にある壁の種類とその倍率を調べる
・各種類の壁長(全長)×倍率
・各種類の壁長(全長)×倍率
　　　　：
　　　合計
＝
軸組の種類（筋かいがあるなど）によって、実際の耐力壁の量（長さ）よりも多くあるとみなすことができる。

設計壁量　C

3. 必要壁量と設計壁量の値を比較する。

AとBの大きい方　→　必要壁量 AとBの大きい方　⇔ 比較 ⇔　設計壁量 C

必要壁量 ≦ 設計壁量　安全
必要壁量 ＞ 設計壁量　壁量が足りない

早見表を用いる必要壁量（地震力）の求め方

公益財団法人日本住宅・木材技術センター
https://www.howtec.or.jp/publics/index/411/

1階・2階の階高が3.2m以下の場合は、この早見表を用いて地震に対する「必要壁量」を求めることができる。

単位面積あたりの必要壁量

早見表の見方
① 1階と2階の階高にあてはまる仕様を確認
　（太陽光パネルの有無で表が異なる）
② 1階床面積と2階床面積の割合を求める
③ 「基本情報の確認」（省略）
④ 「単位面積あたりの必要壁量と柱の小径の早見表」より、屋根と外壁の仕様に応じて、「単位面積あたりの各階の必要壁量」を求める

1. 仕様を確認

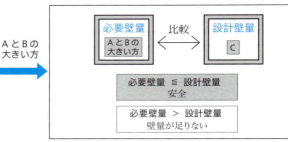

2. 単位面積あたりの各階の必要壁量を求める（cm/㎡）

屋根と外壁の仕様			単位面積当たりの必要壁量 L_w (cm/㎡) 令第46条第4項、昭56建告第1100号第三		
屋根の仕様	外壁の仕様	平屋	2階建て		
			1階	2階
瓦屋根（ふき土無）	土塗り壁等	24	53	30
瓦屋根（ふき土無）	モルタル等	23	51	29
瓦屋根（ふき土無）	サイディング	21	45	27
スレート屋根	モルタル等	20	48	26
スレート屋根	サイディング	18	42	23
金属板ぶき	サイディング	14	39	19
金属板ぶき	金属板張	14	37	18

日本住宅・木材技術センターHPより（一部抜粋）

② 壁量計算に用いる表と計算式

❶ 地震力に対する必要壁量

必要壁量（cm）：各階の床面積（㎡）×「計算式」または「早見表」（前ページ下）

$$Lw = (A_i \cdot C_o \cdot \Sigma w_i) / (0.0196 \cdot A_{fi})$$
(cm/㎡)

※階高が3.2mを超える場合は、上記の算定式を用いる。

- Lw ：床面積あたりの必要な壁量（cm/㎡）
- Ai ：層せん断力分布係数
- Co ：標準せん断力係数 0.2とする
- Σwi：当該階が地震時に負担する固定荷重と積載荷重の和（kN）
- Afi ：当該階の床面積（㎡）

❷ 風圧力に対する必要壁量

必要壁量（cm）：各階の見付面積（㎡）× 50（cm/㎡）　一般の区域

特定行政庁が指定する強風区域は50を超え75以下の範囲内で特定行政庁が定める数値

❸ 設計壁量

設計壁量（cm）：それぞれの耐力壁の長さ（cm）× 下表の倍率

表1と表2を組み合わせて用いる場合はそれぞれの倍率を加算することができる。ただし、上限は7とする。

表1 軸組の種類および倍率（横架材の上端の相互間の垂直距離が3.2mを超えない場合）　【令6国交告447号別表1】

軸組の種類	土塗壁	柱、間柱に木ずりなどを打付けた壁	筋かいのある壁 鉄筋 径9mm	筋かいのある壁 木材 1.5×9cm以上	3×9cm以上	4.5×9cm以上	9×9cm以上
倍率	0.5	片面打ち：0.5 / 両面打ち：1	1	1	1.5	2	3

たすき掛けの場合は上記の数値の2倍（上限は5）

表2 上表と同等以上の耐力を有する軸組と倍率（面材を使用する場合（大壁仕様））※一部抜粋　【別表2】

材料	構造用パーティクルボード 構造用MDF	構造用合板 化粧ばり構造用合板	構造用パネル	構造用合板 化粧ばり構造用合板	パーティクルボード 12mm以上 構造用パーティクルボード 構造用MDF 構造用パネル	ハードボード	硬質木片セメント板
材厚		9mm以上	9mm以上	5mm以上 屋外壁に使用する場合は7.5mm以上		5mm以上	0.9Cで12mm以上
緊結の方法 釘またはネジの種類	N50 または NZ50	CN50 または CNZ50			N50 または NZ50		
釘またはネジの間隔	一枚の壁材につき ・外周部分：7.5cm以下 ・その他の部分：15cm以下			15cm以下			
倍率	4.3	3.7		2.5		2.0	

例 構造用合板

※いずれの材料も、指定や規格に即したもの

準耐力壁等（腰壁・垂れ壁を含む）

存在壁量として耐力壁に算入することができる。
※準耐力壁等の倍率は、表2の値と異なる。

ただし、準耐力壁等の割合が必要壁量の1/2を超える場合は、柱の折損等の脆性的な破壊が生じないことの確認が必要。

準耐力壁等　｜　耐力壁等
必要壁量

準耐力壁・垂れ壁・腰壁の仕様（面材の場合）

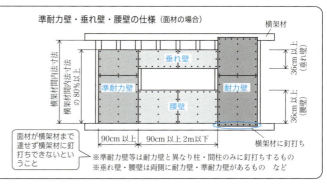

※準耐力壁等は耐力壁と異なり柱・間柱のみに釘打ちするもの
※垂れ壁・腰壁は両側に耐力壁・準耐力壁があるもの　など

6 構造強度

③ 床面積・見付面積の求め方

※木造2階建て　屋根:瓦屋根　外壁:サイディング　太陽光パネルなし

床面積（地震力に対しての計算に使用）

1. 各階の床面積を求める。

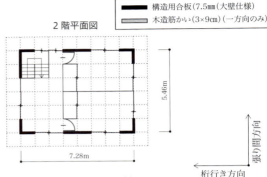

- 構造用合板(7.5mm(大壁仕様))
- 木造筋かい(3×9cm)(一方向のみ)

1階平面図　　　　　　　2階平面図

7.28×5.46 = 39.7488　　　7.28×5.46 = 39.7488

1階の床面積　39.75㎡　　　2階の床面積　39.75㎡

見付面積（風圧力に対しての計算に使用）

2. 1階の見付面積を張り間方向、桁行き方向のそれぞれについて求める。
（1階のフロアラインより1.35m上がったところから上部の面積を求める）

張り間方向　　　　　　　桁行き方向

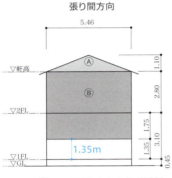 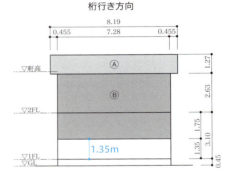

- Ⓐ　5.46×1.1×1/2=3.003
- Ⓑ　5.46×(2.8+1.75)=24.843
- Ⓐ+Ⓑ　24.843+3.003=27.846

1階の張り間方向の見付面積　27.85㎡

- Ⓐ　8.19×1.27=10.4013
- Ⓑ　7.28×(2.63+1.75)=31.8864
- Ⓐ+Ⓑ　31.8864+10.4013=42.2877

1階の桁行き方向の見付面積　42.29㎡

3. 2階の見付面積を張り間方向、桁行き方向のそれぞれについて求める。
（2階のフロアラインより1.35m上がったところから上部の面積を求める）

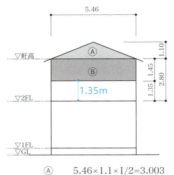 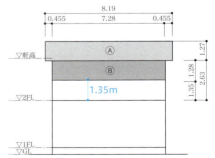

- Ⓐ　5.46×1.1×1/2=3.003
- Ⓑ　5.46×1.45=7.917
- Ⓐ+Ⓑ　7.917+3.003=10.92

2階の張り間方向の見付面積　10.92㎡

- Ⓐ　8.19×1.27=10.4013
- Ⓑ　7.28×1.28=9.3184
- Ⓐ+Ⓑ　9.3184+10.4013=19.7197

2階の桁行き方向の見付面積　19.72㎡

④ 壁量計算　※各階の張り間方向・桁行き方向のそれぞれの壁量について検討する。

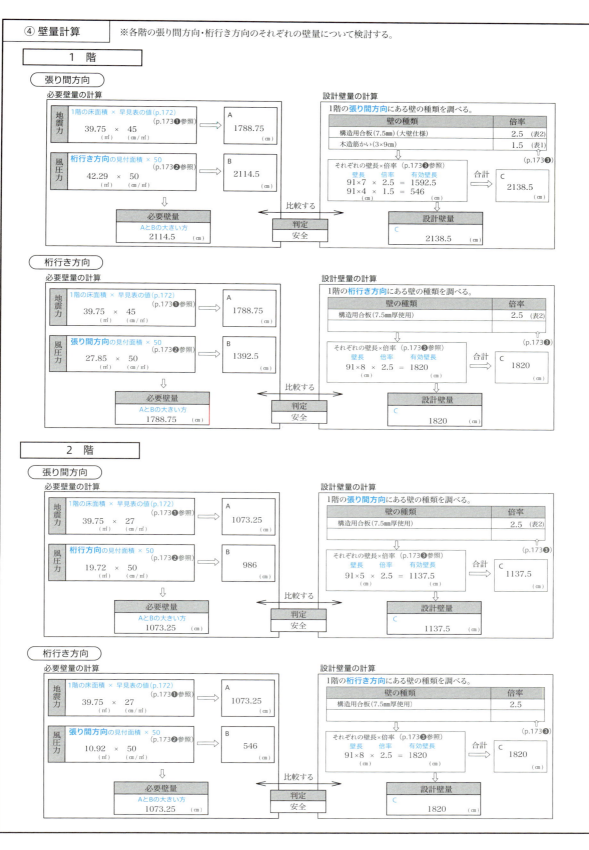

7-2. 耐力壁の配置（四分割法）　　【平12建告1352号】

前項の壁量計算で壁量が足りていても、耐力壁の位置がかたよっていると、その建築物は不安定といえる。

耐力壁の配置を考える場合は、張り間方向・桁行き方向それぞれの両側の壁から内側へ一定の範囲内（1/4の範囲）にバランス良く配置しなければならない。

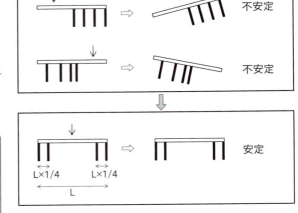

必要壁量に対する準耐力壁の割合によって算入・不算入となる
- 1/2以下の場合：準耐力壁等は必要壁量に算入しない
- 1/2超の場合　：準耐力壁等を算入できる
  （存在壁量に算入した準耐力壁のみ）

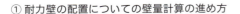

① 耐力壁の配置についての壁量計算の進め方

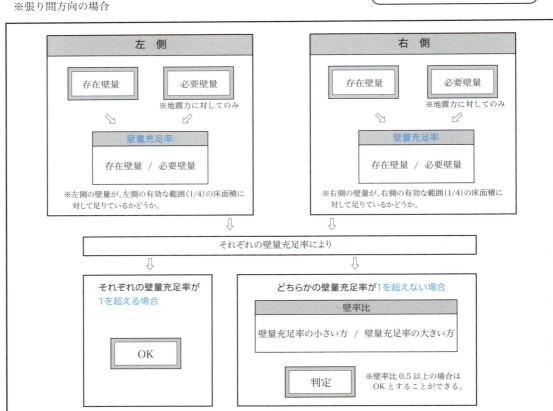

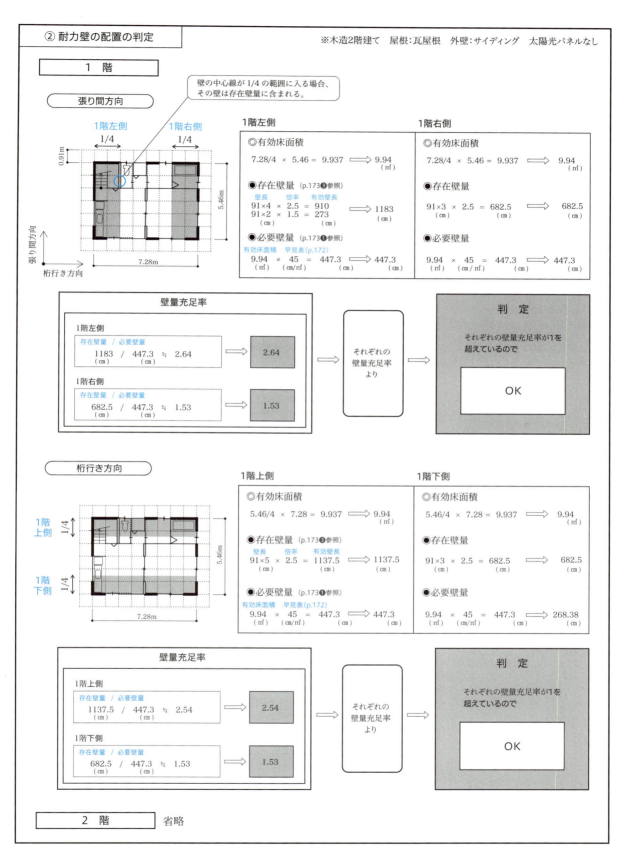

8. 継手と仕口の構造方法　【令47条】

構造上主要な部分の継手・仕口は、ボルト締・かすがい打・込み栓打、その他国土交通大臣が定める構造方法により、緊結しなければならない。

> 阪神大震災の木造建築物の大量倒壊を受け、木造建築物の金物の仕様が明確に決められた。

柱脚、柱頭の仕口　【平12建告1460号】

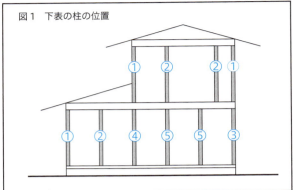

図1　下表の柱の位置

柱の位置			平家または最上階		その他の部分（2階建ての1階部分）		
壁、筋かいの種類			① 出隅の柱	② その他の軸組端部の柱	③ 上階及びその階の柱が共に出隅の柱	④ 上階が出隅の柱で、その階の柱が出隅でない	⑤ 上階及びその階の柱が共に出隅でない
木ずり下地の壁（片面、両面とも）			(い)	(い)	(い)	(い)	(い)
筋かいの種類	1.5×9cm以上の木材又は径9mmの鉄筋	片側	(ろ)	(い)	(ろ)	(い)	(い)
		たすき掛け	(に)	(ろ)	(と)	(は)	(ろ)
	3×9cm以上の木材	片側 筋かいの下部が取り付く柱	(ろ)	(い)	(に)	(ろ)	(い)
		片側 その他の柱	(に)	(ろ)			
		たすき掛け	(と)	(は)	(り)	(と)	(に)
	4.5×9cm以上の木材	片側 筋かいの下部が取り付く柱	(は)	(ろ)	(と)	(は)	(ろ)
		片側 その他の柱	(ほ)				
		たすき掛け	(と)	(に)	(ぬ)	(ち)	(と)
	構造用合板		(ほ)	(ろ)	(ち)	(へ)	(は)

例 仕様例（筋かい 4.5×9 cmの場合）

※前ページの表のうち、下図に示されている記号のみの説明とする。

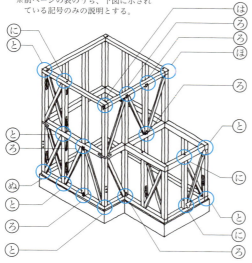

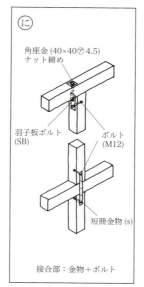

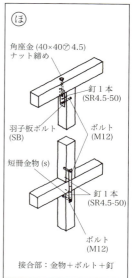

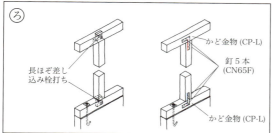

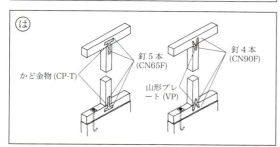

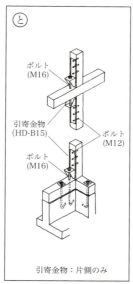

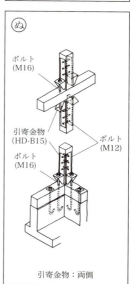

9. 外壁内部などの防腐措置　【令49条】

柱、筋かい、土台は、地面から1m以内の部分には、有効な防腐措置をする。
また、白アリなどによる被害が、生じないような対策も必要。

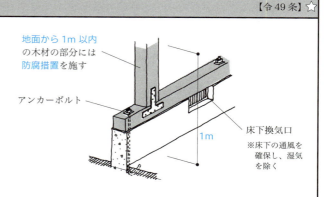

組積造

レンガ造・石造・コンクリートブロック造など。
（補強コンクリートブロック造は除く）

コンクリートブロック造　レンガ造

1. 適用範囲など　【令51条】

組積造の建築物、またはその他の構造と併用する建築物の組積造の部分は、仕様規定を満たさなければならない。

a. すべての仕様規定が適用除外

| 高　さ：13m 以下 かつ 軒の高さ：9m 以下 | ＋ | 鉄筋・鉄骨・鉄筋コンクリートによって補強 | ＋ | 国土交通大臣が定めた基準に従った構造計算で安全が確認されたもの |

b. 一部の仕様規定が適用または適用除外

高　さ：4m 以下 かつ 延べ面積：20㎡以内 ⇐ 壁の厚さ【令55条2項】・臥梁の規定は適用除外

構造耐力上支障のない 高さ2m以下の間仕切壁 ⇐ 施工・壁の厚さ【令55条5項】のみ適用

c. 補強が必要なもの 【令59条の2】

高　さ：13m 超 または 軒の高さ：9m 超 ⇐ 告示【平12建告1354号】に定める方法により、鉄筋・鉄骨・鉄筋コンクリートによって補強

補強が必要なもの
軒の高さ 9m 超
高さ 13m 超

2. 施工　【令52条】

- 組積材は、充分に水洗いをする。
- 目地塗面の全部にモルタルが行きわたるようにする。
- 芋目地にならないようにする。
など

○ 破れ目地　　× 芋目地

3. 壁の長さ　【令54条】

壁の長さ：10m 以下（対隣壁相互の中心距離）

組積造の壁はあまり長くできず、10m 以下ごとに直交する壁（対隣壁）を設けなければならないということ。

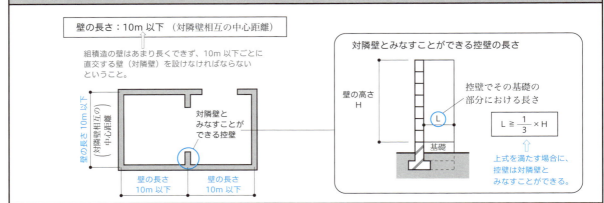

対隣壁とみなすことができる控壁の長さ

$$L \geq \frac{1}{3} \times H$$

上式を満たす場合に、控壁は対隣壁とみなすことができる。

4. 壁の厚さ　　　【令55条】

その階の壁の高さの 1/15 以上　かつ、下表の条件などを満たす。

建築物の階数 \ 壁の長さ	5m 以下の場合	5m を超える場合
階数が 2 以上	30	40
階数が 1	20	30

（単位 cm）

5. 臥梁（がりょう）　　　【令56条】

各階の壁頂に鉄骨造又は鉄筋コンクリート造の臥梁を設ける。

ただし、下記の場合はこの限りではない。
- 壁頂に鉄筋コンクリート造の屋根版、床版が接着する場合
- 階数が1の建築物で、壁の厚さが高さの1/10以上の場合　など

6. 開口部　　　【令57条3項】

開口部の幅が1mを超える場合は、開口部上部に鉄筋コンクリート造のまぐさを設ける。　など

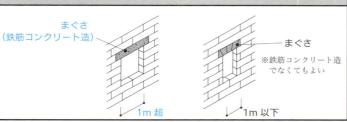

7. 手すり又は手すり壁　　　【令60条】

組積造としてはならない。
ただし、頂部に鉄筋コンクリート造の臥梁を設けた場合はこの限りではない。

8. 塀　　　【令61条】☆

壁	高さ	1.2m 以下
壁	壁厚	壁頂までの垂直距離の 1/10 以上
控壁	長さ（幅）	壁厚の 1.5 倍以上
控壁	間隔	4m 以下
	基礎の根入れ深さ	20 cm 以上

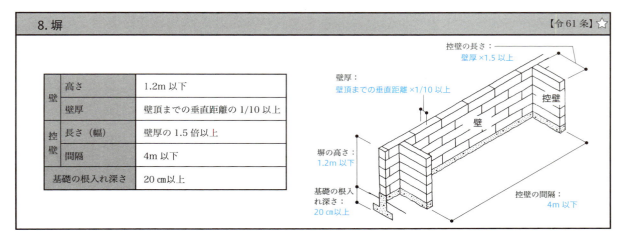

補強コンクリートブロック造

コンクリートブロック造を鉄筋で補強したもの。

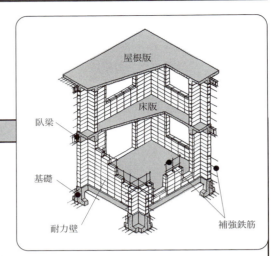

1. 適用範囲　【令62条の2】

補強コンクリートブロック造の建築物、またはその他の構造と併用する補強コンクリートブロック造の構造部分は、仕様規定に適合しなければならない。

ただし、下記の場合は一部の仕様規定のみが適用される。

高　さ：4m以下
かつ
延べ面積：20㎡以内
⇒ 目地・空胴部・帳壁の規定のみが適用

2. 耐力壁　【令62条の4】

① 耐力壁の中心線で囲まれた部分の水平投影面積

　　60㎡以下

② 壁量（それぞれの方向に対して、耐力壁の長さの合計）

　　その階の床面積1㎡につき15cm以上

X方向の壁量

$$壁量 = \frac{X_1 + X_2 + X_3 + X_4 + X_5 + X_6}{Aa + Ab} \geq 15 \text{cm/㎡}$$

Y方向の壁量

$$壁量 = \frac{Y_1 + Y_2 + Y_3 + Y_4 + Y_5 + Y_6}{Aa + Ab} \geq 15 \text{cm/㎡}$$

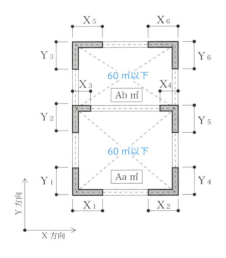

③ 耐力壁の厚さ

　　15cm以上かつ、耐力壁の支点間の水平距離の1/50以上

④ 耐力壁の端部、隅角部などに鉄筋を補強する。

- 端部、隅角部： 径12mm以上の鉄筋を縦に配置。
- その他の部分： 径9mm以上の鉄筋を縦横に80cm以内の間隔で配置。

a. 耐力壁の縦筋

- 末端をかぎ状に折り曲げる。
- 縦筋の径の40倍以上を基礎、基礎ばり、臥梁、屋根版に定着する。

b. 耐力壁の横筋

- 末端をかぎ状に折り曲げる。
- 継手の重ね長さは、径の25倍以上（溶接の場合を除く）。

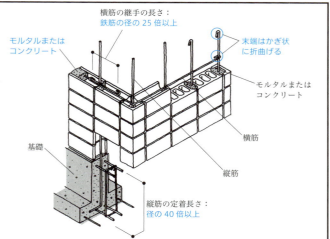

3. 臥梁　【令62条の5】

各階の壁頂に鉄筋コンクリート造の臥梁を設ける。

ただし、下記の場合はこの限りではない。
- 階数が1の建築物で、その頂部に鉄筋コンクリート造の屋根版が接着する場合。

臥梁の有効幅：20cm以上、かつ耐力壁の水平力に対する支点間距離の1/20以上

4. 目地と空胴部　【令62条の6】

- 目地塗面の全部にモルタルが行きわたるようにする。
- 鉄筋を入れた空胴部と縦目地に接する部分の空胴部は、モルタルまたは、コンクリートで埋める。

5. 塀　【令62条の8】

高さ	2.2m 以下	
壁厚	高さ2m以下	10cm以上
	高さ2m超	15cm以上
控壁	間隔	耐力壁の長さの3.4m以下ごと（φ9mm以上の鉄筋を配置する）
	幅	高さの1/5以上
基礎	丈（高さ）	35cm以上
	根入れ深さ	30cm以上
鉄筋	φ9mm以上、縦横に80cm以下ごとに配筋	
	壁頂、基礎、端部・隅角部にφ9mm以上の鉄筋	

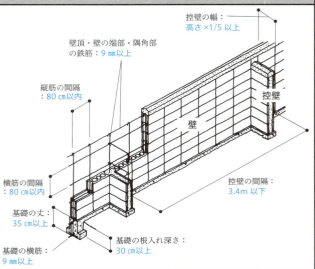

鉄骨造

1. 適用範囲 【令63条】

鉄骨造の建築物、またはその他の構造と併用する鉄骨造の構造部分に適用する。

2. 材料 【令64条】

構造上主要な部分の材料：炭素鋼・ステンレス鋼・鋳鉄

ただし、鋳鉄は、圧縮応力又は接触応力以外の応力が存在する部分には使用してはいけない。

3. 圧縮材の有効細長比 【令65条】

柱	200 以下
柱以外	250 以下

※有効細長比の計算方法はp.170 ②を参照

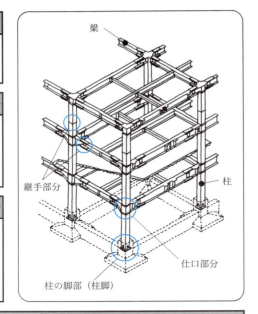

4. 柱の脚部 【令66条】【平12建告1456号】

柱の脚部は、アンカーボルトによって緊結する。また、その他の構造方法により、基礎に緊結する。ただし、滑節構造の場合を除く。

① 露出形式柱脚

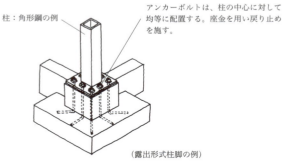

（露出形式柱脚の例）

- アンカーボルトの定着：
  定着長さ：アンカーボルトの径の20倍以上
  先端はかぎ状または定着金物を使用する。

- アンカーボルトの断面積の総和：
  柱の最下端の断面積に対して：20%以上

- アンカーボルトの孔径：
  アンカーボルト径 +5 mm以下
  ベースプレート端部までの距離（縁端距離）は、アンカーボルト孔と縁端部の種類に応じた数値とする。

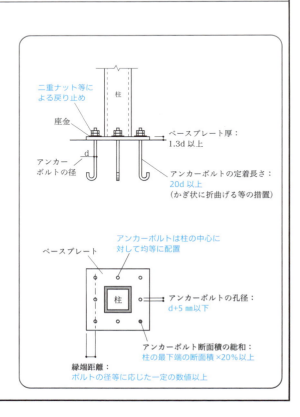

② 根巻き形式柱脚

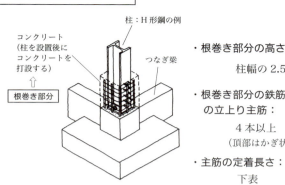

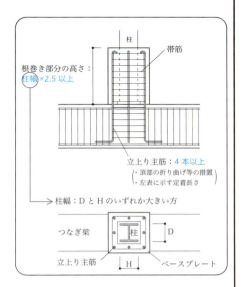

- 根巻き部分の高さ：
   柱幅の 2.5 倍
- 根巻き部分の鉄筋コンクリートの立上り主筋：
   4 本以上
   （頂部はかぎ状にする）
- 主筋の定着長さ：
   下表

定着位置	鉄筋の種類	
	異形鉄筋	丸鋼
根巻き部分	25d	35d
基礎	40d	50d

- 根巻き部分の帯筋：
   鉄筋コンクリート造の柱【令77条2号・3号】の規定による。

③ 埋込み形式柱脚

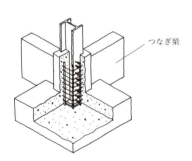

- 柱の埋込み深さ：
   柱幅の 2 倍以上
- 側柱または隅柱の柱脚：
   径 9 mm 以上の U 字形の補強筋などで補強
- 鉄骨に対するコンクリートのかぶり厚さ：
   鉄骨の柱幅以上

5. はり 【平12建告1459号】

はりのたわみ	1/250 以下

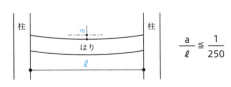

$\dfrac{a}{\ell} \leqq \dfrac{1}{250}$

ただし、はりのせいが有効長さの 1/15 を超える場合は、たわみの検討はしなくてよい。

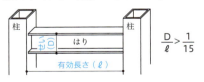

$\dfrac{D}{\ell} > \dfrac{1}{15}$

※上記は他の構造の種類にも同じことがいえる

木造	$\dfrac{D}{\ell} > \dfrac{1}{12}$	(p.171)
鉄筋コンクリート造	$\dfrac{D}{\ell} > \dfrac{1}{10}$	(p.190)
鉄骨鉄筋コンクリート造	$\dfrac{D}{\ell} > \dfrac{1}{12}$	

6. 接合　　　　　　　　　　　　　　　　　　　　　　　　　　　【令67条】【令68条】

① 接合の種類　　【令67条】

a. 接合される鋼材が炭素鋼の場合

| 高力ボルト接合 | 溶接接合 | リベット接合 |

b. 接合される鋼材がステンレス鋼の場合

| 高力ボルト接合 | 溶接接合 |

又はこれと同等以上の効力を有するとして国土交通大臣に認定された方法を用いる。(a・b共通)

下記のいずれかの場合は、ボルト接合とすることができる。
- 軒高9m以下かつ張り間方向が13m以下で、延べ面積3,000㎡以下の建築物　【令67条ただし書き】
- 高さ16m以下、3階以下、延べ面積500㎡以内、柱相互の間隔6m以下
- ボルト孔のずれを含めた層間変形角の確認　【令6国交告955号】

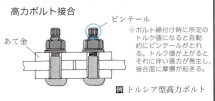
高力ボルト接合
例 トルシア型高力ボルト
※ボルト締付け時に所定のトルク値になると自動的にピンテールがとれる。トルク値が上がるとそれに伴い張力が発生し、接合面に摩擦が起きる。

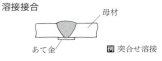
溶接接合
例 突合せ溶接

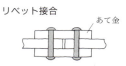
リベット接合

② 高力ボルト・ボルト・リベット　　【令68条】

- 高力ボルト・ボルト・リベットの相互間の中心距離：
  その径の2.5倍以上

- 高力ボルト孔の径：
  高力ボルトの径より2㎜を超えて大きくしてはいけない。
  ただし、
  高力ボルトの径が27㎜以上で、構造耐力上支障がない場合は、3㎜まで大きくすることができる。

- ボルト孔の径：
  ボルトの径より1㎜を超えて大きくしてはいけない。
  ただし、
  ボルトの径が20㎜以上で、構造耐力上支障がない場合は、1.5㎜まで大きくすることができる。

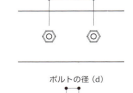
相互間の中心距離　2.5d以上

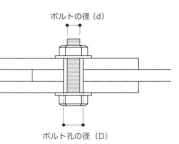
ボルトの径（d）
ボルト孔の径（D）

7. 柱の防火被覆　　　　　　　　　　　　　　　　　　　　　　　　　　　【令70条】

階数が3以上の建築物（地階を除く）
↓
1つの柱のみに火熱が与えられた場合　←鉄材は、直接火で熱すると赤熱にて耐力が低下する。

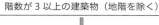
建築物が容易に倒壊するおそれがあるもの ／ 他の部材によって維持できると認められたもの

防火被覆が必要 ／ 防火被覆が不必要

柱の構造：
加熱開始後30分間、構造耐力上支障のある変形、溶融、破壊その他の損傷が生じないものとする。

防火被覆の種類　【平12建告1356号】

a. 塗り仕上
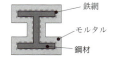
鉄網／モルタル／鋼材
- 厚さ15㎜以上の鉄網モルタル塗で覆う。

b. 張付け仕上
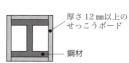
厚さ12㎜以上のせっこうボード／鋼材
- 厚さ12㎜以上のせっこうボードで覆う。
- 厚さ12㎜以上の窯業系サイディングで覆う。
- 厚さ12㎜以上の繊維強化セメント板で覆う。
- 厚さ9㎜以上のせっこうボードの上に厚さ9㎜以上のせっこうボード又は難燃合板を重ねる。

鉄筋コンクリート造

特徴

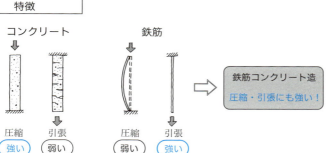

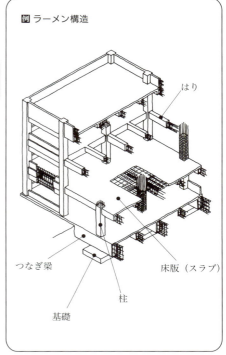 例 ラーメン構造

1. 適用範囲 【令71条】

鉄筋コンクリート造の建築物、またはその他の構造と併用する建築物の鉄筋コンクリート造の部分に適用される。

ただし、下記の場合は一部の仕様規定のみが適用される。

建築物
・高さ：4m以下
　かつ
・延べ面積：30㎡以内
塀
・高さが3m以下

⇒ コンクリートの材料、養生、鉄筋のかぶり厚さの規定のみが適用される。

2. コンクリートの材料 【令72条】

鉄筋コンクリート造に使用する骨材・水・混和材料は、鉄筋を錆びさせたり、コンクリートの凝結や硬化を妨げるような酸・塩・有機物・泥土を含まないものとする。　など

3. 鉄筋の継手と定着 【令73条】

① フック

鉄筋の末端はかぎ状に折り曲げて（フック）、コンクリートから抜け出ないように定着させる。

ただし、
異形鉄筋を使用する場合で、下記に示す部分以外は先端を折り曲げなくてもよい。

・柱、はり（基礎ばりを除く）の出隅部分
・煙突

⇐ 必ずフックをつけなければならない、ということ

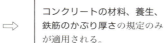

異形鉄筋
鉄筋の表面に凹凸がある。

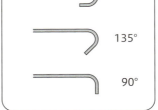
フックの形状
180°
135°
90°

6 構造強度

② 鉄筋の継手の重ね長さ

主筋または耐力壁の鉄筋の継手の重ね長さ

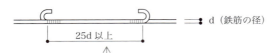

継手の位置	継手の重ね長さ	
	普通コンクリート	軽量コンクリート
引張力の最も小さい部分	25d	30d
その他の部分	40d	50d

※鉄筋の径が異なる場合は、細い方の径を用いる。

継手の位置（両端固定ばりの場合）

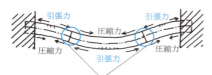

この部分で部材にかかる応力が逆になるため、継手の位置となることが多い。

⇐ 引張力の小さい部分といえる。

その他の継手の構造方法
【平12 建告1463号】

a. 溶接継手

b. 圧接継手

c. 機械式継手

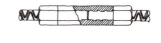

③ 定着長さ

柱に取り付けるはりの鉄筋（引張鉄筋）の定着長さ

普通コンクリート	軽量コンクリート
40d	50d

ただし、柱の主筋に溶接する場合を除く。

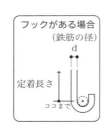

フックがある場合
（鉄筋の径）
d
定着長さ
ココまで

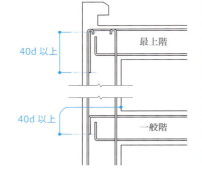

40d 以上 — 最上階
40d 以上 — 一般階

---

4. コンクリートの強度

【令74条】

四週圧縮強度：12N/mm² 以上

ただし、軽量骨材の場合は9N/mm² 以上とする。

---

5. コンクリートの養生

【令75条】

- コンクリートの打込み中
- 打込み後5日間

⇒ コンクリートの温度が2℃を下らないようにする。
また、乾燥、震動等によって、コンクリートの凝結または硬化の妨げにならないようにする。

6. 柱の構造 【令77条】

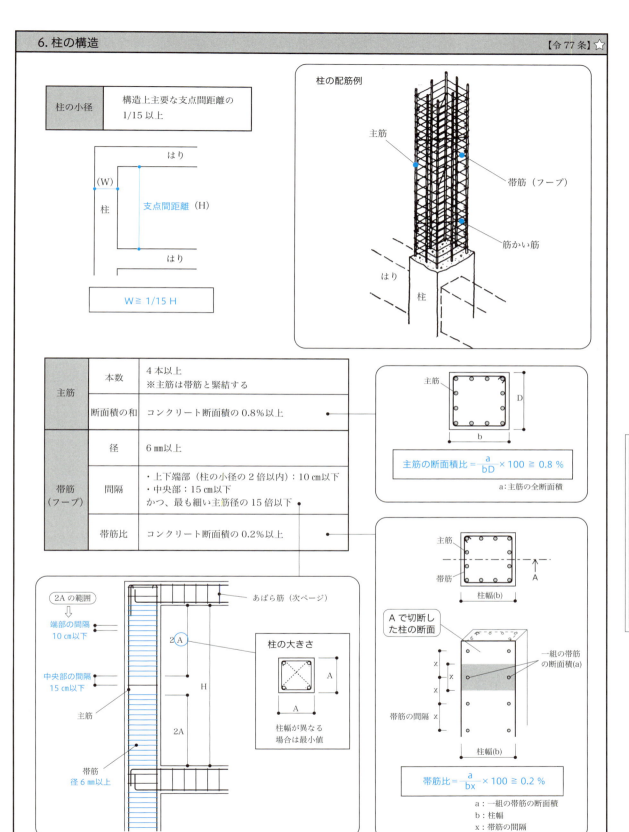

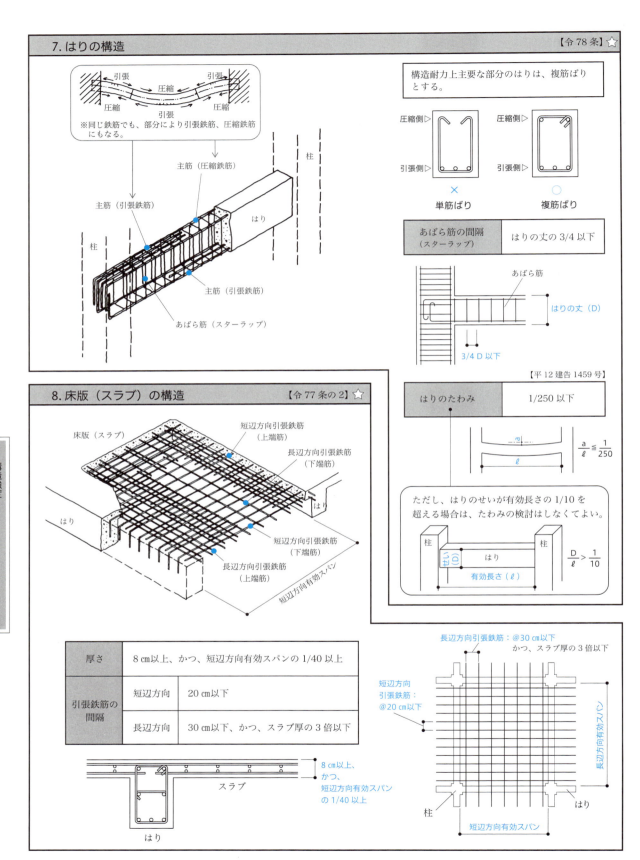

9. 耐力壁の構造　【令78条の2】

壁厚	12 cm以上
長さ	45 cm以上　※壁式構造の場合のみ
鉄筋の径	9 mm以上
補強筋の径	開口部の周囲：12 mm以上
	端部・隅角部：12 mm以上　※壁式構造の場合のみ

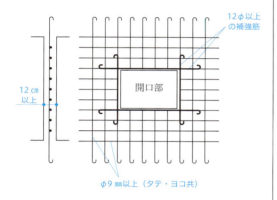

	鉄筋の間隔	
	平家建て	その他
単筋壁	35cm以下	30cm以下
複筋壁	50cm以下	45cm以下

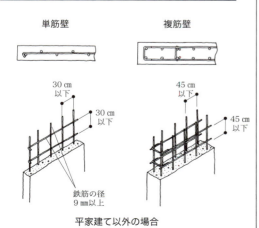

平家建て以外の場合

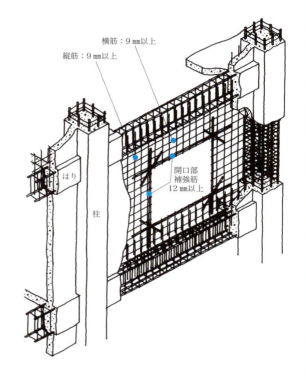

構造形式

a. ラーメン構造

鉄筋コンクリート構造の一般的な形式。
柱とはりで構成されている。

b. 壁式構造

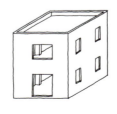

柱、はりが無く、壁と床で構成されている。
あまり規模の大きいものには適さず、空間の規模も制限される。

6　構造強度

10. 鉄筋のかぶり厚さ　【令79条】

構造部分	かぶり厚さ
耐力壁以外の壁・床	2cm以上
耐力壁・柱・はり	3cm以上
土に接する壁・柱・床・はり	4cm以上
布基礎の立上り部分	4cm以上
基礎（布基礎の立上り部分を除く）	6cm以上（捨コンクリート部分を除く）

a. 柱

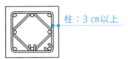

b. はり・床版（スラブ）

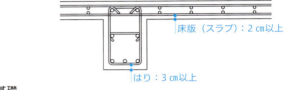

c. 壁（耐力壁）

d. 基礎

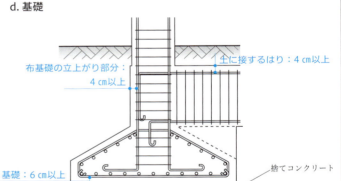

鉄筋の酸化をアルカリ性のコンクリートが防止する。

※しかし、コンクリートは外気中の炭酸ガスや水分の作用により徐々に中性化する。

中性化の範囲が内部の鉄筋にまで達すると鉄筋の錆が始まる。 → 鉄筋の錆が大きくなると鉄筋が膨張し、かぶり部分のコンクリートにひび割れが起こる。 → ひび割れから水が入り、鉄筋の腐食を促進させ、コンクリートの剥落が生じる。

7章　基準法のその他の規定

◎ 一つの敷地とみなすことによる　………194
　制限の緩和

　　　総合的設計制度
　　　連坦建築物設計制度

◎ 建築協定　　　　　　　　………195

◎ 許可と同意　　　　　　　………196

◎ 工事現場の安全等　　　　………197

◎ 罰則　　　　　　　　　　………198

一つの敷地とみなすことによる制限の緩和

容積率の移動

一体で計画された団地
など

建築協定

建築物の高さを抑える

建築協定地区の例

商店街・新興住宅地
など

許可と同意

原則的に制限または禁止されている法令などの行為でも、適法として許可をするもの

容積率の限度を超えて建築する場合
など

工事現場の安全等

現場作業員・近隣住民の安全を確保するための措置をする

建築現場の仮囲い
など

罰則

設計者による構造強度偽装
など

一つの敷地とみなすことによる制限の緩和　【法86条】★

原則として、一つの敷地には一つの用途の建築物しか建築できないが、複数の敷地を一つとみなすことで、敷地を有効に利用でき、環境面などの保全につながる。

※いずれも、特定行政庁が安全上、防火上、衛生上支障がないと認めるものに適用される。

1. 総合的設計制度　【法86条1項】★

隣接する複数の敷地（一団地）において、一又は二以上の建築物を総合的設計によって建築等をする場合に、規制の緩和を受けることができる。
※大規模な区域を総合的に計画する場合に適用される。

→ 建築・大規模の修繕・大規模の模様替

a. 通常の建築計画
通常はそれぞれの敷地に対してさまざまな規制を受ける。

b. 一団地の総合的設計制度
同一敷地内にあるものとみなして、接道義務、容積率制限、斜線制限、日影制限などの規定が適用される。

Ⓐの建築物の容積率を通常建築できる容積率よりも少なくすることで、Ⓑの建築物はその分を増して建築することができる。
※斜線制限なども緩和される。

2. 連坦建築物設計制度　【法86条2項】★

複数の敷地により構成される一団の土地の区域内において、既存建築物の存在を前提とした合理的な設計により、建築物を建築する場合に、複数の建築物が同一敷地内にあるものとみなして、建築規制を適用することができる。

通常の建築計画

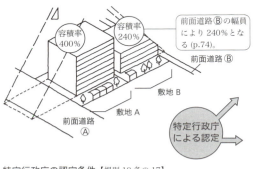

例　容積率400%の商業地域
前面道路Ⓑの幅員により240%となる（p.74）。

↓ 特定行政庁による認定

a. 敷地Bの容積率の緩和

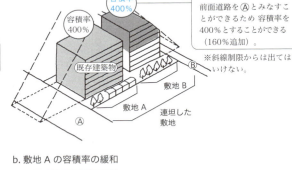

連坦することで敷地Bの前面道路をⒶとみなすことができるため容積率を400%とすることができる（160%追加）。
※斜線制限からは出てはいけない。

b. 敷地Aの容積率の緩和

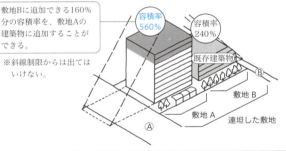

敷地Bに追加できる160%分の容積率を、敷地Aの建築物に追加することができる。
※斜線制限からは出てはいけない。

特定行政庁の認定条件【規則10条の17】
- 建築物から前面道路に通ずる十分な幅員を有する通路を設ける。
- 防火上の配慮がされていること。
- 各建築物間に通風、採光のための空地などが確保できていること。
- 各建築物の居住の用途に供する部分が、日影規制（法56条の2）と同じ程度まで満足すること。
  など

建築協定

【法4章】★

一定の区域内の環境を守るため、土地所有者全員の合意によって、建築に関する基準を定め、それを全員で守る協定のこと。
※市町村が条例で定めることができるもの。

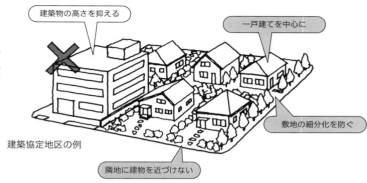

建築協定地区の例

1. 協定の内容

【法69条】

住宅地・商店街の環境を良くするために必要と認められたもので、建築基準法関連規定よりも厳しい内容となる。

基準の対象となるもの

建築物は敷地・位置・構造・用途・形態・意匠・建築設備

建築協定の例
- 建築物は一戸建てとする。
- 建築物の高さは、地盤面から10m以下とする。
- 建築物は隣地、道路境界から1m後退させる。
- 建蔽率は30～50％の範囲とする。　など

2. 協定の認可の申請

【法70条～73】☆

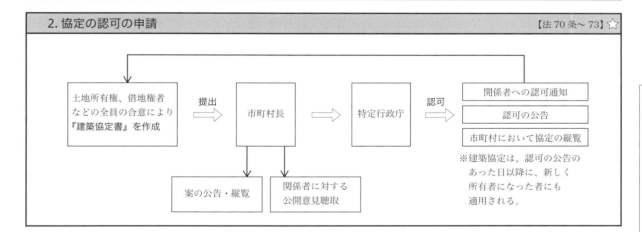

『一人協定』 【法76条の3】

土地の所有者が一人または一社でも建築協定を締結できること。
ただし、認可の日から3年以内に協定区域内に土地の所有者等が2以上になった時に、その建築協定の効力が発生する。

許可と同意

許可：原則的に制限または禁止されている法令または行政の行為について、法令の定める特定の条件を満たしている場合に適法として許可をする行為。

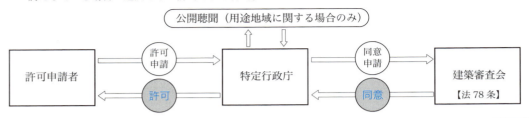

許可に関する条文		許可の事前手続き			許可の内容
条文	内容	公聴会	建築審査会	都市計画審議会	
法43条	敷地と道路の関係		○(同意)		敷地が道路に2m以上接していないにもかかわらず建築する場合
法44条(1項2号,4号)	道路内の建築制限		○(同意)		道路内において建築が禁止されているにもかかわらず建築する場合
法47条	壁面線による建築制限		○(同意)		壁面線を越えて建築できないにもかかわらず建築物の一部が、突出する場合
法48条(1項～14項)	用途地域	○(開催)	○(同意)		用途地域の種類に応じて建築物の用途が制限されている地域にもかかわらず、禁止されている用途の建築物を建築または用途変更する場合 ※法87条(用途変更)、法88条(工作物)も同様
法51条	卸売市場などの敷地の位置			○(審議)	卸売市場などの特殊建築物の位置は、都市計画で決定していなければ新築・増築できないが、それ以外の敷地で新築・増築をする場合 ※法87条(用途変更)、法88条(工作物)も同様
法52条(10項,11項,14項)	容積率		○(同意)		定められた容積率の限度を超えて建築する場合
法53条(4項,5項,6項3号)	建蔽率		○(同意)		定められた建蔽率の適用除外を受ける場合
法53条の2(1項3号,4号)	建築物の敷地面積		○(同意)		用途地域内において敷地面積の最低限度が定められている区域で、最低限度未満の敷地に建築する場合
法55条(3項,4項)	低層住居専用地域内における建築物の高さ制限		○(同意)		低層住居専用地域内における建築物の高さの限度の10mまたは12mを超える場合
法56条の2(1項)	日影による中高層建築物の高さ制限		○(同意)		対象区域内の建築物は、定められた日影時間以上の日影を生じさせてはならないが、その制限を超える場合
法57条の4(1項)	特例容積率適用地区		○(同意)		特例容積率適用地区の建築物の高さの最高限度を緩和する場合
法59条(1項3号,4項)	高度利用地区		○(同意)		高度利用地区内の建築物について、容積率・建蔽率・建築面積・道路斜線制限を緩和する場合
法59条の2(1項)	総合設計		○(同意)		総合設計(敷地面積が大きく、敷地内に一定の空地を有する建築物)の場合に、容積率・斜線制限・低層住居専用地域の高さ制限を緩和する場合
法68条(1項2号,2項2号,3項2号)	景観地区		○(同意)		景観地区内において、高さの最高・最低限度・壁面の位置の制限・敷地面積の最低限度を緩和する場合
法68条の3(4項)	再開発等促進区など		○(同意)		再開発等促進区・沿道再開発等促進区の区域内における建築物において斜線制限を緩和する場合
法68条の5の3(2項)	高度利用などを図る地区計画等の区域		○(同意)		地区計画等の区域内の建築物について、敷地内に有効な空地が確保された場合の道路斜線制限を緩和する場合
法68条の7(2項,5項)	予定道路		○(同意)		予定道路を前面道路とみなして建築物の容積率を緩和する場合
法85条(5項,7項)	仮設建築物		○(同意)		国際的な規模の会議または競技の用に供することなどの理由により1年を超えて使用する特別の必要がある仮設興行場等で、使用期間を定めて許可する場合
法86条(3項,4項)	一つの敷地とみなすこと等による制限の緩和		○(同意)		一団の土地を一敷地とみなし一団地内の建築物の高さ制限及び容積率制限を緩和する場合

工事現場の安全等

現場作業員・近隣住民の安全を確保するための措置をするもの。

1. 工事現場の確認の表示等　【法89条】

建築確認が必要な建築工事の施工者は、現場の見やすい場所に、建築主・設計者・工事監理者・工事施工者・現場管理者の氏名または名称などのほか、確認を受けた旨の表示をしなければならない。

また、工事に係る設計図書を、その工事現場に備えておかなければならない。

2. 工事現場の義務　【法90条】

危害防止の措置

工事施工者は、工事に伴う地盤の崩落、建築物又は工事用工作物の倒壊等による危害を防止するための措置をしなければならない。

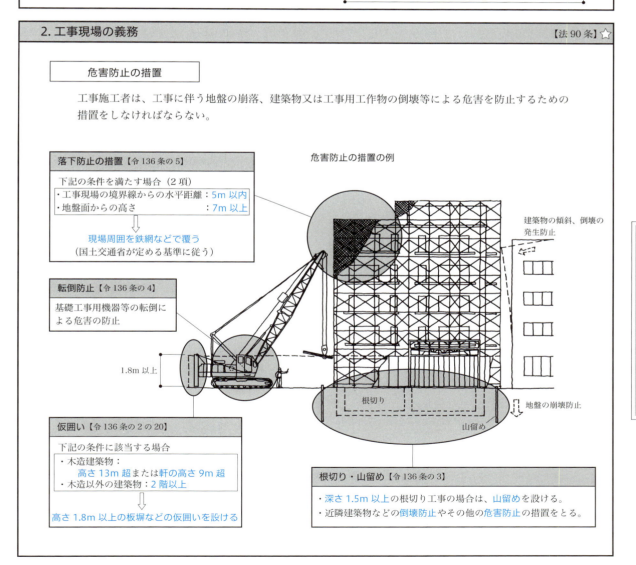

危害防止の措置の例

落下防止の措置【令136条の5】
下記の条件を満たす場合（2項）
・工事現場の境界線からの水平距離：5m 以内
・地盤面からの高さ　　　　　　　：7m 以上
⇩
現場周囲を鉄網などで覆う
（国土交通省が定める基準に従う）

転倒防止【令136条の4】
基礎工事用機器等の転倒による危害の防止

仮囲い【令136条の2の20】
下記の条件に該当する場合
・木造建築物：
　　高さ13m 超または軒の高さ9m 超
・木造以外の建築物：2階以上
⇩
高さ1.8m 以上の板塀などの仮囲いを設ける

根切り・山留め【令136条の3】
・深さ1.5m 以上の根切り工事の場合は、山留めを設ける。
・近隣建築物などの倒壊防止やその他の危害防止の措置をとる。

7　基準法のその他の規定

罰則 【法 9 条】【法 98 条〜107 条】★

設計者・施工者等に対して、法令違反を犯した場合の罰則を定めたもの。

1. 命令・罰則 【法 9 条】

特定行政庁（建築監視員）
※建築監視員は命令のみを行う【法 9 条の 2】

罰金・懲役 → 命令 →

建築基準法などに違反した建築物または敷地に対しての下記の者
・建築主
・工事の請負人（下請も含む）
・現場管理者
・建築物または敷地の所有者・管理者・占有者　など

・工事の停止の命令
・相当の猶予期限をつけて、建築物の除却、移転、改築、増築、修繕、模様替、使用禁止、使用期限などの命令
・違反を是正する措置をとることを命令

違反建築物の主な罰則規定 【法 98 条〜107 条】☆

条文	罰則規定	対象者	罰則
法 98 条	違反建築物などについて特定行政庁や建築監視員の違反是正措置命令（工事の停止、除却、移転など）に従わない場合	建築主、工事請負人、現場管理者、所有者、管理者、占有者	3 年以下の懲役又は300 万円以下の罰金
	違反が明らかな工事中の建築物について特定行政庁や建築監視員の緊急の工事禁止命令などの措置に従わない場合	建築主、請負人、現場管理者	
	構造計算が必要な建築物の構造耐力基準（法 20 条）、大規模建築物の主要構造部（法 21 条）、特殊建築物等の避難・消火（法 35 条）等の規定に違反した場合	建築物・建築設備の設計者 ※設計図書を用いないで施工、または設計図書に従わないで施工した場合の施工者、故意の場合は建築主等も対象となる	
	防火壁・防火床・防火区画の設置及び構造（法 36 条のうち左記のみ）の政令の規定に違反した場合		
	法 87 条 3 項（用途変更）についての準用規定（耐火建築物・準耐火建築物（法 27 条）、特殊建築物等の避難・消火（法 35 条）や内装制限（法 35 条の 2）等の規定に違反した場合	所有者、管理者、占有者	
法 99 条	建築等の確認申請書が必要な建築物で、これを提出しないで工事に着手した場合	建築主、工事施工者	1 年以下の懲役又は100 万円以下の罰金
	確認済み証の交付を受ける前の工事の着工・検査済証の交付を受ける前の建築物の使用・中間検査合格証の交付を受ける前の後継の工事を行った場合	工事施工者	
	完了検査申請または中間検査申請をしなかった場合（虚偽申請の場合も含む）	建築主	
	違反建築物の工事に従事する者に対する特定行政庁や建築監視員の緊急作業停止命令に従わない場合	建築主、工事施工者、工事従事者	
	保安上危険な建築物、公益上著しく支障がある建築物、工事中の特殊建築物で安全上・防火上・避難上著しく支障があるものについて、特定行政庁や建築監視員の是正命令（工事の停止、除却、移転、使用禁止など）に従わない場合		
	法 98 条に規定していない小規模建築物の構造耐力関係、防火・避難関係、設備関係等に違反した場合	建築物・建築設備等の設計者 ※設計図書を用いないで施工、または設計図書に従わないで施工した場合の施工者、故意の場合は建築主等も対象となる	
	消火設備、避難設備、配管設備の設置及び構造、煙突・昇降機の構造（法 36 条のうち左記のみ）の政令の規定に違反した場合		
法 101 条	設計資格のない者の設計による工事を行った場合	工事施工者	100 万円以下の罰金
	建築物または建築設備の定期報告をせず、又は虚偽の報告をした場合	所有者、管理者	
	敷地の衛生及び安全（法 19 条）、採光・換気（法 28 条）、便所（法 31 条）、接道義務（法 43 条）、容積率（法 52 条）・建蔽率（法 53 条）、斜線制限（法 56 条）、日影規制（法 56 条の 2）等に違反した場合	建築物・建築設備等の設計者 ※設計図書を用いないで施工、または設計図書に従わないで施工した場合の施工者、故意の場合は建築主等も対象となる	
	居室の採光面積、階段の構造等（法 36 条のうち左記のみ）の政令の規定に違反した場合		
	用途地域制限（法 48 条）等に違反した場合	建築主、築造主	
	用途変更における準用規定（居室の採光、用途地域の用途規制、避難規定等）に違反した場合	所有者、管理者、占有者	
	仮設建築物（法 85 条 3 項、5 項）の規定又は被災地の建築制限（法 84 条）に違反した場合	建築主	
	工事現場の危害防止措置（法 90 条）に違反した場合	工事施工者	
法 103 条	工事着工届または除却届等の提出をせず、又は虚偽の届出をした場合	建築主、工事施工者	50 万円以下の罰金
	確認があった旨の表示をせず、設計図書も工事現場に備えていない場合	工事施工者	
	特定行政庁、建築主事、建築監視員により求められた工事の計画または施工の状況などについての報告をせず、または虚偽の報告をした場合	建築主、工事施工者、工事監理者、設計者、所有者、管理者、占有者	
法 105 条	特殊建築物等の不特定多数が利用する建築物で、特に生命または身体に重要な危害を及ぼすおそれのある建築物を建築した場合	法人または法人の代表者、代理人、使用人、従業員	・法人：1 億円以下 ・人　：各違反事項による罰金
	特殊建築物等に関する特定行政庁または建築監視員の是正命令（工事の停止、除却、移転等の措置命令）に従わない場合		
	上記以外の法 98 条、法 99 条関係に違反した場合		各違反事項による罰金
法 107 条	特定行政庁が条例で必要な制限等を付加した規定に対して違反した場合		50 万円以下の罰金

など

7　基準法のその他の規定

8章　その他の法律

1. 建築士法　　　………200
2. 建設業法　　　………203
3. 消防法　　　　………206
4. 都市計画法　　………211
5. 品確法　　　　………216
6. バリアフリー法………218
7. 耐震改修促進法………222
8. 建築物省エネ法………225
9. その他の法律　………229

建築物等の設計・施工・監理・維持保全を行う場合、建築基準法だけではなく、その他さまざまな法律が適用される。

建築士法

一級建築士
二級建築士
木造建築士

建築士が設計できる建築物の規模や業務・建築士事務所の登録 など

建設業法

建設業の許可・請負契約・建設工事の施工の監理 など

消防法

多数の人が利用する建築物の指定・消防用消火設備の基準 など

都市計画法

都市計画区域などの指定・都市計画の内容・開発許可 など

※建築基準法は、都市計画で定められた区域の都市環境を保全するためなどに定められた法律といえる。

品確法

住宅の品質の確保・住宅にかかる紛争の処理 など

バリアフリー法

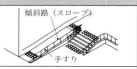

高齢者・身体障害者が円滑に利用できる建築物や施設等への移動経路の基準 など

耐震改修促進法

既存の建築物の地震に対する安全性の確保 など

建築物省エネ法

空調設備や照明などの建築物の省エネ性能の向上 など

その他の法律

・宅地造成等規制法
・医療法
・リサイクル法
・建築物衛生法
・宅地建物取引業法
・駐車場法
・民法
・労働基準法
・労働安全衛生法

1 建築士法

建築士法 ─ 資格法：建築物の設計・工事監理等を行う技術者の資格を定める。
　　　　 └ 業務法：建築士の行う業務の適性化を図る。また、建築物の質の向上を図る。

1. 用語の定義　【法2条】

- 建築士：設計、工事監理などの業務を行う。
- 設計図書：建築工事のための図面（現寸図の類を除く）および仕様書。
- 工事監理：その者の責任において工事を設計図書と照合し、設計図書のとおりに実施されているかを確認する。

設計

現場監理

2. 建築士免許の種類　【法4条】【法5条】【法10条の3】

建築士の種類	免許の交付	免許証の種類
一級建築士	国土交通大臣 または 中央指定登録機関	一級建築士免許証
構造設計一級建築士		構造設計一級建築士証
設備設計一級建築士		設備設計一級建築士証
二級建築士	都道府県知事 または 都道府県指定登録機関	二級建築士免許証
木造建築士		木造建築士免許証

指定機関に申請し、交付される場合は、それぞれ、『建築士証明書』となる。
【法10条の19】【法10条の21】

※二級・木造建築士免許証は、都道府県規則の様式による。

構造設計一級建築士
設備設計一級建築士
← 一級建築士として5年以上の実務経験を有し、講習の課程の修了した者、または、国土交通大臣が上記と同等以上の知識及び技能を有すると認められた者

3. 建築士の登録・変更・取消など　【法10条の4】【法10条の20】

建築士の免許の交付・登録・取消・変更などの事務手続きは、それぞれの指定登録機関が行う。

一級建築士
構造設計一級建築士
設備設計一級建築士
→（窓口：都道府県建築士会）→ 中央指定登録機関（(社)日本建築士会連合会）
↑ 国土交通大臣が指定

二級建築士
木造建築士
→ ※都道府県指定登録機関が指定されない場合は都道府県知事 → 都道府県指定登録機関
↑ 都道府県知事が指定

◎免許証の交付を受けた者は、交付日から30日以内に、それぞれの指定登録機関へ住所等を届け出なければならない。　※登録した内容に変更があった場合も同様　【法5条の2】

4. 建築士の業務範囲　【法3条～法3条の3】

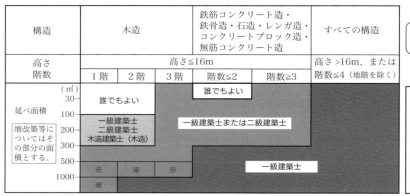

増築・改築・大規模の修繕・大規模の模様替においても同様。

（※）下記の用途の建築物に関しては、一級建築士に限る。
⇩
学校、病院、劇場、映画館、観覧場、公会堂、集会場（オーディトリアムを有しないものを除く）、百貨店

8　その他の法律

① 構造設計一級建築士・設備設計一級建築士の業務

一定規模以上の建築物の確認申請を行う際は、事前に構造と設備が適合しているかの確認を受け その設計図書を確認申請書に添付しなければならない。

構造設計一級建築士の確認が必要なもの【法20条の2】

一級建築士でなければ設計できない建築物で、
建築基準法20条1項1号・2号に該当するもの

- 鉄筋コンクリート造：高さ20m超
- 鉄骨造：4階以上
- 木造：高さ13m超または軒高9m超　など

設備設計一級建築士の確認が必要なもの【法20条の3】

階数が3以上、かつ、床面積が5,000㎡超の建築物

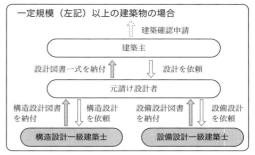

一定規模（左記）以上の建築物の場合

5. 業務

① 設計・工事監理　【法18条】

- 設計を行う場合、委託者に対し、設計の内容に関して適切な説明を行う。
- 工事が設計図書のとおりに実施されていないと認めるときは、直ちに、工事施工者にその旨を指摘し、工事施工者がこれに従わないときは、その旨を建築主に報告しなければならない。
- 延べ面積が2,000㎡を超える建築物の場合は、建築設備士の意見を聴くよう努めなければならない。（設備設計一級建築士が設計を行った場合を除く）　など

② 設計の変更　【法19条】

他の建築士が設計図書の一部を変更する場合は、その建築士の承諾を得なければならない。

> ただし、下記の場合は自己の責任において設計図書の一部を変更することができる。
> - 承諾を求めることができない事由があるとき。
> - 承諾が得られなかったとき。

③ 建築士免許証などの提示　【法19条の2】

設計を行う場合、委託者から請求があったときは、一級建築士免許証または一級建築士免許証明書などを提示しなければならない。　二級建築士免許証、木造建築士免許証、二級建築士免許証明書、木造建築士免許証明書

④ 業務に必要な表示行為　【法20条】

- 設計図書に、一級建築士などの別を表示して、記名しなければならない。 ─ 設計図書の一部を変更した場合も同様。
- 工事監理を終了したときは、直ちにその結果を文章で建築主に報告しなければならない。
- 大規模の建築物などの建築設備にかかる設計または工事監理を行う場合、建築設備士に意見を聴いた場合は、設計図書または、報告書にその旨を明らかにしなければならない。

文章での報告に代えて、建築主の承諾を得て、電磁的方法により報告することができる

⑤ その他の業務　【法21条】

設計・工事監理を行うほか、下記の業務を行うことができる。

- 建築工事契約に関する事務
- 建築工事の指導監督
- 建築物に関する調査または鑑定
- 建築に関する法令または条例に基づく手続きの代理　など

6. 定期講習　【法22条の2】

建築士（設計事務所に属する者に限る）・構造設計一級建築士・設備設計一級建築士は、3年以上5年以内に講習を受けなければならない。

7. 建築士事務所の登録

① 登録　　【法 23 条】【法 26 条の 3】

他人の求めに応じて報酬を得て、設計、工事監理等を行う場合は、都道府県知事の登録を受けなければならない。
- ・登録の有効期間：5 年間
- ・登録の更新　　：有効期間満了の日の 30 日前までに登録申請書を提出しなくればならない。【規則 18 条】

② 申請　　【法 23 条の 2】【法 26 条の 4】

設計事務所を開設
しようとするもの
（開設者）
→ 申請 → 事務所の所在地を管轄する
都道府県知事
または
指定事務所登録機関
← 登録 ←

設計事務所を管理する管理建築士が必要
※3 年以上の実務経験と講習の課程を修了した者に限る【法 24 条】

⇧ 開設者は管理建築士が別にいれば建築士でなくてもよいということ。
また、建築士が、自ら管理建築士として開設する場合もある。

申請内容
- a. 建築士事務所の名称および所在地
- b. 一級建築士事務所等の別
- c. 登録申請者の氏名
- d. 建築士事務所を管理する建築士の
  氏名（管理建築士）と一級建築士等の別
- e. 建築士事務所に属する建築士の氏名と
  その者の一級建築士などの別　　など

③ 変更の届出　　【法 23 条の 5】【法 26 条の 3】

開設者は、②の申請内容に変更があった場合、都道府県知事または指定事務所登録機関に届け出なければ
ならない。

a, c, d の変更の場合：2 週間以内
e の変更の場合：3 ヶ月以内

b の変更の場合は、改めて登録しなければならない。
囫 二級建築士事務所から一級建築士事務所の変更

8. 建築士事務所の管理

① 帳簿の備付け等及び図書の保存　　【法 24 条の 4】

開設者は、それぞれを下記の期間保存しなければならない。　【規則 21 条】
- ・業務に関する事項を記載した帳簿：各事業年度の末日から 15 年間　（磁気ディスク等でも可）
- ・業務に関する図書　　　　　　　：作成した日から 15 年間

② 書類の閲覧　　【法 24 条の 6】

開設者は、業務の実績、実務の経験等を記載した書類を事務所に備え置き、建築主の求めに応じ、閲覧させ
なければならない。

9. 設計受託契約と工事監理受託契約

① 重要事項説明と書面の交付　　【法 24 条の 7】【法 22 条の 3 の 3】【法 24 条の 8】

契約を締結しようとする場合
建築主 ← ⓐ 重要事項を記載した書面の交付・説明 ← 建築士事務所の管理建築士等
【法 24 条の 7】

300㎡を超える建築物の新築に係る契約の場合
委託者 → ⓑ 記名・押印された書面を相互に交付 → 受託者（建築士事務所の開設者）
※増築、改築、大規模の修繕などにかかる延べ面積が
300㎡を超える場合でも同様　　【法 22 条の 3 の 3】

契約を締結した場合
委託者 ← ⓒ 書面の交付 ← 建築士事務所の開設者
※ⓑで相互に書面を交付した場合は不要　【法 24 条の 8】

※委託者が
建築士事務
所でも同様

交付の内容　　【法 22 条の 3 の 3】
- ・作成する設計図書の種類（設計受託契約の場合）
- ・工事と設計図書の照合の方法など
  （工事監理受託契約の場合）
- ・設計又は工事監理に従事する建築士の氏名と
  その者の一級建築士などの別
- ・報酬の額及び支払の時期
- ・契約の解除に関する事項　　　　　　など

書面の交付の代えて、それぞれ相手方の承諾を得て、
電子的方法より提供することができる。

② 一括委託の制限　　【法 24 条の 3】

延べ面積が 300㎡を超える建築物の新築工事は、
委託者が承諾しても、委託を受けた設計または
工事監理の業務を一括委託してはならない。

建築主が委託を許諾した場合
- ・延べ面積 300㎡を超える新築工事：一括委託不可
- ・上記以外　　　：委託可

建築主（委託者） → 委託 設計・工事監理 → 建築士事務所の開設者 → 委託 設計・工事監理 → 他の建築士事務所の開設者

2 建設業法

目的 【法1条】

- 建設業を営む者の資質の向上
- 建設工事の請負契約の適正化

⇒

- 建設工事の適正な施工の確保
- 発注者を保護

1. 用語の定義 【法2条】

建設業

建設工事の完成を請け負う営業をいう。
※元請、下請などは問わない。

建設業者

許可を受けて建設業を営む者をいう。（次ページ）

建設工事

2種類の一式工事と27種類の専門工事に分類される。

建設工事を請け負う場合は、必要となる業種ごとに許可を受けなければならない（軽微な工事を除く）。
（次ページ参照）

> **例**
> 建築工事業（建築一式工事）の建設業許可のみを受けている場合
> ・1棟の住宅建築一式工事を請け負う：○
> ・大工工事等の専門工事を単独で請け負う：×（建設業法違反）

下請契約

建設工事を請け負った建設業者と、他の建設業者との間で、その建設工事の一部または全部について締結する請負契約。

表1　建設工事の種類とその業種名 【法別表1】

建設工事の種類		建設業種
一式工事	◎ 土木一式工事	土木工事業
	◎ 建築一式工事	建築工事業
専門工事	大工工事	大工工事業
	左官工事	左官工事業
	とび・土工・コンクリート工事	とび・土工工事業
	石工事	石工事業
	屋根工事	屋根工事業
	◎ 電気工事	電気工事業
	◎ 管工事	管工事業
	タイル・れんが・ブロック工事	タイル・れんが・ブロック工事業
	鋼構造物工事	鋼構造物工事業
	鉄筋工事	鉄筋工事業
	舗装工事	舗装工事業
	しゅんせつ工事	しゅんせつ工事業
	板金工事	板金工事業
	ガラス工事	ガラス工事業
	塗装工事	塗装工事業
	防水工事	防水工事業
	内装仕上工事	内装仕上工事業
	機械器具設置工事	機械器具設置工事業
	熱絶縁工事	熱絶縁工事業
	電気通信工事	電気通信工事業
	◎ 造園工事	造園工事業
	さく井工事	さく井工事業
	建具工事	建具工事業
	水道施設工事	水道施設工事業
	消防施設工事	消防施設工事業
	清掃施設工事	清掃施設工事業
	解体工事	解体工事業

◎：特定建設業のうち指定建設業となるもの
（次ページ参照）

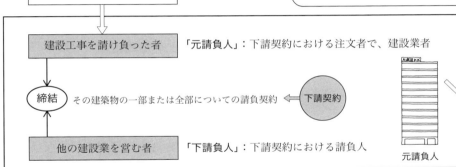

建設工事の発注者
↓
建設工事を請け負った者　「元請負人」：下請契約における注文者で、建設業者
↓締結←　その建築物の一部または全部についての請負契約　←下請契約
他の建設業を営む者　「下請負人」：下請契約における請負人

元請負人　下請→　下請負人

8 その他の法律

2. 建設業の許可 【法3条】

① 建設業の許可 【1項】

建設業者は許可を受けなければ業務を行うことができない。

a.「2以上の都道府県」に営業所を設けて営業する場合

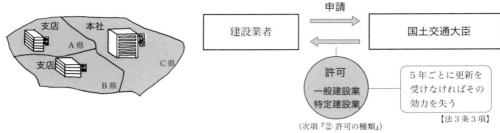

b.「1の都道府県のみ」に営業所を設けて営業する場合

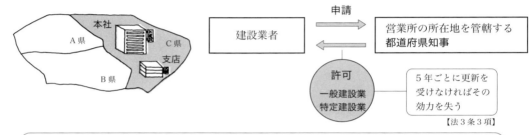

ただし、いずれも軽微な建設工事のみを請け負うことを営業とする場合は許可を受ける必要はない。【令1条の2】

建築一式工事	建築一式工事以外の工事
請負金額：1,500万円未満 または 延べ面積：150 ㎡未満の木造住宅工事	請負金額：500万円未満

② 許可の種類 【1項2号】

下請業者がさらに他の建設業者に発注（再下請）をする場合には適用されない。
⇩

一般建設業と特定建設業ともに、請負額の制限はないが、**発注者から直接請け負った工事（元請け）**を下請に発注できる金額は下記のとおりとなる。

	一般建設業	特定建設業	
		建築一式工事	その他の工事
請負金額	特定建設業以外の建設業 （右記の金額未満）	7,000万円以上の工事	4,500万円以上の工事

【令2条】

※いずれも、建設業ごとに専任の技術者を営業所ごとに置かなければならない。
ただし、特定建設業は国家資格者や国土交通大臣の認定を受けた者に限る。

◎ 特定建設業の許可は下記の種類に分けられる【法15条】

※特定建設業の許可を受けるには、営業所ごとに国土交通大臣の認定を受けた専任技術者などを置くことや、財産的基礎等において、一般建設業よりも、厳しい条件が課せられる。
⇧
発注者との請負金額に対して、その業務を実行できるだけの十分な能力や財産などがなければならない、ということ。

3. 請負契約　【法3章】

① 請負契約の内容　【法19条】

建設工事の請負契約は、下記の事項を記載し、**署名または記名押印をして相互に交付する**。

- 工事内容
- 請負代金の額
- 工事着手の時期および完成の時期
- 工事を施工しない日または時間帯の定めをするときは、その内容
- 請負代金の全部または一部の前金払または出来形部分に対する支払の定めをするときは、その支払の時期および方法
- 一方から設計変更等があった場合の損害の負担またはそれらの額の算定方法
- 天災等の不可抗力による工期の変更、損害の負担およびその額の算定方法
- 価格等（物価統制令による）の変動、変更に基づく請負代金の額、工事内容の変更
- 施工により第三者が損害を受けたときの賠償金の負担
- 注文者が資材提供、機械貸与するときは、その内容および方法
- 注文者が検査をする時期、方法、引渡しの時期
- 完成後の請負代金の支払の時期および方法
- 履行遅滞、債務不履行の場合の遅延利息、違約金その他の損害金
- 契約に関する紛争の解決方法　　　　　　　　　など

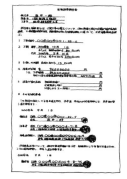

② 建設工事の見積等　【法20条】【令6条】

予定価格に応じた一定の見積り期間を設ける。

500万円未満	1日以上	
500万円以上5,000万円未満	10日以上	やむを得ない場合は、5日以内に限り短縮できる
5,000万円以上	15日以上	

③ 一括請負の禁止　【法22条】

建設業者は、**一括して下請に出してはならない**。
ただし、元請人があらかじめ発注者の書面による承諾を得た場合は除く。

④ 下請負人の変更請求　【法23条】

発注者は、請負人に対し、**著しく不適当と認められる下請負人がある場合は、その変更を請求できる**。
ただし、あらかじめ注文者の書面による承諾を得て選んだ下請負人については変更できない。

4. 紛争の処理　【法25条】

建設工事の請負契約に関する紛争の解決を図るために、建設工事紛争審査会が設置されている。
建設工事紛争審査会は、あっせん・調停・仲裁を行う。

　　　国土交通省：中央建設工事紛争審査会（中央審査会）
　　　都道府県　：都道府県建設工事紛争審査会（都道府県審査会）

5. 主任技術者・監理技術者の設置　【法26条】

建設業者は、建設工事の施工にあたり、下記の者を置かなければならない。

- 特定建設業の許可がなければ請負えない金額の施工の管理：**監理技術者**
- 上記以外の施工の管理：**主任技術者**

※公共性のある施設や多数の者が利用する施設等で、一定以上の請負金額の工事には、現場ごとに『監理技術者』を置かなければならない。

> ただし、監理技術者の職務を補佐するものとして、政令で定める者を専任で置いた場合は、管理技術者は2現場まで兼務することができる。

3 消防法

火災などを予防または軽減するためのもの。

建築物　　　　　船舶

1. 防火対象物　　　　　　　　　　　　　　　　　　　【法2条】☆

① 防火対象物　　【令別表1】(次ページ参照)

建築物・工作物・船舶・山林など

消防用設備の設置義務など

既存のものに対しては、増築、改築、大規模の修繕等を行う際に、消防用設備の設置基準が適用される。
【法17条の2の5】

② 特定防火対象物　　(次ページ参照)【法17条の2の5】

防火対象物のうち、不特定多数の人が利用する等で特に安全が求められる『特定用途』のもの

消防用設備の設置義務など

常に、現行の消防法に適合させなければならない。

③ 複合用途防火対象物　　【法8条1項】【令1条の2】

2以上の用途を含むもの

> 図書館＋美術館など一部は同一用途とみなせない場合もある

　防火対象物の用途＋防火対象物の用途　⇐　複合用途防火対象物

ただし、次ページ表の同じ欄内（イ・ロ・ハのそれぞれの欄内）のものは同一用途とできる。
（例 待合＋料理店　など）

　防火対象物＋防火対象物以外の用途のもの　⇐　単一用途（複合用途防火対象物でない）

ただし、一定の範囲で主たる用途に附属するものと考えられる場合は単一用途と認められる。
（例 美術館＋附属の売店・レストランなど）

2. 建築許可等の消防長の同意　　　　　　　【法7条】【建築基準法93条】☆

建築確認申請では、消防長の同意が必要となる。

建築物の建築、修繕、
模様替、用途変更、
使用許可など

→ 申請
← 許可・認可・確認

・行政庁
　（建築主事・特定行政庁）
・指定確認検査機関

⇐ 『同意』

消防長

3. 防火管理者　　　　　　　　　　　　　　　　　　　【法8条】☆

定められた用途や規模・収容人数等以上の防火対象物の管理
　　　　　　　↑
防火対象物として指定されている建築物など
【令1条の2第3項】

⇐ 防火管理者を定め、防火管理上必要な業務を行う。
　↑【令3条】に規定する資格を持つもの。

4. 防炎対象物品の遮炎性能　　　　　　　　　　　　【法8条の3】☆

高層建築物・地下街・劇場・キャバレー・旅館・病院
など制令で定める防火対象物で使用する『防炎対象物品』
　　　　　　　↑
防火対象物（次ページ）のうち『防炎防火対象物』として
指定されている建築物など【令4条の3】

⇐ 規準以上の防炎性能を有するものを使用する。
　防炎対象物品：どん帳・カーテン・展示用合板など

8　その他の法律

防火対象物（建築物）の用途　【施行令 別表1】					特定防火対象物
(1)	イ	劇場、映画館、演芸場、観覧場		ロ　公会堂、集会場	○
(2)	イ	キャバレー、カフェー、ナイトクラブ 等		ロ　遊技場、ダンスホール	○
	ハ	風俗営業等の規制及び業務の適正化等に関する法律2条5項に規定する性風俗関連特殊営業を営む店舗等で総務省令で定めるもの			
	ニ	カラオケボックス 等			
(3)	イ	待合、料理店 等		ロ　飲食店	○
(4)		百貨店、マーケットその他の物品販売業を営む店舗または展示場				○
(5)	イ	旅館、ホテル、宿泊所 等				○
	ロ	寄宿舎、下宿、共同住宅				
(6)	イ	①病院　以下のいずれにも該当するもの 　（火災発生時の延焼を抑制するための消火活動を適切に実施することができる体制を有するものを除く） 　・特定診療科名(内科、整形外科、リハビリテーション科など)を有するもの 　・20床以上の療養病床または一般病床を有するもの ②診療所　特定診療科名があり、4人以上の患者を入院させる施設があるもの ③病院（①を除く）、診療所（②を除く）、助産所（入所施設を有するもの） ④診療所（入院施設のないもの）、助産所（入所施設のないもの）				○
	ロ	①老人短期入所施設、養護老人ホーム、特別養護老人ホーム、 　軽費老人ホーム、有料老人ホーム、小規模多機能型居宅介護事業を行う施設 　介護老人保健施設、老人短期入所事業を行う施設 等 ②救護施設 ③乳児院 ④障害児入所施設 ⑤障害者支援施設（自力避難が困難な者が主に入所するもの） 等			いずれも自力避難が困難な者が主に入所するもの	
	ハ	①老人デイサービスセンター、軽費老人ホーム（ロ①を除く）、老人福祉センター、老人介護支援センター 等 ②更正施設 ③助産施設、保育所、幼保連携型認定こども園、児童養護施設、児童自立支援施設、児童家庭支援センター 等 ④児童発達支援センター、児童心理治療施設 等 ⑤身体障害者福祉センター、障害者支援施設（ロ⑤を除く）、地域活動支援センター、福祉ホーム 等				
	ニ	幼稚園、特別支援学校				
(7)		小学校、中学校、義務教育学校、高等学校、中等教育学校、高等専門学校、大学、専修学校、各種学校 等				
(8)		図書館、博物館、美術館 等				
(9)	イ	公衆浴場のうち、蒸気浴場・熱気浴場 等		ロ　イに掲げる公衆浴場以外の公衆浴場	イのみ
(10)		車両の停車場、船舶・航空機発着場（旅客の乗降・待合いの用に供する建築物に限る）				
(11)		神社、寺院、教会 等				
(12)	イ	工場、作業場		ロ　映画スタジオ、テレビスタジオ	
(13)	イ	自動車車庫、駐車場		ロ　飛行機・回転翼航空機の格納庫	
(14)		倉庫				
(15)		前各項に該当しない事業場				
(16)	イ	複合用途防火対象物のうち、その一部が(1)項から(4)項まで、(5)項イ、(6)項または(9)項イに掲げる防火対象物の用途に供されているもの				○
	ロ	イに掲げる複合用途防火対象物以外の複合用途防火対象物				
(16の2)		地下街				○
(16の3)		建築物の地階（(16の2)項の各階を除く）で連続した地下道に面して設けられたものとその地下道とを合わせたもの（(1)項から(4)項まで、(5)項イ、(6)項または(9)項イに掲げる防火対象物の用途に供される部分が存するものに限る） 【準地下街】 ※前項に掲げる用途に供する建築物またはその部分がある場合は、この項が適用されるほか、その用途の項の適用も受ける。				○
(17)		文化財保護法の規定により重要文化財、重要有形民俗文化財、史跡、重要な文化財として指定され、または旧重要美術品等の保存に関する法律の規定により重要美術品と認定された建造物 ※前項に掲げる用途に供する建築物その他の工作物またはその部分が、この項の防火対象物に該当する場合は、この項が適用されるほか、その用途の項の適用も受ける。				
(18)		延長50m以上のアーケード				

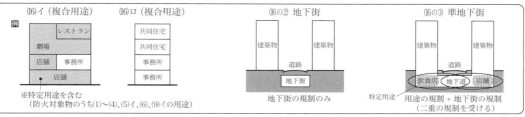

8　その他の法律

消防用設備 　　　　　　　　　　　　　【法17条1項】【令7条】★

消防用設備：消防の用に供する設備、消防用水及び消火活動上必要な施設で、消火設備・警報設備・避難設備・消防用水・消火活動上必要な施設に分けられる。

※防火・消火関連法規には、消防法によるものと、建築基準法によるものとがあるので区別する。
　例　消防法　　：消火設備など
　　　建築基準法：防火設備・非常用エレベーター・非常用進入口など

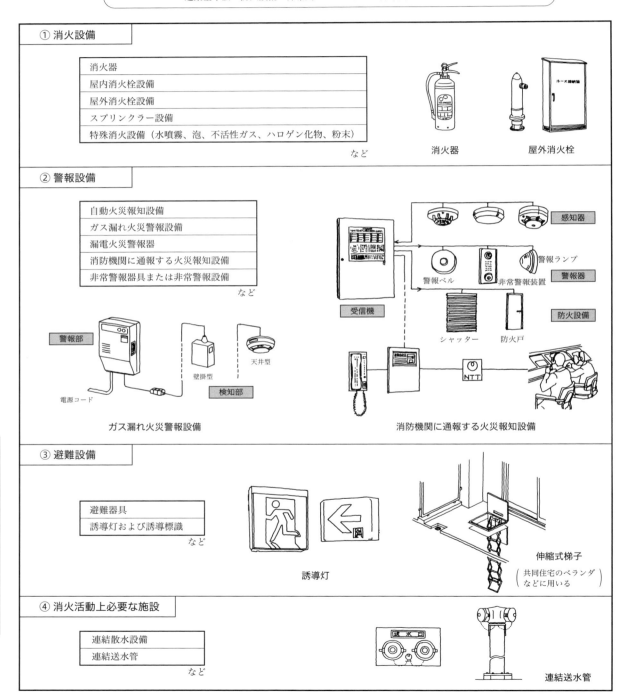

① 消火設備
- 消火器
- 屋内消火栓設備
- 屋外消火栓設備
- スプリンクラー設備
- 特殊消火設備（水噴霧、泡、不活性ガス、ハロゲン化物、粉末）
　など

② 警報設備
- 自動火災報知設備
- ガス漏れ火災警報設備
- 漏電火災警報器
- 消防機関に通報する火災報知設備
- 非常警報器具または非常警報設備
　など

③ 避難設備
- 避難器具
- 誘導灯および誘導標識
　など

④ 消火活動上必要な施設
- 連結散水設備
- 連結送水管
　など

屋内消火栓設備 【令11条】

設置基準 ※下表の面積以内ごとに一つ設置する。

建築物の種類 ▷	1～3階の一般階			地階・無窓階・4階以上の階		
階 ▷	耐火建築物	準耐火建築物	一般	耐火建築物	準耐火建築物	一般
(1)項	1,500 ㎡	1,000 ㎡	500 ㎡	300 ㎡	200 ㎡	100 ㎡
(2)項～(10)項 (12)項・(14)項	2,100 ㎡	1,400 ㎡	700 ㎡	450 ㎡	300 ㎡	150 ㎡
(11)項・(15)項	3,000 ㎡	2,000 ㎡	1,000 ㎡	600 ㎡	400 ㎡	200 ㎡

施行令 別表1 (p.207)　　　　　　　　　　　　　　　　　　　　　　　　　　　など

スプリンクラー設備 【令12条】

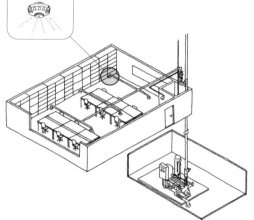

ヘッドの間隔は、計算によって求められた値
$1.7 \div \sqrt{2} = 1.202$
距離
$1.2 \times 2 = 2.4$ ⇔ ヘッドの間隔

スプリンクラーヘッドの配置
下図のように隙間なく散水できるようにヘッドを配置する。

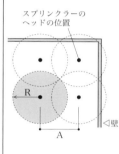

防火対象物		距離(R)	間隔(A)
劇場等の舞台部		1.7m	2.4m
劇場等の舞台部以外	耐火建築物	2.3m	3.25m
	耐火建築物以外	2.1m	2.97m
地下街	厨房など	1.7m	2.4m
	その他	2.1m	2.97m
準地下街	厨房など	1.7m	2.4m
その他	耐火建築物	2.3m	3.25m
	耐火建築物以外	2.1m	2.97m
指定可燃物の貯蔵等をする部分		1.7m	2.4m

※上表は標準型ヘッドを使用した場合の値
【令12条2項2号、規則13条の2～5】

設置基準 ※下表の階数および規模により原則設置する。

高層建築物 (11階以上)	特定防火対象物：すべての階 その他の建築物：11階以上の階
地下街 準地下街	地下街　：延べ面積 1,000 ㎡以上 準地下街：延べ面積 1,000 ㎡以上（特定用途の部分が500 ㎡以上のもの）
大規模な防火対象物	特定防火対象物 ・延べ面積 6,000 ㎡以上（平家建てを除く） 　ただし、(4)項、(6)項イ①～③は、3,000 ㎡以上（平家建てを除く） ・地階、無窓階：1,000 ㎡以上 ・4～10階　：1,500 ㎡以上 　ただし、(2)項または(4)項：1,000 ㎡以上 複合用途防火対象物 ・特定用途部分：3,000 ㎡以上（特定用途部分が存在する階に限る）
特殊用途部分	福祉施設等 ・(6)項イ①、② ・(6)項ロ①、③ ：すべて　　緩和：避難の際に介助を要する者を主として入所 ・(6)項ロ②、④、⑤ ：すべて　　　　させるもの以外は、275 ㎡以上のもの 劇場等（(1)項） ・舞台部の床面積が 500 ㎡以上 　ただし、地階、無窓階又は4階以上の階の場合：300 ㎡以上 ラック式倉庫（(14)項） ・床面積が 700 ㎡以上（天井高 10mを超えるもの） 　ただし、耐火構造：2,100 ㎡以上、準耐火構造：1,400 ㎡以上 指定可燃物の貯蔵等をするためのものなど

※ 特定用途：特定防火対象物の用途のもの

スプリンクラーを設置した場合の建築基準法の緩和

例　準耐火構造（ロ準）の場合

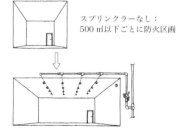

スプリンクラーなし：500 ㎡以下ごとに防火区画

スプリンクラー設置：1,000 ㎡以下ごとに防火区画

	防火区画の面積	
	スプリンクラー	
	未設置	設置
耐火建築物（p.118）	≤1,500 ㎡	≤3,000 ㎡
準耐火建築物（p.119） イ準	≤1,000 ㎡	≤2,000 ㎡
ロ準	≤500 ㎡	≤1,000 ㎡

8 その他の法律

自動火災報知器　【令21条】

火災による煙や熱を感知器が早期に自動的に感知して、警報ベルなどで、建築物内にいる人々に火災を知らせる設備。

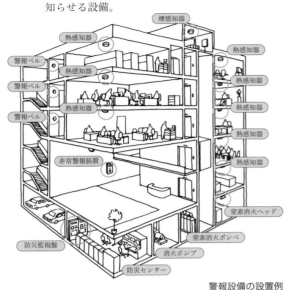

警報設備の設置例

設置基準

施行令 別表1 (p.207)

防火対象物	(2)項ニ (5)項イ (6)項イ①～③ ─ ①と⑤は自力避難が困難な者が (6)項ロ①～⑤ ─ 主に入居（宿泊）するものに限る (6)項ハ ─ 利用者を入居または宿泊させるもの (13)項ロ・(17)項 (16の2)項 ─ 上記の用途を含むもの　9号 地下街	すべて	1号
	(9)項イ	200㎡以上	2号
	(1)項・(2)項イロハ (3)項・(4)項・(6)項イ④ (6)項ハ ─ 利用者を入居または宿泊 (6)項ニ・(16)項イ　させるものを除く (16の2)項	300㎡以上	3号
	(5)項ロ・(7)項・(8)項 (9)項ロ・(10)項・(12)項 (13)項イ・(14)項	500㎡以上	4号
	(16の3)項	延べ面積 500㎡以上 （特定用途部分が 300㎡以上のもの）	5号
	(11)項・(15)項	1,000㎡以上	6号
	(1)項～(4)項・(5)項イ (6)項・(9)項イ	すべて 避難階以外の階にあるも ので、直通階段が1つし かないもの	7号
地階 無窓階 3～10階	(2)項イ～ハ・(3)項 (16)項イで(2),(3)項の用途 の部分が100㎡以上	100㎡以上の階	10号
	その他の用途	300㎡以上の階	11号
11階以上の階	用途に関係なく	すべて	14号
特殊用途部分	車庫・駐車場 （1階を除く）	200㎡以上	13号
	通信機器室など	500㎡以上の室	15号
指定可燃物	貯蔵・処理部分	指定数量の500倍以上	8号

感知器の主な種類

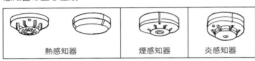

熱感知器　　煙感知器　　炎感知器

住宅用防災機器

住宅・共同住宅等に住宅用防災機器を設置しなければならない。

住宅　　　：戸建ての専用住宅、店舗併用住宅の住宅部分
共同住宅等：寄宿舎、下宿、共同住宅の住宅部分

住宅用防災機器の設置例

住宅用防災機の種類

天井用

壁掛用

設置基準

a. 戸建て住宅

居室 （就寝のための室）	寝室、子供部屋など
階段 （避難階以外）	上記の居室がある階から 直下階に通じるもの

※その他、居室がある階で火災予防上、特に必要と認められる住宅の部分として、総務省令で定める部分。

b. 共同住宅

各住戸、共同室、管理人室ごとに設置する。

など

危険物　【法3章】【法別表1】

危険物の製造所、貯蔵所、取扱所の設置の許可など　──　許可は内容により右記が行う　──・市町村長
・都道府県知事
・総務大臣

指定数量以上の危険物の製造・貯蔵・取り扱い　⇐　許可を受けた製造所、貯蔵所、取扱所のみ　【令6条】

4 都市計画法

都市計画区域の指定

a. 都市計画区域　【法5条】
一体の都市として総合的に整備し、開発し、および保全する必要のある区域。

都市計画区域に指定されるための条件　【令2条】
- 人口1万人以上で商工業などの職業従事者が50％以上の町村
- 中心市街地の区域内の人口が3,000人以上
- 観光地
- 災害復興地域
- ニュータウン　など

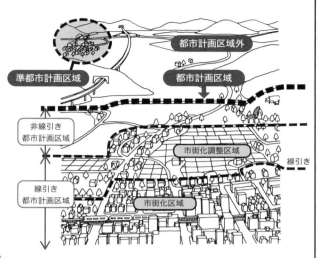

b. 準都市計画区域　【法5条の2】
郊外部における無秩序な開発などにより、用途の混在等の土地利用上の問題がみられる。このような区域において土地利用の規制を行う。

一部の地域地区についてのみ、都市計画が定められる。（次ページ参照）

準都市計画区域の指定
都道府県は、市町村および都市計画審議会等の意見を聴かなければならない。

c. 計画区域外
一定規模以上の開発行為について許可が必要となる。

都市計画区域および準都市計画区域で定められた地域・地区に建築物等を造る場合には、建築基準法第3章（集団規定、p.63～p.106）により、様々な規定が設けられている。

都市計画の決定

1. 区域区分　【法7条】

都市計画区域内のすべてを市街化するのではなく、積極的に市街化して整備する区域（市街化区域）と、無秩序に発展する恐れのある区域の抑制を図る区域（市街化調整区域）に分けられる。

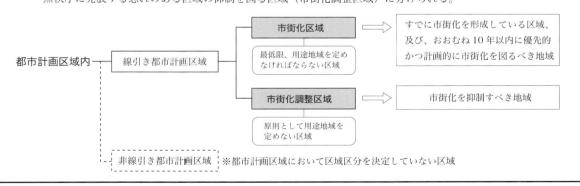

2. 都市再開発方針　【法7条の2】

線引き都市計画区域において、必要なものを定める。

3. 土地利用に関する計画

① 地域・地区　　【法8条】

適正な土地利用計画に基づき，地域・地区を定めて都市機能を維持増進し，環境を保護する。

それぞれ下記の中から必要なものだけが指定される

都市計画区域内の地域・地区

- 用途地域（市街化区域では必ず指定）（※）(p.69)
- 特別用途地区
- 特定用途制限地域
- 特例容積率適用地区
- 高層住居誘導地区（※）(p.104)
- 高度地区または高度利用地区（※）(p.105)
- 特定街区（※）(p.106)
- 都市再生特別地区
- 防火地域または準防火地域（※）(p.97～p.101)
- 特定防災街区整備地区（※）(p.106)
- 景観地区（※）(p.106)
- 風致地区
- 駐車場整備地区 (p.231)
- 臨港地区
- 歴史的風土特別保存地区
- 第一種歴史的風土保存地区または
  第二種歴史的風土保存地区
- 緑地保全地区
- 流通業務地区
- 生産緑地地区
- 伝統的建造物群保存地区（※）(p.25)
- 航空機騒音障害防止地区または
  航空機騒音障害防止特別地区

準都市計画区域内の地域・地区

- 用途地域（※）(p.69)
- 特別用途地区
- 特定用途制限地域
- 高度地区（※）(p.105)
- 景観地区（※）(p.106)
- 風致地区
- 伝統的建造物群保存地区（※）(p.25)
- 緑地保全地域

（※）建築基準法の規定があり，すでに説明しているもの。

左記のうち，（※）以外の主なもの

◎ **特別用途地区**【法9条13項】

特別用途地区の制限内容は地方公共団体ごとにそれぞれ異なる。（地方公共団体の条例）

- 中高層階住居専用地区
- 商業専用地区
- 文教地区
- 娯楽、レクリエーション地区　等

> 都市計画法より指定された用途地域による制限では建築できるものであっても、特別用途地区の規定により、実際には建てられないということもある。

◎ **特定用途制限地域**【法9条14項】

用途地域が定められていない土地の区域（市街化調整区域を除く）において、制限すべき特定の建築物の用途の概要を定める地域。

建築物の制限：【建築基準法49条の2・同法令130条の2】

特定用途制限地域が定められる区域
- 準都市計画区域
- 区域区分されていない都市計画区域内（白地地域）

◎ **風致地区**【法9条21項・法58条】

都市の風致を守り、その状態を維持するために定める地区。

※風致地区は、他の地域地区とは違い、都市計画法のみの規制となる。

> 下記のものに規制がかけられる
> - 宅地の造成、土地の開墾その他の土地の形質の変更
> - 木竹の伐採
> - 土石の類の採取
> - 水面の埋立て又は干拓
> - 建築物その他の工作物の新築、改築、増築又は移転
> - 建築物等の色彩の変更　等

② 遊休土地転換利用促進地区　　【法10条の3】

市街化区域内にある5,000㎡以上の遊休地について計画的な土地利用の促進を図る。

③ 被災市街地復興推進地域　　【法10条の4】

地震や火災などの災害により失われた市街地を復興させることを推進する。

④ 促進区域　【法10条の2】

市街化区域または区域区分が決められていない都市計画区域内において、区域内の関係者によって市街地開発業等の促進を図るため、期限を定めて事業着手を促す。

一定期間（2〜5年）内に関係者では事業化できない場合は、市町村等が事業化を進めることとなる。

促進区域の種類
- 市街地再開発促進区域
- 土地区画整理促進区域
- 住宅街区整備促進区域
- 拠点業務市街地整備土地区画整理促進区域

市街地開発事業の促進区域

関係者（土地所有者等）に事業化を促す（期限2〜5年）。
期限内にできない場合は市町村が進める。

市街地開発事業の都市計画

4. 都市施設の整備に関する計画　【法11条】

都市にとって必要な道路、公園、下水道等、都市での生活や都市機能の維持にとって必要な施設を都市計画において定めるもの。都市施設に限り、都市計画区域以外にも、これらの施設を定めることができる。

都市施設の種類
- 交通施設（道路、都市高速鉄道、駐車場、自動車ターミナルなど）
- 公共空地（公園、緑地、広場、墓園など）
- 供給施設（水道、電気、ガス等）・処理施設（下水道、汚物処理場、ごみ焼却場）
- 水路（河川、運河など）
- 教育文化施設（学校、図書館、研究施設など）
- 社会福祉施設、医療施設（病院、保育所など）
- 市場、と畜場、火葬場
- 一団地の住宅施設（一団地50戸以上の集合住宅など）
- 一団地の官公庁施設
- 流通業務団地　など

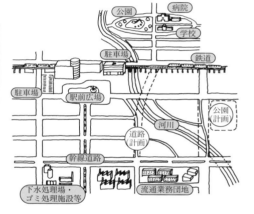

5. 市街地開発事業　【法12条】

a. 市街地開発事業　【法12条】
- 土地区画整理事業
- 新住宅市街地開発事業
- 市街地再開発事業　など

b. 市街地開発事業予定区域　【法12条の2】
大規模な用地買収を伴う市街地開発事業を定める前に予定区域を定める。

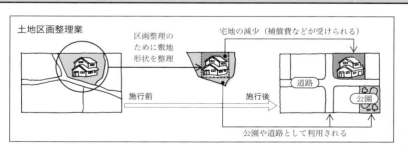
土地区画整理業

市街地再開発事業

6. 地区計画等　※省略

開発行為　　　　　　　　　　　　　　　　　　　　　　　　【法4条12項】★

主として下記のための土地の区画形質の変更をいう。

・建築物の建築
・特定工作物の建設

特定工作物　　　　　　　　　　【法4条11項】【令1条】		
第一種特定工作物	周辺地域の環境悪化をもたらすおそれのあるもの	・コンクリートプラント ・アスファルトプラント ・クラッシャープラント ・危険物の貯蔵 ・処理施設　　等
第二種特定工作物	運動・レジャー施設や墓園で1ha以上のもの	ゴルフコース・野球場 遊園地・動物園　等

---

1. 開発行為の許可　　　　　　　　　　　　　　　　　　　　　　　【法29条】☆

都市計画区域・準都市計画区域内において開発行為をしようとする者は、あらかじめ、都道府県知事の許可を受けなければならない。

開発行為の主なもの

a. 区画の変更　　　　　　　　　　　　　　道路や水路等を新設または拡張

b. 形状の変更　　　　　　　　　　　　　　造成等をして土地の形状を変える

c. 性質の変更　　　　　　　　　　　　　　建築物を建築するために、農地・山林等から土地を敷地に変更

---

2. 許可が必要な開発行為の規模　　　　　　　【法29条】【令19条】【令22条の2】☆

都市計画区域	線引き都市計画区域	市街化区域	1,000㎡以上 （三大都市圏の既成市街地、近郊整備地帯等は500㎡以上） ※開発許可権者が条例で300㎡まで引下げ可
		市街化調整区域	原則としてすべての開発行為
	非線引き都市計画区域（白地地帯）		3,000㎡以上　　※開発許可権者が条例で300㎡まで引下げ可
準都市計画区域			3,000㎡以上　　※開発許可権者が条例で300㎡まで引下げ可
上記以外の区域			1ha以上

3. 許可を必要としない開発行為 【法29条】

		市街化区域	市街化調整区域	区域・区分が定められていない都市計画区域・準都市計画区域
(1)	一定規模未満のもの 【令19条】	規模：1,000㎡（0.1ha）未満　無秩序な市街化を防止するために必要と認められる場合は、300㎡以上1,000㎡未満の範囲で定めることができる		規模：3,000㎡（0.3ha）未満　無秩序な市街化を防止するために必要と認められる場合は、300㎡以上3,000㎡未満の範囲で定めることができる
(2)	農・林・漁業のためのもの 【令20条】		農・林・漁業のための建築物およびこれらの業務を行う者の居住用建築物のためのもの	
(3)	公益上必要な建築物のためのもの 【令21条】	駅舎等の鉄道施設、図書館、公民館、変電所等のためのもの		
(4)	都市計画事業	都市計画事業の施行として行うもの		
(5)	土地区画整理事業	土地区画整理事業の施行として行うもの		
(6)	市街地再開発事業	市街地再開発事業の施行として行うもの		
(7)	住宅街区整備事業	住宅街区整備事業の施行として行うもの		
(8)	防災街区整備事業	防災街区整備事業の施行として行うもの		
(9)	公有水面埋立法	公有水面埋立法による免許を受けたもので、同法による告示がないものにおいて行うもの		
(10)	非常災害の措置	非常災害のため必要な応急措置として行うもの		
(11)	簡易な開発行為 【令22条】	・仮設建築物、車庫・物置などの附属建築物のためのもの ・10㎡以内の増築行為のためのもの　等		

許可申請の流れ

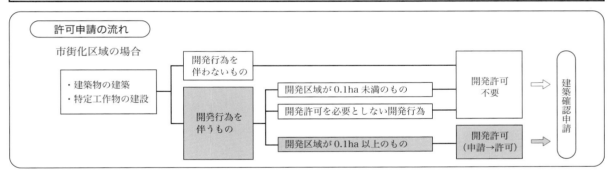

都市計画施設等の区域内の建築物の制限 【法53条】【法54条】

・都市計画施設の区域内
・市街地開発事業の施行区域内
→ 建築物を建築する場合 ← 都道府県知事の許可が必要

a. 許可が不要なもの 【法53条】
・階数2以下（地階のないもの）の木造建築物の改築または移転 【令37条】
・非常災害のための応急措置として行うもの
・都市計画事業の施行として行うもの　など

b. 都道府県知事が許可しなければならないもの 【法54条】
・都市計画施設または市街地開発事業に関する都市計画のうち建築物について定めるものに適合するもの
・下記の要件を満たし、かつ容易に移転または除却できるもの
　┌階数2以下で、かつ地階がないもの
　└主要構造部が木造、鉄骨造、コンクリートブロック造等　など

5 品確法 （住宅の品質確保の促進等に関する法律）

・性能表示、評価制度を設ける。
・住宅に係る紛争の処理体制を整備する。
・新築住宅の請負契約、売買契約における
　瑕疵担保責任を定める。

→ ・住宅の品質確保
　・住宅購入者の利益の確保
　・紛争の解決を図る

※瑕疵：目的の製品などが契約内容や社会通念上必要とされている性能を満たしていないこと。

1. 用語の定義　　【法2条】

a.『住　　宅』： 人の住居に供する家屋または家屋部分で共用部分を含む。
b.『新築住宅』：・新たに建設された住宅で、まだ人が居住していないもの。
　　　　　　　　・建設工事完了の日から1年を経過していないもの。

2. 住宅性能評価制度の流れ　　【法5条・法6条】

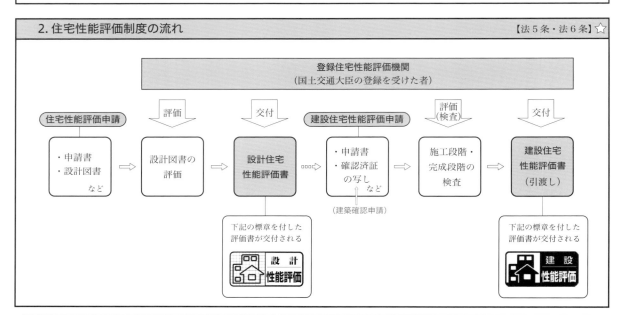

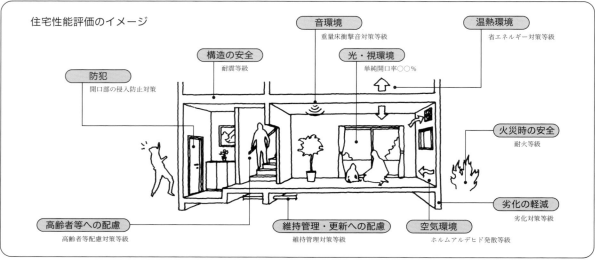

住宅性能評価のイメージ

3. 住宅紛争処理　【法66条～法83条】

住宅紛争処理：『評価住宅』（建設住宅性能評価書が交付された住宅）の建設工事の請負契約または売買契約に関する紛争の当事者の双方または一方からの申請により、その紛争のあっせん、調停、仲裁を行うこと。

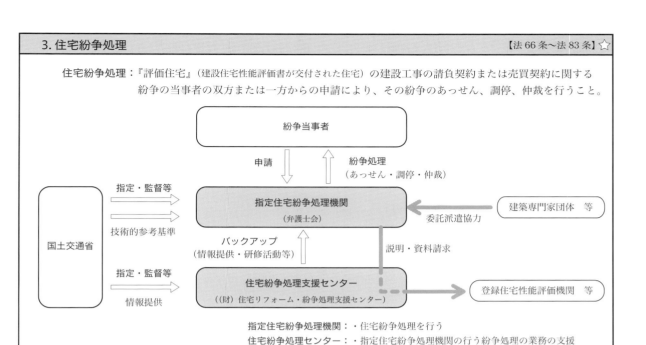

指定住宅紛争処理機関：・住宅紛争処理を行う
住宅紛争処理センター：・指定住宅紛争処理機関の行う紛争処理の業務の支援
・住宅購入者の利益の保護　など

4. 住宅の新築工事の請負人の瑕疵担保責任　【法94条・95条】

① 瑕疵担保期間　【法94条】【法95条】

『瑕疵担保責任』：目的の製品に瑕疵がある場合、補修や賠償金の支払いに応じる責任のこと。
※『構造耐力上主要な部分等』の瑕疵について適用される。

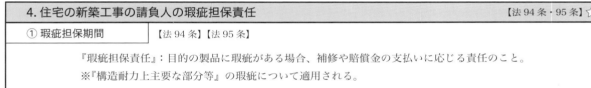

引渡し日から10年間、瑕疵担保責任を負う。

※瑕疵担保期間は、契約当事者の任意で20年間以内とすることができる。【法97条】

② 住宅の構造耐力上主要な部分等　【令5条】

10年間の瑕疵担保責任の対象となる下記の住宅の部分をいう。

a. 構造上主要な部分

A	基礎（基礎ぐいを含む）
B	壁
C	柱
D	小屋組
E	土台
F	斜材（筋かい・方づえ・火打材など）
G	床版
H	屋根版
I	横架材（はり・桁など）

↑
自重・積載荷重・積雪・風圧・土圧・水圧
・地震などに対して支えとなるもの

c. 排水管（屋根・外壁の内部または屋内にある部分）

b. 雨の浸入を防止する部分

J	屋根
K	外壁
L	開口部（戸・枠などの建具）

など

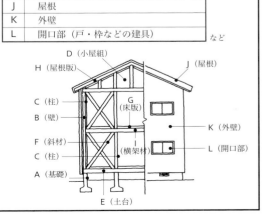

6 バリアフリー法（高齢者、障害者等の移動等の円滑化の促進に関する法律）

高齢者・障害者等の円滑な移動および建築物等の施設の円滑な利用を確保する。

1. 用語の定義　【法2条】【令4～6条】

① 特定建築物と特別特定建築物

- 特定建築物 ─ 『多数の者が利用』する建築物　【法2条18号】
  - 特別特定建築物 ─ 『不特定多数の者が利用』または『主に高齢者・障害者などが利用』する特定建築物　【法2条19号】

	特定建築物　【令4条】	特別特定建築物　【令5条】
(1)	学校	小学校、中学校、義務教育学校、中等教育学校（前期課程に係るものに限る）で公立のもの、特別支援学校
(2)	病院、診療所	左記と同じ
(3)	劇場、観覧場、映画館、演芸場	左記と同じ
(4)	集会場、公会堂	左記と同じ
(5)	展示場	左記と同じ
(6)	卸売市場、百貨店、マーケットなどの物品販売業を営む店舗	左記のうち卸売市場を除く
(7)	ホテル、旅館	左記と同じ
(8)	事務所	保健所、税務署その他不特定かつ多数の者が利用する官公署
(9)	共同住宅、寄宿舎、下宿	
(10)	老人ホーム、保育所、福祉ホームなど	左記（保育所を除く）のうち主として高齢者、障害者等が利用するものに限る
(11)	老人福祉センター、児童厚生施設、身体障害者福祉センターなど	左記と同じ
(12)	体育館、水泳場、ボーリング場などの運動施設、遊技場	一般公共の用に供される体育館または水泳場、ボーリング場、遊技場
(13)	博物館、美術館、図書館	左記と同じ
(14)	公衆浴場	左記と同じ
(15)	飲食店、キャバレー、料理店、ナイトクラブ、ダンスホールなど	飲食店
(16)	理髪店、クリーニング取次店、質屋、貸衣装屋、銀行などのサービス業を営む店舗	左記と同じ
(17)	自動車教習所、学習塾、華道教室、囲碁教室など	
(18)	工場	
(19)	車両の停車場、船舶または航空機の発着場を構成する建築物で旅客の乗降または待合いの用に供するもの	左記と同じ
(20)	自動車の停留または駐車のための施設	左記のうち一般公共の用に供されるもの
(21)	公衆便所	左記と同じ
(22)	公共用歩廊	左記と同じ

② 建築物特定施設　【法2条20号】

建築物特定施設　【令6条】
(1) 出入口
(2) 廊下等
(3) 階段（踊場を含む）
(4) 傾斜路（踊場を含む）
(5) エレベーターその他の昇降機
(6) 便所
(7) ホテル又は旅館の客室
(8) 敷地内の通路
(9) 駐車場
(10) 浴室等　【規3条】

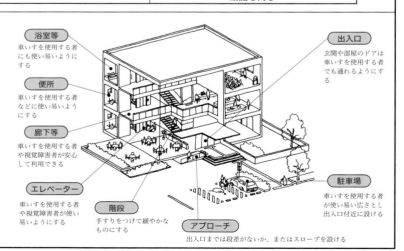

③ 所管行政庁 【法2条22号】

適合義務に係る『是正命令』、努力義務に係る『指導・助言』、誘導基準への適合に係る『認定』などを行う。

所管行政庁	
市町村または特別区の長	建築主事を置く市町村または、特別区の区域
都道府県知事	その他の市町村または、特別区の区域

2. 適合義務と努力義務 【法14条】【法15条】【法16条】☆

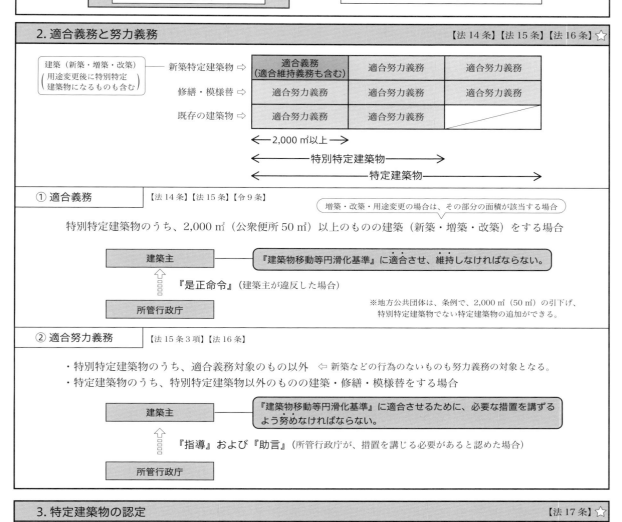

3. 特定建築物の認定 【法17条】☆

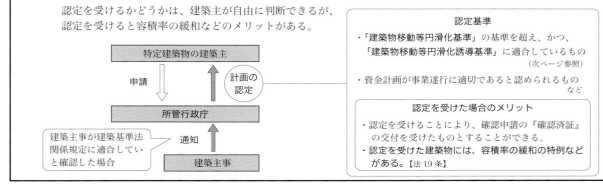

8 その他の法律

円滑化基準と円滑化誘導基準の概要	『建築物移動等円滑化基準』【令10条】	高齢者や不特定多数の人が安全に利用できるための基準
※一部抜粋	『建築物移動等円滑化誘導基準』【省令1条】	『認定』を受けるために、より厳しい基準を設けたもの

出入口

建物の出入口、居室の出入口などは車いすで円滑に利用できるようにする。
出入口の幅と前後のスペースを確保する。

	円滑化基準	円滑化誘導基準
玄関出入口の幅（1以上）	80 cm以上	120 cm以上
居室などの出入口	80 cm以上	90 cm以上

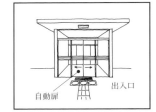

自動扉　出入口

廊下等

車いすを使用する方の通行が容易なように十分な幅を確保する。

	円滑化基準	円滑化誘導基準
廊下の幅	120 cm以上	180 cm以上

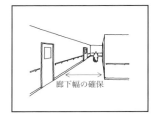

廊下幅の確保

傾斜路

スロープは緩やかなものとし、手すりを設け、上端には点状ブロックなどを敷設する。
スロープが長い場合には踊場を設ける。

	円滑化基準	円滑化誘導基準
手すりの設置	片側	両側
スロープの幅	120 cm以上	150 cm以上
スロープの勾配	1/12以下	1/12以下（屋外は1/15以下）

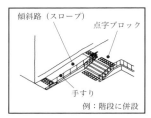

傾斜路（スロープ）　点字ブロック　手すり　例：階段に併設

エレベーター

階と階の移動にはエレベーターを利用できるようにする。
エレベーターは車いすを使用する方や目の不自由な方の利用に配慮した仕様とする。

	円滑化基準	円滑化誘導基準
出入口の幅	80 cm以上	90 cm以上
かごの奥行	135 cm以上	135 cm以上
かごの幅（一定の建物の場合）	140 cm以上	160 cm以上
乗降ロビー	150 cm×150 cm以上	180 cm×180 cm以上

車いすが利用できる広さの確保

便所

便所を設ける場合は、車いすを使用する方や足の弱っている方も使用できるように手すりなどを設ける。
車いすを使用する方が使える十分な広さの便房を設ける。

		円滑化基準	円滑化誘導基準
a	車いす使用者用便房の数	建物に1以上	その階にある便房数　200以下：当該便房の総数×1/50以上　200超：当該便房の総数×1/100以上＋2
b	オストメイト対応便房の数	建物に1以上	各階ごとに1以上
c	低リップ小便器等の数	建物に1以上	各階ごとに1以上

がんや事故などにより消化管や尿管が損なわれた場合に、腹部に排泄のための開口部を造設し、蓄便袋などを装着するため、その排泄物などを流す汚物流しなどを設けたもの。
また、服が汚れることもあるため、着替えをする広いスペースが必要となる

a. 車いす対応便房　手すり

b オストメイト対応便房

c 低リップ小便器　手すり　受け口35 cm以下

8　その他の法律

ホテル、旅館の客室

ホテルや旅館の客室内の便所や浴室などは、車いすを使用する方も使えるようにする。

	円滑化基準	円滑化誘導基準
車いす使用者用客室の数	客室の総数 50以上：客室数×1/100以上	客室の総数 200以下：客室数×1/50以上 200超　：客室数×1/100以上＋2
出入口	80 cm以上	

敷地内通路

建物の出入口に通じる通路を車いすで円滑に利用できるようにする。
通路は十分な幅を設け、滑りにくい表面とする。
高低差がある場合は緩やかなスロープなどを設ける。

	円滑化基準	円滑化誘導基準
通路の幅	120 cm以上	180 cm以上

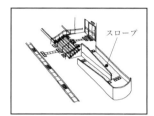

駐車場

車いすを使用する方や体の不自由な方のための駐車場は、建物の出入口付近に設ける。
駐車スペースは、車いすが使用できる十分な幅を確保する。

	円滑化基準	円滑化誘導基準
車いす使用者用駐車施設の数	1以上	全駐車台数 200以下：駐車台数×1/50以上 200超　：駐車台数×1/100以上＋2
車いす使用者用駐車施設の幅	350 cm以上	

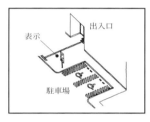

標識

車いすを使用する方などが利用できるエレベーターやトイレ、駐車場の付近には、見やすくわかりやすい表示を設ける。
施設の配置がわかる案内板や案内所を設ける。

案内設備に至る経路

道などから案内板や案内所に至る経路には、目の不自由な方が安全に通れるように、視覚障害者誘導用ブロックを設置するか、音声による誘導装置を設ける。

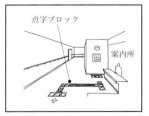

浴室など

共用の浴室やシャワー室を設ける場合には、1以上の浴室などを十分な広さとし、車いすを使用する方が使える仕様とする。
※円滑化誘導基準のみ

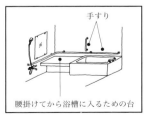

7 耐震改修促進法 （建築物の耐震改修の促進に関する法律）

地震に対する安全性に関係する建築基準法などの規定（耐震関係規定）に適合していない建築物に対して、耐震改修の促進のための措置を講ずることにより、建築物の地震に対する安全性の向上を図る。

建設当初は適合していたが、建築基準法などの改正により、現在では適合していない建築物が対象ということ！

耐震改修の例

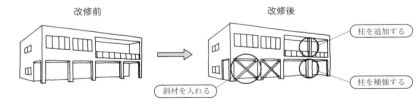

1. 既存耐震不適格建築物の種類　　　【法14条】【法15条】

① 特定既存耐震不適格建築物

　a. 用途とその規模に該当する建築物

『多数の人』が利用する建築物で下表（左）に該当する建築物

特定既存耐震不適格建築物のうち『不特定多数の人』が利用する建築物（次ページ2.②の対象となる建築物）

	特定既存耐震不適格建築物の用途　【令6条】【令8条】	【法14条】【令6条】階数	【法14条】【令6条】床面積の合計	【法15条2項】【令8条】床面積の合計
(1)	幼稚園、幼保連携型認定こども園、保育所	2以上	500 ㎡以上	750 ㎡以上
(2)	小学校、中学校、義務教育学校、中等教育学校の前期課程、特別支援学校	2以上	1,000 ㎡以上	1,500 ㎡以上
(3)	老人ホーム	2以上	1,000 ㎡以上	2,000 ㎡以上
(4)	老人短期入所施設、福祉ホームなど			
(5)	老人福祉センター、児童厚生施設、身体障害者福祉センターなど			
(6)	学校（幼稚園、幼保連携型認定こども園、(2)を除く）	3以上	1,000 ㎡以上	(6)
(7)	劇場、観覧場、映画館、演芸場			2,000 ㎡以上
(8)	集会場、公会堂			
(9)	展示場			
(10)	事務所			(10)
(11)	ボーリング場、スケート場、水泳場などの運動施設			2,000 ㎡以上
(12)	病院、診療所			
(13)	卸売市場			(13)
(14)	百貨店、マーケットなどの物品販売業を営む店舗			2,000 ㎡以上
(15)	ホテル、旅館			
(16)	賃貸住宅（共同住宅に限る）、寄宿舎、下宿			(16)
(17)	博物館、美術館、図書館			2,000 ㎡以上
(18)	遊技場			
(19)	公衆浴場			
(20)	飲食店、キャバレー、料理店、ナイトクラブ、ダンスホールなど			
(21)	理髪店、質屋、貸衣装屋、銀行などのサービス業を営む店舗			
(22)	工場			(22)
(23)	車両の停車場、船舶または航空機の発着場を構成する建築物で旅客の乗降または待合の用に供するもの			2,000 ㎡以上
(24)	自動車車庫などの自動車又は自転車の停留又は駐車のための施設			
(25)	保健所、税務署などの公益上必要な建築物			
(26)	体育館	1以上	1,000 ㎡以上	2,000 ㎡以上
(27)	危険物を取り扱う建築物		政令で定める規模以上	500 ㎡以上

b. 通行障害建築物　【令4条】

＞ 都道府県耐震改修促進計画などに記載された道路

地震時に建築物が転倒してしまうと、道路をふさぎ避難や緊急輸送の妨げとなる建築物。

対象となる建築物

a. 前面道路の幅員が12mを超える場合
道路中心から道路境界線での高さ
（幅員の1/2の高さ）を結んだ
ラインを超える建築物

b. 前面道路の幅員が12m以下の場合
敷地から道路の反対側へ6mの位置から
道路境界線での高さ（6m）を結んだ
ラインを超える建築物

対象となる組積造の塀

塀の長さが25mを超え、高さが下図の
ラインを超えるもの

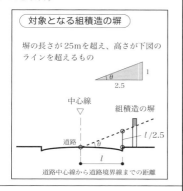

② 既存耐震不適格建築物

特定既存耐震不適格建築物以外の既存耐震不適格建築物

特定既存耐震不適格建築物以外の小規模の建築物などもすべて含まれるということ！

2. 既存耐震不適格建築物の所有者の努力義務など　【法14条】【法15条】【法16条】

① 所有者の努力義務　【法14条】【法16条】

すべての既存耐震不適格建築物の所有者は、その建築物に対して耐震診断を行い、必要に応じて
耐震改修を行うように努めなければならない。

特定既存耐震不適格建築物以外の小規模の建築物の所有者に対しても、努力義務が課せられるということ！

② 所有者に対する指導・助言・指示など　【法15条】【法16条】

所管行政庁は、既存耐震不適格建築物（特定既存耐震不適格建築物を含む）の所有者に対して、
耐震診断・耐震改修についての『指導・助言』を行うことができる。

特に不特定多数の人が利用する特定既存耐震不適格建築物に関しては、『指示・立入検査』を行うことができる。

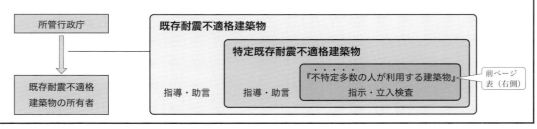

3. 耐震改修計画の認定　【法17条】

① 認定の流れ

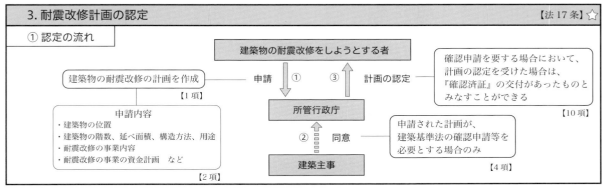

② 既存耐震不適格建築物の特例　【法17条3項】

建築基準法上不適合であっても、耐震上安全と認められ認定を受けた場合は存続できる。

a. 既存不適格建築物【3号】

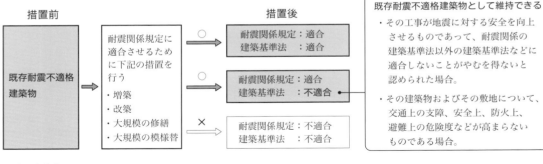

既存耐震不適格建築物として維持できる
- その工事が地震に対する安全を向上させるものであって、耐震関係の建築基準法以外の建築基準法などに適合しないことがやむを得ないと認められた場合。
- その建築物およびその敷地について、交通上の支障、安全上、防火上、避難上の危険度などが高まらないものである場合。

b. 耐火建築物【4号】

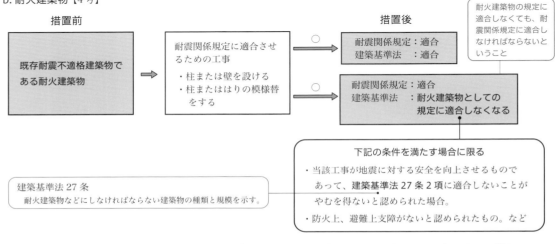

耐火建築物の規定に適合しなくても、耐震関係規定に適合しなければならないということ

建築基準法27条
耐火建築物などにしなければならない建築物の種類と規模を示す。

下記の条件を満たす場合に限る
- 当該工事が地震に対する安全を向上させるものであって、**建築基準法27条2項**に適合しないことがやむを得ないと認められた場合。
- 防火上、避難上支障がないと認められたもの。など

※耐震改修に伴う面積の増加により、容積率や建蔽率が建築基準法に適合しない場合においても、やむを得ないと認められた場合は、存続できる。【5号】【6号】

4. 計画の変更　　【法18条】☆

計画の認定を受けた者：認定事業者

認定事業者は、計画の変更をする場合は、所管行政庁の認定を受けなければならない。
ただし、軽微な変更を除く。

認定を受けた耐震改修の実施時期の変更のうち、事業の着手または完了の予定年月日の3ヶ月以内の変更をいう。【規則32条】

5. その他の措置

a. 所管行政庁の指示に従わない特定既存耐震不適格建築物への措置【法15条3項】

所管行政庁は指示を受けた特定既存耐震不適格建築物の所有者が、正当な理由がなく、それに従わない場合に、その旨を公表することができる。

b. 建築物の地震に対する安全性に係る認定と表示【法22条3項】　――「基準適合認定建築物」という。

地震に対する安全性の基準に適合し、その認定を受けた建築物の所有者は、敷地や広告等に認定を受けている旨を表示することができる。

8 建築物省エネ法 （建築物のエネルギー消費性能の向上等に関する法律）

社会経済情勢の変化に伴い、建築物のエネルギーの消費量が著しく増加しているため、建築物の省エネ性能の向上を図るためのもの。⇐ 空調設備や照明などで使われるエネルギーの消費量を減らすということ！

建築主・建築士の努力義務 【法6条】

a. 建築主は、建築物のエネルギー消費性能の一層の向上を図るよう努めなければならない。
　・建築物の新築、増築、改築
　・建築物の修繕、模様替、建築物への空気調和設備等の設置または改修
b. 建築士が建築物の建築または修繕等にかかる設計を行う場合は、
　建築主に、建築物のエネルギー消費性能などの向上に関して説明するよう努めなければならない。

建築主が講ずべき措置等

1. 対象となる建築物

a. すべての新築住宅・非住宅【法10条】
　建築に係る部分の床面積の合計 > 10 ㎡

以下の場合を除く

$$\frac{常時外気に開放された開口部の面積の合計}{内部に間仕切壁・戸のない階またはその一部の面積} \geq \frac{1}{20}$$

（ふすま・障子などを除く）　【令3条】

b. 増改築と改築

増築・改築部分のみ床面積 > 10 ㎡

増築・改築部分のみが省エネ基準の対象となる

修繕・模様替は対象外ということ！

増築部分 >10 ㎡

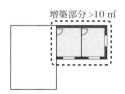
増築部分 >10 ㎡

適用を受けない建築物の規模と用途　【法20条】【令4条】

a. 10 ㎡以下の新築・増改築【法10条】
b. 自動車車庫、畜舎、観覧場、水泳場　など
　・居室を有しない建築物　　┐いずれも空気調和設備を設ける
　・高い開放性を有する建築物 ┘必要がないことが想定される用途
c. 文化財指定された建築物　など
　法令や条文による現状変更の規制や保存の措置などにより
　省エネ基準に適合させることが困難な建築物
d. 仮設建築物
　応急仮設建築物、仮設建築物、仮設振興場など

畜舎

2. 建築物エネルギー消費性能適合性判定　【法11条】

以下の建築物は、工事に着手する前に、建築物エネルギー消費性能適合判定を受けなければならない。
(省エネ基準適合性判定)

「1. 対象となる建築物」(前ページ)
・新築する建築物の延べ床面積
・増改築に係る部分の床面積　　　> 10 ㎡

建築基準法6条1項3号 (p.16) の建築物で建築士の設計に係るものを除く

建築確認申請と省エネ基準適法性判定の流れ

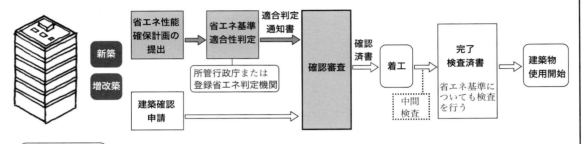

計画の変更　【法11条2項】

省エネ適合性判定を受けたあとに省エネ計画の内容に変化が生じた場合、軽微な変更を除き、計画変更に伴う省エネ基準適合性判定を受けなければならない。

3. トップランナー制度

建売戸建住宅、注文戸建住宅、賃貸アパートを供給する大手住宅事業者を対象に、トップランナー基準 (省エネ基準を上回る基準) を定めたもの。

対象：特定一戸建て住宅建築主・特定共同住宅等建築主【法28条】――特定一戸建て住宅建築主等
　　　特定一戸建て建設工事業者・特定共同住宅等建設工事業者【法31条】

1年間に新たに建築する戸数が下記以上の場合に対して定められる。

・特定一戸建て住宅建築主　　　　　　　分譲型1戸建て規格住宅　：150戸　】【令5条】
・特定共同住宅等建築主　　　　　　　　分譲型規格共同住宅等　　：1,000戸

・特定一戸建て住宅建設工事業者　　　　請負型1戸建て規格住宅　：300戸　】【令6条】
・特定共同住宅等建設工事業者　　　　　請負型規格共同住宅等　　：1,000戸

4. 適合義務と努力義務

対象者	義務の種類	所管行政庁の措置
建築主（建築物の建築）	適合義務【法10条】	適合義務に違反している場合：命令など

↓ 国土交通大臣がエネルギー消費性能の一層の向上を行う必要があると認めるとき

特定一戸建て住宅建築主等【法29条】特定一戸建て住宅建設工事者等【法32条】	努力義務	・勧告（勧告に従わなかった場合は公表）・命令など　【法30条】【法33条】

販売事業者等が販売などを行う建築物のエネルギー消費性能の表示

販売事業者等【法33条の2】	努力義務	・勧告（勧告に従わなかった場合は公表）・命令など　【法33条の3】

誘導措置 【法30条】

① 建築物エネルギー消費性能向上計画の認定と容積率の特例 【法34条】【令7条】

規制措置の対象：すべての建築物の新築・増改築・修繕・模様替
建築物への空気調和設備などの設置・改修

省エネ性能を向上させるための設備について、通常の建築物の床面積を超える部分を不算入とすることができる。
（ただし、10%を上限とする）
＝ 容積率の算定の基礎となる延べ床面積

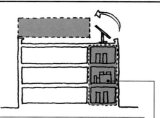

太陽熱集熱設備・太陽光発電設備・燃料電池設備蓄熱設備などを設置する部分は、10%を限度として、床面積には算入されない。

② 手続き 【法35条】

新築・増改築・修繕・空気調和設備などの改善・模様替え → 性能向上計画認定申請 → 所管行政庁 → 認定 → 容積率特例

既存 → 基準適合認定申請 → 所管行政庁 → 認定 → 基準適合認定表示

建築物再生可能エネルギー利用促進区域 【法60条】

建築物への再生エネルギー利用設備の設置を図ることが必要と認められる区域 ← 市町村が「促進計画」を作成

a. **建築士による再生エネルギー導入効果の説明義務** 【法63条】
　建築主に対し、設置可能な再生エネルギー設備を書面で説明。
　（条例で定める用途・規模以上の設計を行う場合）

b. **市町村の努力義務** 【法61条】
　建築主に対し、情報の提供、助言その他の必要な支援を行う。

c. **建築主の努力義務** 【法62条】
　区域内の建築主に対し、建築、修繕等をしようとする建築物に再生エネルギー設備を設置する努力義務。

d. **建築基準法の特例** 【法64条】
　促進計画に定める特例適用要件に適合して再生エネルギー設備を設置する場合、建築基準法の形態規制について、特定行政庁の特例許可の対象とする。

◎再生エネルギー設備（太陽光パネルなど）
例　太陽光パネルを設置
　↓　建蔽率の緩和など

◎特例許可の対象規定（建築基準法）
・容積率（p.73）　・建蔽率（p.78）
・第一種低層住宅専用地域等内における建築物の高さ（p.82）
・高度地区内における建築物の高さ（p.105）

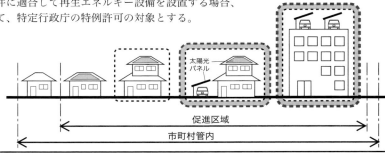

- - - 再生エネルギー導入効果の説明義務
- - - 建築基準法の特例

8 その他の法律

省エネ基準

建築物のエネルギー消費性能

建築物に設ける空調・換気・照明・給湯・昇降機（エレベーター）において、標準的な使用条件のもとで、使用させるエネルギー消費量をもとに表される建築物の性能。

設計値が基準値を下回るようにする。

設計値 （設計一次エネルギー消費量）	≦	基準値 （基準一次エネルギー消費量）

$$BEI = \frac{設計一次エネルギー消費量}{基準一次エネルギー消費量} \leqq 1.0$$

建物の用途により値が決められている。
事務所等、学校等、ホテル等：BEI ≦ 0.80
病院等、飲食店等、集会所等：BEI ≦ 0.85

---

1. 窓や外壁などの外皮性能を評価する基準

① 非住宅の用途にかかる一次エネルギー消費量

a. ペリメーターゾーンの年間熱負荷係数

$$PAL* = \frac{ペリメーターゾーンの年間熱負荷}{ペリメーターゾーンの床面積の合計}$$

ペリメーターゾーン
- 各階の外気に接する壁の中心線から水平距離が5m以内の屋内の空間
- 屋根直下の階の屋内の空間
- 外気に接する床直上の屋内の空間

b.1 年間における(1)〜(4)までに挙げる熱による暖房負荷と冷房負荷を合計したもの。

(1) 外気とペリメーターゾーンの温度差
(2) 外壁・窓などからの日射熱
(3) ペリメータゾーンで発生する熱
(4) ・取入外気とペリメータゾーンとの温度差
　　・取入外気量に基づく取入外気の熱

② 住宅の用途にかかる一次エネルギー消費量

a. 外皮平均熱貫流率（U_A）による基準

$$U_A = \frac{単位温度差当たりの外皮総熱損失量}{外皮総面積}$$

b. 冷房期の平均日射熱取得率（η_{AC}）による基準

$$\eta_{AC} = \frac{単位日射強度当たりの総日射熱取得量}{外皮総面積} \times 100$$

外皮性能を評価する基準

ペリメーターゾーン

外皮となる部分

住宅　　非住宅

一次エネルギー消費量を評価する基準

太陽光／空調／換気／給湯／OA機器／照明／昇降機／太陽光／照明／冷暖房／給湯／換気

非住宅　　住宅

---

2. 設備機器などの一次エネルギー消費量を評価する基準

① 非住宅の用途にかかる一次エネルギー消費量

+ 空調設備　← 外壁・窓などの断熱化により空調エネルギー消費量を削減できる
+ 換気設備
+ 照明設備
+ 給湯設備
+ 昇降機
+ その他（OA機器など）

−　太陽光発電設備など消費量の削減量　＝　一次エネルギー消費量

※それぞれ、一次エネルギーの消費量

② 住宅の用途にかかる一次エネルギー消費量

+ 暖冷房設備
+ 換気設備
+ 照明設備
+ 給湯設備
+ その他（家電など）

−　太陽光発電設備など消費量の削減量　＝　一次エネルギー消費量

※それぞれ、一次エネルギーの消費量

9 その他の法律

宅地造成等規制法

宅地の造成による崖崩れ、土砂流出などの災害の発生のある区域において、その災害防止のために必要な規制を行うもの。

　　宅地造成工事規制区域：宅地造成に伴い災害が生ずるおそれの著しい区域。

1. 許可を必要とする宅地造成　　【法8条】

宅地造成規制区域内において、宅地造成に関する工事を行う場合は、**都道府県知事の許可を受けなければならない**。

※ただし、都市計画法の開発許可を受けたものは、許可は不要（宅地造成規制区域内に限る）。

宅地造成　【法2条2号】【令3条】

a. 切土
　高さ2mを超える崖を生ずるもの。

b. 盛土
　高さ1mを超える崖を生ずるもの。

c. 切土と盛土を同時に行う場合
　盛土をした部分の高さが1m以下、かつ切土と盛土をした部分の高さの合計が2mを超える崖を生じるもの。

d. 上記以外
　切土や盛土の面積が500 ㎡を超えるもの。

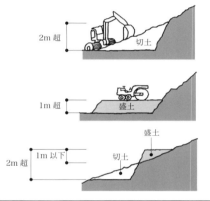

2. 工事の技術基準

a. 地盤　【令5条】
　切土・盛土をする場合には、崖の上端に続く地盤は、特別な事情がない限り、その崖の反対方向に雨水等が流れるように勾配をとらなければならない。

b. 擁壁　【令6条】
　切土・盛土をした崖は、原則として、擁壁で覆わなければならない。

　　・擁壁の構造：　鉄筋コンクリート造
　　　　　　　　　　無筋コンクリート造
　　　　　　　　　　間知石練積み造　など

　　・水抜穴　【令10条】
　　　壁面の面積3 ㎡以内ごとに、少なくとも1個の水抜穴
　　　（内径7.5 cm以上のもの）を設けなければならない。
　　　材料：陶管などの耐水材料

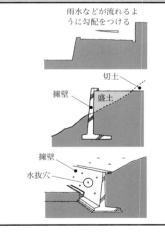

造成宅地防災区域　【法20条】

指定　　：宅地造成に伴う災害で、相当数の居住者などに危害を生ずる発生のおそれが大きい一団の造成宅地（これに附帯する道路その他の土地を含み、宅地造成工事規制区域内の土地を除く。）の区域であって政令で定める基準に該当するもの。

指定の解除：都道府県知事は、擁壁等の設置又は改造その他前項の災害の防止のため必要な措置を講ずることにより、造成宅地防災区域の全部又は一部について指定の事由がなくなったと認めるときは、その造成宅地防災区域の全部又は一部についての指定を解除するものとする。

医療法

病院・診療所および助産所の開設及び管理に関し、必要な事項などを定めたもの。

『病　院』：20人以上の患者を入院させるための施設

『診療所』：19人以下の患者を入院させるための施設または入院するための施設がないもの　【法1条の5】

構造基準　【規則16条】

a. 病室　【2号】

- 地階または3階以上の階には設けない。
  ただし、主要構造部を耐火構造とする場合は3階以上に設けることができる。
- 1の病室の病床数：4床以下

病床数：4床以下
病室
廊下
廊下の幅：1.8m以上（片側）

b. 病室の床面積　【3号】

- 病院の病室、診療所の療養病床：6.4㎡以上／患者1人（内法による測定）
- 上記以外の病室（個室）　　　：6.3㎡以上／患者1人（内法による測定）
  　　　　　　（個室以外）　　：4.3㎡以上／患者1人（内法による測定）
- 小児のみを入院させる病室　　：上記の2/3以上（1の病室の床面積は、6.3㎡を超えるものとする。）

c. 患者が使用する屋内の直通階段の数【8号】

- 2階以上の階に病室を有する：2以上
  ただし、2階以上の各階の病室の床面積の合計がそれぞれ50㎡以下の場合は、
  直通階段の数を1とすることができる。

主要構造部が耐火構造または不燃材料で造られている建築物の場合は100㎡以下

d. 患者が使用する廊下の幅【11号】

- 精神病床または療養病床に係る病室に隣接するもの
  居室（病室）が片側のみ：1.8m以上（内法による測定）
  　　　　　　両側　　　：2.7m以上（内法による測定）
- 上記以外の病室
  居室（病室）が片側のみ：1.8m以上（内法による測定）
  　　　　　　両側　　　：2.1m以上（内法による測定）
- 上記以外の診療所
  居室（病室）が片側のみ：1.2m以上（内法による測定）
  　　　　　　両側　　　：1.6m以上（内法による測定）

建築物衛生法（建築物における衛生的環境の確保に関する法律）

多数の者が使用または利用する建築物の維持管理に関し、環境衛生上必要な検査等の事項を定めたもの。

特定建築物　【法2条】【令1条】

a. 3,000㎡以上の建築物に対して

- 興行場、百貨店、集会場、図書館、博物館、美術館、遊技場
- 店舗、事務所
- 学校（学校教育法第1条に規定する学校以外）
- 旅館

b. 8,000㎡以上の建築物に対して

- 学校（学校教育法第1条に規定する学校）

空気環境の調査

駐車場法

都市における自動車、自動二輪車の駐車のための施設の整備に関し、必要な事項を定めたもの。

駐車場整備地区 【法3条】

下記の地域内において、円滑な道路交通を確保する必要があると認められた地区

- 商業地域
- 近隣商業地域
- 第一種住居地域、第二種住居地域、準住居地域、準工業地域のうち、特別用途地区で政令で定める区域

① 路外駐車場 【法2条】

道路の路面外に設置される自動車の駐車のための施設であって、一般公共の用に供されるもの。

自動車の用に供する部分の面積が 500 ㎡ 以上の路外駐車場 【法11条】

↓

建築基準法等の技術基準に適合 【法11条】

↓

都市計画区域内で、料金を徴収するものを設置する場合は、都道府県知事に届け出なければならない。 【法12条】

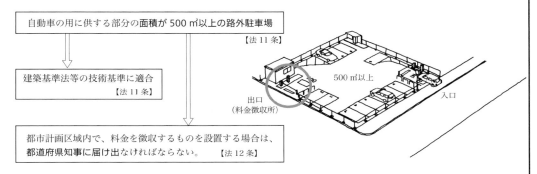

② 建築物の駐車施設の附置 【法20条】

地方公共団体は条例で、敷地内に駐車施設を設けなければならない建築物の規模などを定めることができる。

a. 敷地内に駐車施設を設けなければならない建築物

- 駐車場整備地区内
- 商業地域内
- 近隣商業地域内

＋

延べ面積 2,000 ㎡ 以上で条例で定める規模以上となる建築物の新築・増築

b. 特定用途の場合

劇場・百貨店・事務所などの駐車需要が大きい用途のものは、延べ面積 2,000 ㎡ 未満の場合でも、駐車場を設けなければならない。

- 駐車場整備地区内
- 商業地域内
- 近隣商業地域内

＋

道路および自動車交通の状況を見て、条例で定める規模以上となる建築物の新築・増築

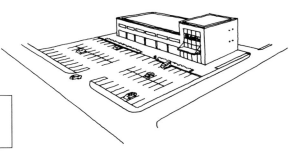

建設リサイクル法（建設工事に係る資材の再資源化等に関する法律） ★

特定の建設資材について、その分別解体等および再資源化等を促進するためのもの。

分別解体

再資源化

特定建築資材 【令1条】

a. コンクリート

b. コンクリート及び鉄からなる建設資材

c. 木材

d. アスファルト・コンクリート

宅建業法（宅地建物取引業法） ★

宅地建物取引業を営む者についての免許制度を実施し、その事業に対して必要な規制を行うことにより、その業務の適正な運営と宅地及び建物の取引の公正を確保するもの。

民法 ★

財産・親族・相続等について、日常生活に必要な私権・権利・義務を定めたもの。
建築関連の内容としては、土地所有権の範囲などを定める。

境界線付近の建築制限 【法234条】

建築物を建築する場合：
隣地境界線より50cm以上離さなければならない。

労働基準法 ★

労働条件の最低基準を定めたもの。

寄宿舎の設備と安全衛生 【法96条】

事業の附属寄宿舎について、換気、採光、照明、保温、防湿、清潔、避難、定員の収容、就寝に必要な措置等を講じなければならない。

労働安全衛生法 ★

労働災害の防止のための危害防止基準を定めたもの。

危害防止基準の種類
- 労働安全衛生規則
- 石綿障害予防規則
- クレーン等安全規則
- 事務所衛生基準規則　など

◆column◆ 建築関連法規の歴史

建築基準法は、主に過去の大地震と共に改正されてきた。

特に、近年では、阪神大震災を教訓に建築基準法の大改正が行われた。今後も、地震だけではなく災害その他の事例に伴い改正されていくことが予想される。

年表（概略）

	地震・火災・その他の事例	『建築基準法』の流れ	その他の法規
1920	1923 関東大震災 (M 7.9〜M 8.1)	1920『市街地建築物法』制定 建築基準法の前身となる法律	1920『都市計画法』
1930			
1940			
	1948 福井地震（M 7.2）	市街地建築物法廃止	1948『消防法』 1949『建設業法』
1950		1950『建築基準法』制定 ※設計震度改訂	1950『建築士法』 1955『土地区画整理法』
		1957 改正	1958『駐車場法』
1960	1964 新潟地震（M 7.5） 1968 十勝沖地震（M 7.9）	1959 改正 1961 改正 超高層ビル時代へ 1963 改正 ※高さ制限廃止 容積地区制度等	1960『住宅地区改良法』 1962『宅地造成等規制法』 1964『消防法』改正 1949『都市計画法』改正
1970	1972 千日デパート火災 1973 大洋デパート火災 1978 宮城県沖地震（M 7.4）	1970 改正 ※用途地域の整備等 1971 施行令改正 1976 改正 ※日影規制など	
1980		1981 建築基準法施行令 改正	1983『消防法』改正
		1987 改正	1992『都市計画法』改正 1992『木造3階建て共同住宅の基準』
1990	1993 北海道南西沖地震 (M 7.8) 1995 兵庫県南部地震（M 7.3） 阪神淡路大震災	1994 改正 1998 改正 1999 改正 ※建築確認・検査の 2002 改正 民間開放	1995『耐震改修促進法』 2001『品確法性能表示制度』
2000	2004 新潟中越地震（M 6.8） 2006 耐震強度偽装事件 2007 能登半島地震（M 6.9）	2007 改正	2006『バリアフリー新法』 ※ハートビル法、交通バリアフリー法廃止
2010	2011 東日本大震災（M 9.0） 2016 熊本地震（M 6.5） (M 7.3) 2016 糸魚川市大規模火災 2024 能登半島地震（M 7.6）	2015 改正	2006『耐震改修促進法』改正 2006『建築士法』改正 2015『建築物省エネ法』

索　引

【あ】

アスベスト規制 (あすべすときせい) ・・・・・・・・ 46
アンカーボルト ・・・・・・・・・・・・・・・・・・・・・・・・・ 169
異形鉄筋 (いけいてっきん) ・・・・・・・・・・・・・・・ 187
維持保全計画 (いじほぜんけいかく) ・・・・・・・ 25
異種用途区画 (いしゅようとくかく) ・・・127、129
イ準耐火 (いじゅんたいか) ・・・・・・・・・・・・・・ 119
1 時間準耐火構造 (いちじかんじゅんたいかこうぞう) ・・・ 114
位置指定道路 (いちしていどうろ) ・・・・・・・・・ 66
一括請負 (いっかつうけおい) ・・・・・・・・・・・・・ 205
一般建設業 (いっぱんけんせつぎょう) ・・・・・ 204
移転 (いてん) ・・・・・・・・・・・・・・・・・・・・・・・・・・ 14
違反建築物 (いはんけんちくぶつ) ・・・・・・・・・ 198
医療法 (いりょうほう) ・・・・・・・・・・・・・・・・・・ 230
請負契約 (うけおいけいやく) ・・・・・・・・・・・・・ 205
エネルギー消費性能 (えねるぎーしょうひせいのう) ・・・ 225
エスカレーター ・・・・・・・・・・・・・・・・・・・・・・・・ 62
エレベーター ・・・・・・・・・・・・・・・・・・・・・・・・・・ 61
エレベーターシャフト ・・・・・・・・・・・・・・・・・・ 33
延焼のおそれのある部分 (えんしょうのおそれのあるぶぶん) ・・・ 108
延焼防止建築物 (えんしょうぼうしけんちくぶつ) ・・・80、97、98
延焼防止性能 (えんしょうぼうしせいのう) ・・・ 97
応急仮設建築物 (おうきゅうかせつけんちくぶつ) ・・・ 24
応力度 (おうりょくど) ・・・・・・・・・・・・・・・・・・ 160
屋上広場 (おくじょうひろば) ・・・・・・・・・・・・・ 148
屋内消火栓設備 (おくないしょうかせんせつび) ・・・ 209
踊場 (おどりば) ・・・・・・・・・・・・・・・・・・・・・・・・ 54
帯筋比 (おびきんひ) ・・・・・・・・・・・・・・・・・・・・ 189

【か】

階数 (かいすう) ・・・・・・・・・・・・・・・・・・・・・・・・ 36
階段 (かいだん) ・・・・・・・・・・・・・・・・・・・・・・・・ 54
階段昇降機 (かいだんしょうこうき) ・・・・・・・・ 55
改築 (かいちく) ・・・・・・・・・・・・・・・・・・・・・・・・ 14
開発行為 (かいはつこうい) ・・・・・・・・・・・・・・ 214
外皮性能 (がいひせいのう) ・・・・・・・・・・・・・・ 228
外皮平均熱貫流率 (がいひへいきんねつかんりゅうりつ) ・・・ 228
界壁 (かいへき) ・・・・・・・・・・・・・・・・・・・・53、134
外壁開口部設備 (がいへきかいこうぶせつび) ・・・97、98
外壁耐火構造 (がいへきたいかこうぞう) ・・・ 119
外壁の後退距離 (がいへきのこうたいきょり) ・・・ 81
火気を使用する室 (かきをしようするしつ) ・・・45、138
確認申請 (かくにんしんせい) ・・・・・・・・・・・・・ 16
確認済証 (かくにんずみしょう) ・・・・・・・・19、20
隔壁 (かくへき) ・・・・・・・・・・・・・・・・・・・・・・・ 134
火災時倒壊防止構造 (かさいじとうかいぼうしこうぞう) ・・・ 123
瑕疵担保責任 (かしたんぽせきにん) ・・・・・・・ 217
仮設建築物 (かせつけんちくぶつ) ・・・・・・・・・ 24
火熱遮断壁等 (かねつしゃだんへきとう) ・・・ 133
可燃物燃焼温度 (かねんぶつねんしょうおんど) ・・・ 110
かぶり厚さ (かぶりあつき) ・・・・・・・・・・・・・・ 192
壁率比 (かべりつひ) ・・・・・・・・・・・・・・・・・・・・ 176
からぼり ・・・・・・・・・・・・・・・・・・・・・・・・・・・・・・ 52
臥梁 (がりょう) ・・・・・・・・・・・・・・・・・・・・181、183
簡易建築物 (かんいけんちくぶつ) ・・・・・・・・・・ 23

換気 (かんき) ・・・・・・・・・・・・・・・・・・・・・・・・・・ 43
換気設備 (かんきせつび) ・・・・・・・・・・・・・・・・ 44
感知器連動閉鎖式防火戸 (かんちきれんどうへいさしきぼうかど) ・・・ 130
監理技術者 (かんりぎじゅつしゃ) ・・・・・・・・・ 205
完了検査 (かんりょうけんさ) ・・・・・・・・・・・・・ 21
機械換気設備 (きかいかんきせつび) ・・・・・・・ 44
機械式自動車車庫 (きかいしきじどうしゃしゃこ) ・・・ 33
機械排煙 (きかいはいえん) ・・・・・・・・・・・・・・ 151
危険物 (きけんぶつ) ・・・・・・・・・・・・・・・・・・・ 210
基礎 (きそ) ・・・・・・・・・・・・・・・・・・・・・・・・・・・ 167
基礎ぐい (きそぐい) ・・・・・・・・・・・・・・・・・・・ 167
既存不適格建築物 (きぞんふてきかくけんちくぶつ) ・・・25、224
北側斜線 (きたがわしゃせん) ・・・・・・・・・・・・・ 90
90 分間準耐火構造 (きゅうじゅっぷんじゅんたいかこうぞう) ・・・ 116
給水管等 (きゅうすいかんとう) ・・・・・・・・・・・ 131
給水設備 (きゅうすいせつび) ・・・・・・・・・・・・・ 58
許可 (きょか) ・・・・・・・・・・・・・・・・・・・・・・・・・ 196
居室 (きょしつ) ・・・・・・・・・・・・・・・・・・・・・・・・ 13
許容応力度 (きょようおうりょくど) ・・・・・・・ 163
許容応力度計算 (きょようおうりょくどけいさん) ・・・159、160、166
空気調和設備 (くうきちょうわせつび) ・・・・・・ 45
けあげ ・・・・・・・・・・・・・・・・・・・・・・・・・・・・・・・・ 54
計画建築物 (けいかくけんちくぶつ) ・・・・・・・ 93
景観地区 (けいかんちく) ・・・・・・・・・・・・・・・・ 106
傾斜路 (けいしゃろ) ・・・・・・・・・・・・・・・・55、220
警報設備 (けいほうせつび) ・・・・・・・・・・・・・・ 210
限界耐力計算 (げんかいたいりょくけいさん) ・・・159、166
検査済証 (けんさずみしょう) ・・・・・・・・・・・・・ 21
建設業法 (けんせつぎょうほう) ・・・・・・・・・・・ 203
建設工事 (けんせつこうじ) ・・・・・・・・・・・・・・ 203
建設工事紛争審査会 (けんせつこうじふんそうしんさかい) ・・・ 205
建設リサイクル法 (けんせつりさいくるほう) ・・・ 232
建築基準法 (けんちくきじゅんほう) ・・・・・・・・ 10
建築基準法施行規則 (けんちくきじゅんほうせこうきそく) ・・・ 10
建築基準法施行令 (けんちくきじゅんほうせこうれい) ・・・ 10
建築協定 (けんちくきょうてい) ・・・・・・・・・・・ 195
建築士 (けんちくし) ・・・・・・・・・・・・・・・・・・・ 200
建築士事務所 (けんちくしじむしょ) ・・・・・・・ 202
建築士法 (けんちくしほう) ・・・・・・・・・・・・・・ 200
建築主事 (けんちくしゅじ) ・・・・・・・・・・・19、22
建築審査会 (けんちくしんさかい) ・・・・・・・・・ 196
建築設備 (けんちくせつび) ・・・・・・・・・・・13、17
建築物 (けんちくぶつ) ・・・・・・・・・・・・・・・・・・ 12
建築物移動等円滑化基準 (けんちくぶついどうとうえんかつかきじゅん)
　・・・・・・・・・・・・・・・・・・・・・・・・・・・・・・・・219、220
建築物移動等円滑化誘導基準 (けんちくぶついどうとうえんかつかゆうどうきじゅん)
　・・・・・・・・・・・・・・・・・・・・・・・・・・・・・・・・219、220
建築物衛生法 (けんちくぶつえいせいほう) ・・・ 230
建築物再生可能エネルギー利用促進地域
(けんちくぶつさいせいかのうえねるぎーりようそくしんちいき) ・・・ 227
建築物省エネ法 (けんちくぶつしょうえねほう) ・・・ 225
建築物の高さ (けんちくぶつのたかき) ・・・・・・ 35
建築面積 (けんちくめんせき) ・・・・・・・・・・31、78
建蔽率 (けんぺいりつ) ・・・・・・・・・・・・・・・・・・ 78
公開空地 (こうかいくうち) ・・・・・・・・・・・・・・ 105

広告塔（こうこくとう）‥‥‥‥‥‥‥‥‥‥‥‥‥ 100、168
工作物（こうさくぶつ）‥‥‥‥‥‥‥‥‥‥‥‥‥‥‥ 17
工事監理（こうじかんり）‥‥‥‥‥‥‥‥‥‥‥‥ 200、201
工事現場の安全等（こうじげんばのあんぜんとう）‥‥‥‥‥ 197
剛性率（ごうせいりつ）‥‥‥‥‥‥‥‥‥‥‥‥‥‥ 165
高層階区画（こうそうかいくかく）‥‥‥‥‥‥‥‥‥127、129
構造規定（こうぞうきてい）‥‥‥‥‥‥‥‥‥‥‥‥ 166
構造強度（こうぞうきょうど）‥‥‥‥‥‥‥‥‥‥‥ 157
構造計算（こうぞうけいさん）‥‥‥‥‥‥‥‥‥‥‥ 158
構造計算適合性判定（こうぞうけいさんてきごうせいはんてい）‥‥ 19、20、159
高層住居誘導地区（こうそうじゅうきょゆうどうちく）‥‥‥ 104
構造耐力上主要な部分（こうぞうたいりょくじょうしゅようなぶぶん）‥‥‥ 13
後退距離（こうたいきょり）‥‥‥‥‥‥‥‥‥‥‥ 81、87
高度地区（こうどちく）‥‥‥‥‥‥‥‥‥‥‥‥‥‥ 105
高度利用地区（こうどりようちく）‥‥‥‥‥‥‥‥‥‥ 105
勾配（こうばい）‥‥‥‥‥‥‥‥‥‥‥‥‥‥‥‥‥ 83
告示（こくじ）‥‥‥‥‥‥‥‥‥‥‥‥‥‥‥‥‥‥ 10
固定荷重（こていかじゅう）‥‥‥‥‥‥‥‥‥‥‥160、161
小荷物専用昇降機（こにもつせんようしょうこうき）‥‥‥17、62

【さ】

採光（さいこう）‥‥‥‥‥‥‥‥‥‥‥‥‥‥‥‥‥ 38
採光関係比率（さいこうかんけいひりつ）‥‥‥‥‥‥ 40、41
採光上無窓居室（さいこうじょうむそうきょしつ）‥‥‥138、140
採光補正係数（さいこうほせいけいすう）‥‥‥‥‥‥‥ 40
材料強度（ざいりょうきょうど）‥‥‥‥‥‥‥‥‥‥‥ 163
雑規定（ざっきてい）‥‥‥‥‥‥‥‥‥‥‥‥‥‥‥ 10
市街化区域（しがいかくいき）‥‥‥‥‥‥‥‥‥‥‥ 211
市街化調整区域（しがいちょうせいくいき）‥‥‥‥‥‥ 211
市街地開発事業（しがいちかいはつじぎょう）‥‥‥‥‥ 213
敷地（しきち）‥‥‥‥‥‥‥‥‥‥‥‥‥‥‥‥‥‥ 29
敷地内通路（しきちないつうろ）‥‥‥‥‥‥‥‥‥‥ 148
敷地面積（しきちめんせき）‥‥‥‥‥‥‥‥‥‥‥‥ 30
軸方向力（じくほうこうりょく）‥‥‥‥‥‥‥‥‥‥‥ 160
時刻歴解析（じこくれきかいせき）‥‥‥‥‥‥‥159、166
自重（じじゅう）‥‥‥‥‥‥‥‥‥‥‥‥‥‥‥‥‥ 161
地震層せん断力係数（じしんそうせんだんりょくけいすう）‥‥‥ 162
地震力（じしんりょく）‥‥‥‥‥‥‥‥‥‥‥‥‥‥ 162
自然換気（しぜんかんき）‥‥‥‥‥‥‥‥‥‥‥‥‥ 43
自然換気設備（しぜんかんきせつび）‥‥‥‥‥‥‥‥‥ 44
自然排煙（しぜんはいえん）‥‥‥‥‥‥‥‥‥‥‥‥ 151
下請契約（したうけけいやく）‥‥‥‥‥‥‥‥‥‥‥ 203
シックハウス‥‥‥‥‥‥‥‥‥‥‥‥‥‥‥‥‥‥ 48
指定確認検査機関（していかくにんけんさきかん）‥‥ 19、20、22
指定建設業（していけんせつぎょう）‥‥‥‥‥‥‥‥‥ 204
指定工作物（していこうさくぶつ）‥‥‥‥‥‥‥‥‥‥ 15
指定住宅紛争処理機関（していじゅうたくふんそうしょりきかん）‥‥‥ 217
支点間距離（してんかんきょり）‥‥‥‥‥‥‥‥‥‥ 189
私道（しどう）‥‥‥‥‥‥‥‥‥‥‥‥‥‥‥‥‥‥ 66
自動火災報知器（じどうかさいほうちき）‥‥‥‥‥‥‥ 210
自動車車庫（じどうしゃしゃこ）‥‥‥‥‥‥‥‥‥‥34、72
屎尿浄化槽（しにょうじょうかそう）‥‥‥‥‥‥‥‥‥ 56
地盤面（じばんめん）‥‥‥‥‥‥‥‥‥‥‥‥‥‥‥ 35
遮炎性（能）（しゃえんせい（のう））‥‥‥‥‥‥‥‥109、110
遮音性能（しゃおんせいのう）‥‥‥‥‥‥‥‥‥‥‥‥ 53
遮熱型特定防火設備（しゃねつがたとくていぼうかせつび）‥‥‥109、133
遮熱性（しゃねつせい）‥‥‥‥‥‥‥‥‥‥‥‥‥‥ 110

住宅性能評価制度（じゅうたくせいのうひょうかせいど）‥‥‥‥‥ 216
住宅紛争処理（じゅうたくふんそうしょり）‥‥‥‥‥‥‥ 217
住宅紛争処理支援センター（じゅうたくふんそうしょりしえんせんたー）‥‥ 217
住宅用防災機器（じゅうたくようぼうさいきき）‥‥‥‥‥ 210
集団規定（しゅうだんきてい）‥‥‥‥‥‥‥‥‥‥‥‥ 10
周辺危害防止構造（しゅうへんきがいぼうしこうぞう）‥‥‥‥ 125
主階（しゅかい）‥‥‥‥‥‥‥‥‥‥‥‥‥‥‥‥‥ 120
主任技術者（しゅにんぎじゅつしゃ）‥‥‥‥‥‥‥‥‥ 205
主要構造部（しゅようこうぞうぶ）‥‥‥‥‥‥‥‥‥‥ 13
準延焼防止建築物（じゅんえんしょうぼうしけんちくぶつ）‥‥‥80、97、99
準耐火建築物（じゅんたいかけんちくぶつ）‥‥‥‥‥97、119
準耐火建築物等（じゅんたいかけんちくぶつとう）‥‥‥ 80、106
準耐火構造（じゅんたいかこうぞう）‥‥‥‥‥‥‥‥‥ 113
準耐火性能（じゅんたいかせいのう）‥‥‥‥‥‥‥‥‥ 113
準耐力壁等（じゅんたいりょくへきとう）‥‥‥‥‥‥‥‥ 173
準地下街（じゅんちかがい）‥‥‥‥‥‥‥‥‥‥‥‥ 207
準都市計画区域（じゅんとしけいかくくいき）‥‥‥‥‥‥ 211
準不燃材料（じゅんふねんざいりょう）‥‥‥‥‥‥‥‥‥ 110
準防火性能（じゅんぼうかせいのう）‥‥‥‥‥‥‥‥‥ 103
準防火地域（じゅんぼうかちいき）‥‥‥‥‥‥‥‥97、100
省エネ基準適合性判定（しょうえねきじゅんてきごうせいはんてい）‥‥‥ 226
消火設備（しょうかせつび）‥‥‥‥‥‥‥‥‥‥‥‥ 208
小規模建築物（しょうきぼけんちくぶつ）‥‥‥‥ 19、159、166
昇降機設備（しょうこうきせつび）‥‥‥‥‥‥‥‥‥‥ 61
乗降ロビー（じょうこうろびー）‥‥‥‥‥‥‥‥‥‥‥ 155
常時閉鎖式防火戸（じょうじへいさしきぼうかど）‥‥‥‥ 130
消防法（しょうぼうほう）‥‥‥‥‥‥‥‥‥‥‥‥‥ 206
消防用設備（しょうぼうようせつび）‥‥‥‥‥‥‥‥‥ 208
所管行政庁（しょかんぎょうせいちょう）‥‥‥‥‥‥219、223
処理区域（しょりくいき）‥‥‥‥‥‥‥‥‥‥‥‥‥ 56
新築（しんちく）‥‥‥‥‥‥‥‥‥‥‥‥‥‥‥‥‥ 14
水平震度（すいへいしんど）‥‥‥‥‥‥‥‥‥‥‥‥ 162
水平投影面積（すいへいとうえいめんせき）‥‥‥‥‥‥‥ 30
筋かい（すじかい）‥‥‥‥‥‥‥‥‥‥‥‥‥‥‥‥ 171
スプリンクラー設備（すぷりんくらーせつび）‥‥‥‥‥‥ 209
性能向上計画認定（せいのうこうじょうけいかくにんてい）‥‥‥ 227
積載荷重（せきさいかじゅう）‥‥‥‥‥‥‥‥‥‥‥‥ 161
積雪荷重（せきせつかじゅう）‥‥‥‥‥‥‥‥‥‥‥‥ 162
施錠装置（せじょうそうち）‥‥‥‥‥‥‥‥‥‥‥‥‥ 141
設計受託契約（せっけいじゅたくけいやく）‥‥‥‥‥‥‥ 202
設計図書（せっけいとしょ）‥‥‥‥‥‥‥‥‥‥‥‥ 200
設計壁量（せっけいへきりょう）‥‥‥‥‥‥‥‥‥‥‥ 172
絶対高さ（ぜったいたかさ）‥‥‥‥‥‥‥‥‥‥‥‥‥ 82
接道義務（せつどうぎむ）‥‥‥‥‥‥‥‥‥‥‥‥‥‥ 67
せん断力（せんだんりょく）‥‥‥‥‥‥‥‥‥‥‥‥ 160
線引き都市計画区域（せんびきとしけいかくくいき）‥‥‥‥ 211
層間変形角（そうかんへんけいかく）‥‥‥‥‥‥‥‥‥ 164
総合設計制度（そうごうせっけいせいど）‥‥‥‥‥‥‥‥ 105
総合的設計制度（そうごうてきせっけいせいど）‥‥‥‥‥‥ 194
装飾塔（そうしょくとう）‥‥‥‥‥‥‥‥‥‥‥‥100、168
増築（ぞうちく）‥‥‥‥‥‥‥‥‥‥‥‥‥‥‥‥‥ 14
測定面（そくていめん）‥‥‥‥‥‥‥‥‥‥‥‥‥‥‥ 95
組積造（そせきぞう）‥‥‥‥‥‥‥‥‥‥‥‥‥‥‥ 180

【た】

耐火建築物（たいかけんちくぶつ）‥‥‥‥‥‥‥97、118
耐火建築物等（たいかけんちくぶつとう）‥‥‥‥‥80、106

235

耐火構造（たいかこうぞう） ………………………………… 111
耐火性能（たいかせいのう） ………………………………… 111
耐火性能検証法（たいかせいのうけんしょうほう） ……… 118
大規模建築物（だいきぼけんちくぶつ） ……… 19、158、166
大規模集客施設（だいきぼしゅうきゃくしせつ） …………… 71
大規模の修繕（だいきぼのしゅうぜん） ……………… 14、28
大規模の模様替（だいきぼのもようがえ） …………………… 14
大規模木造建築物等（だいきぼもくぞうけんちくぶつとう） … 99、123
耐久性等関係規定（たいきゅうせいとうかんけいきてい） … 166
耐震改修促進法（たいしんかいしゅうそくしんほう） ……… 222
耐力壁（たいりょくへき） ………………… 173、182、191
耐力壁の配置（たいりょくへきのはいち） …………………… 176
対隣壁（たいりんへき） ……………………………………… 180
高さの制限（たかさのせいげん） ……………………………… 82
宅地造成等規制法（たくちぞうせいとうきせいほう） ……… 229
宅建業法（たっけんぎょうほう） …………………………… 232
竪穴区画（たてあなくかく） …………………… 127、129
短期荷重（たんきかじゅう） ………………………………… 160
単体規定（たんたいきてい） ………………………………… 10
地域・地区（ちいき・ちく） ………………………………… 212
地下街（ちかがい） …………………………………………… 207
築造面積（ちくぞうめんせき） ……………………………… 32
地耐力（ちたいりょく） ……………………………………… 167
中央管理方式（ちゅうおうかんりほうしき） ………………… 45
中間検査（ちゅうかんけんさ） ……………………………… 21
中間検査合格証（ちゅうかんけんさごうかくしょう） ……… 21
中規模建築物（ちゅうきぼけんちくぶつ） ………159、166
柱脚（ちゅうきゃく） ………………………………………… 184
駐車場整備地区（ちゅうしゃじょうせいびちく） …………… 231
駐車場法（ちゅうしゃじょうほう） ………………………… 231
長期荷重（ちょうきかじゅう） ……………………………… 160
超高層建築物（ちょうこうそうけんちくぶつ） …… 19、158、159、166
重複距離（ちょうふくきょり） ……………………………… 144
帳壁（ちょうへき） …………………………………………… 168
直通階段（ちょくつうかいだん） …………………………… 142
通行障害建築物（つうこうしょうがいけんちくぶつ） ……… 223
通常火災終了時間（つうじょうかさいしゅうりょうじかん） … 123
継手の重ね長さ（つぎてのかさねながさ） ………………… 188
定着長さ（ていちゃくながさ） ……………………………… 188
出入口等（でいりぐちとう） ………………………………… 141
適合建築物（てきごうけんちくぶつ） ……………………… 93
適用距離（てきようきょり） ………………………………… 83
手すり（てすり） ……………………………………………… 55
手すりの高さ（てすりのたかさ） …………………………… 141
鉄筋コンクリート造（てっきんこんくりーとぞう） ……… 187
鉄骨造（てっこつぞう） ……………………………………… 184
電気設備（でんきせつび） …………………………………… 60
天空率（てんくうりつ） ……………………………………… 92
天井の高さ（てんじょうのたかさ） ………………………… 51
伝統的建造物群保存地区（でんとうてきけんぞうぶつぐんほぞんちく） …… 25
同意（どうい） ………………………………………………… 196
透過損失（とうかそんしつ） ………………………………… 53
道路（どうろ） ………………………………………………… 65
登録住宅性能評価機関（とうろくじゅうたくせいのうひょうかきかん） … 216
登録省エネ判定機関（とうろくしょうえねはんていきかん） … 226
道路斜線（どうろしゃせん） ………………………………… 83
特殊建築物（とくしゅけんちくぶつ） ………… 15、99、120

特定一戸建て住宅事業主等（とくていいっこだてじゅうたくじぎょうぬしとう） … 226
特定街区（とくていがいく） ………………………………… 106
特定行政庁（とくていぎょうせいちょう） …………………… 22
特定区画（とくていくかく） ………………………………… 118
特定建設業（とくていけんせつぎょう） …………………… 204
特定工作物（とくていこうさくぶつ） ……………………… 214
特定工程（とくていこうてい） ……………………………… 21
特定主要構造部（とくていしゅようこうぞうぶ） …………… 118
特定準耐火構造（とくていじゅんたいかこうぞう） ………… 114
特定天井（とくていてんじょう） …………………………… 168
特定道路（とくていどうろ） …………………………………… 76
特定避難時間（とくていひなんじかん） …………………… 121
特定防火設備（とくていぼうかせつび） ………109、130
特定防火対象物（とくていぼうかたいしょうぶつ） …206、207
特定防災街区整備地区（とくていぼうさいがいくせいびちく） …106、212
特別避難階段（とくべつひなんかいだん） ………………… 147
特例軒等（とくれいのきとう） ………………… 31、78
特例容積率適用地区（とくれいようせきりつてきようちく） … 104
トップランナー制度（とっぷらんなーせいど） …………… 226
都市計画区域（としけいかくくいき） ………… 64、211
都市計画法（としけいかくほう） …………………………… 211
都市施設（としLしせつ） …………………………………… 213
ドライエリア …………………………………………………… 52
ドレンチャー設備（どれんちゃーせつび） ………………… 109

【な】

内装制限（ないそうせいげん） ……………………………… 136
内装不燃化（ないそうふねんか） …………………………… 143
75分間準耐火構造（ななじゅうごふんかんじゅんたいかこうぞう） …… 115
難燃材料（なんねんざいりょう） …………………………… 110
2項道路（にこうどうろ） ……………………………………… 66
日射熱取得率（にっしゃねつしゅとくりつ） ……………… 228
布基礎（ぬのきそ） …………………………… 167、168
延べ面積（のべめんせき） …………………………… 34、73

【は】

排煙口（はいえんこう） ……………………… 150、151
排煙上無窓居室（はいえんじょうむそうきょしつ） …140、150
排煙設備（はいえんせつび） ………………………………… 150
排煙風道（はいえんふうどう） ……………………………… 151
排水設備（はいすいせつび） ………………………………… 59
パイプシャフト ………………………………… 33、131
パイプダクト ………………………………………………… 131
罰則（ばっそく） ……………………………………………… 198
バリアフリー法（ばりあふりーほう） ……………………… 218
はりのたわみ ……………………………… 171、185、190
販売事業者等（はんばいじぎょうしゃとう） ……………… 226
日影規制（ひかげきせい） …………………………………… 94
引寄金物（ひきよせかなもの） ……………………………… 169
非常用エレベーター（ひじょうようえれべーたー） ……… 154
非常用の昇降機（ひじょうようのしょうこうき） …………… 154
非常用の照明装置（ひじょうようのしょうめいそうち） …… 152
非常用の進入口（ひじょうようのしんにゅうぐち） ………… 153
非線引き都市計画区域（ひせんびきとしけいかくくいき） … 211
非損傷性（ひそんしょうせい） ……………………………… 110
必要採光面積（ひつようさいこうめんせき） ………………… 38
必要壁量（ひつようへきりょう） …………………………… 172

一人協定（ひとりきょうてい）・・・・・・・・・・・・・・・・・・・ 195
避難安全検証法（ひなんあんぜんけんしょうほう）・・・・・・・・ 156
避難階（ひなんかい）・・・・・・・・・・・・・・・・・・・・ 36、155
避難階段（ひなんかいだん）・・・・・・・・・・・・・・・・・ 145
避難階段の扉（ひなんかいだんのとびら）・・・・・・・・・・ 141
避難規定（ひなんきてい）・・・・・・・・・・・・・・・・・・・ 140
避難経路（ひなんけいろ）・・・・・・・・・・・・・・・・・・・ 140
避難施設（ひなんしせつ）・・・・・・・・・・・・・・・・・・・ 140
避難時倒壊防止構造（ひなんじとうかいぼうしこうぞう）・・120、121
避難上無窓居室（ひなんじょうむそうきょしつ）・・・・・・・ 138
避難上有効なバルコニー（ひなんじょうゆうこうなばるこにー）・・・・ 122
避難設備（ひなんせつび）・・・・・・・・・・・・・・・・・・・ 208
避雷針（ひらいしん）・・・・・・・・・・・・・・・・・・・・・ 60
避雷設備（ひらいせつび）・・・・・・・・・・・・・・・・・・・ 60
品確法（ひんかくほう）・・・・・・・・・・・・・・・・・・・・ 216
風圧力（ふうあつりょく）・・・・・・・・・・・・・・・・・・・ 162
風道等（ふうどうとう）・・・・・・・・・・・・・・・・・・・・ 131
風力係数（ふうりょくけいすう）・・・・・・・・・・・・・・・ 162
複合用途防火対象物（ふくごうようとぼうかたいしょうぶつ）・・・ 206
付室（ふしつ）・・・・・・・・・・・・・・・・・・・・・・・・ 147
物品販売業の店舗（ぶっぴんはんばいぎょうのてんぽ）・・・・ 148
物品販売店舗（ぶっぴんはんばいてんぽ）・・・・・・・・・・ 145
不燃材料（ふねんざいりょう）・・・・・・・・・・・・・・・・ 110
不燃性能（ふねんせいのう）・・・・・・・・・・・・・・・・・ 110
踏面（ふみづら）・・・・・・・・・・・・・・・・・・・・・・・ 54
フラッシュオーバー・・・・・・・・・・・・・・・・・・・・・ 136
文化財建築物（ぶんかざいけんちくぶつ）・・・・・・・・・・・ 25
平均地盤面（へいきんじばんめん）・・・・・・・・・・・・35、95
壁面線（へきめんせん）・・・・・・・・・・・・・・・・・・68、75
壁量計算（へきりょうけいさん）・・・・・・・・・・・・・・・ 172
壁量充足率（へきりょうじゅうそくりつ）・・・・・・・・・・ 176
べた基礎（べたきそ）・・・・・・・・・・・・・・・・・・167、168
別の建築物とみなす（べつのけんちくぶつとみなす）
　　　　　　　　　　　129、135、137、140、152
ペリメーターゾーン・・・・・・・・・・・・・・・・・・・・・ 228
便所（べんじょ）・・・・・・・・・・・・・・・・・・・・・・・ 56
偏心率（へんしんりつ）・・・・・・・・・・・・・・・・・・・ 165
ペントハウス・・・・・・・・・・・・・・・・・・・・・・・・ 35
防煙区画（ぼうえんくかく）・・・・・・・・・・・・・・・・・ 150
防炎対象物品（ぼうえんたいしょうぶっぴん）・・・・・・・・ 206
防煙壁（ぼうえんへき）・・・・・・・・・・・・・・・・・・・ 150
防火管理者（ぼうかかんりしゃ）・・・・・・・・・・・・・・・ 206
防火区画（ぼうかくかく）・・・・・・・・・・・・・・・127、130
防火構造（ぼうかこうぞう）・・・・・・・・・・・・・・・・・ 117
防火性能（ぼうかせいのう）・・・・・・・・・・・・・・・・・ 117
防火設備（ぼうかせつび）・・・・・・・・・・・・・・・・・・ 109
防火対象物（ぼうかたいしょうぶつ）・・・・・・・・・・・・・ 206
防火ダンパー（ぼうかだんぱー）・・・・・・・・・・・・130、131
防火地域（ぼうかちいき）・・・・・・・・・・・・・・・・・・・ 97
防火戸（ぼうかど）・・・・・・・・・・・・・・・・・・・・・・ 109
防火被覆（ぼうかひふく）・・・・・・・・・・・・・・・・・・ 186
防火壁（ぼうかへき）・・・・・・・・・・・・・・・101、106、132
防火床（ぼうかゆか）・・・・・・・・・・・・・・・・・・・・ 132
法22条区域（ほうにじゅうにじょうくいき）・・・・・・・・・ 102
防風林（ぼうふうりん）・・・・・・・・・・・・・・・・・・・ 162
防腐措置（ぼうふそち）・・・・・・・・・・・・・・・・・・・ 179
補強コンクリートブロック造（ほきょうこんくりーとぶろっくぞう）・・・ 182

歩行距離（ほこうきょり）・・・・・・・・・・・・・・・・・・ 142
炎侵入防止構造（ほのおしんにゅうぼうしこうぞう）・・・・・・ 115
保有水平耐力（ほゆうすいへいたいりょく）・・・・・・・・・ 165
保有水平耐力計算（ほゆうすいへいたいりょくけいさん）・・159、165、166

【ま】
曲げモーメント（まげもーめんと）・・・・・・・・・・・・・ 160
間仕切壁（まじきりかべ）・・・・・・・・・・・・・・・・・・ 134
見付面積（みつけめんせき）・・・・・・・・・・・・・・・・・ 172
民法（みんぽう）・・・・・・・・・・・・・・・・・・・・・・・ 232
無窓居室（むそうきょしつ）・・・・・・・・・・・・・・138、140
面積区画（めんせきくかく）・・・・・・・・・・・・・・127、128
燃えしろ設計（もえしろせっけい）・・・・・・・・・・・・・ 116
木造（もくぞう）・・・・・・・・・・・・・・・・・・・・・・・ 169

【や】
屋根（やね）・・・・・・・・・・・・・・・・・・・・・・・・・ 100
屋根葺き材等（やねぶきざいとう）・・・・・・・・・・・・・ 168
屋根不燃化（やねふねんか）・・・・・・・・・・・・・・・・・ 102
有効採光面積（ゆうこうさいこうめんせき）・・・・・・・・・・ 40
有効細長比（ゆうこうほそながひ）・・・・・・・・・・・170、184
床下換気口（ゆかしたかんきこう）・・・・・・・・・・・・・・ 51
床の高さ（ゆかのたかさ）・・・・・・・・・・・・・・・・・・ 51
床面積（ゆかめんせき）・・・・・・・・・・・・・・・・・・・ 33
容積率（ようせきりつ）・・・・・・・・・・・・・・・・・・・ 73
用途上不可分（ようとじょうふかぶん）・・・・・・・・・・・・ 29
用途制限（ようとせいげん）・・・・・・・・・・・・・・・・・ 70
用途地域（ようとちいき）・・・・・・・・・・・・・・・・・・ 69
用途変更（ようとへんこう）・・・・・・・・・・・・・・・・・ 18
擁壁（ようへき）・・・・・・・・・・・・・・・・・・・・・・・ 30
四週圧縮強度（よんしゅうあっしゅくきょうど）・・・・・・・ 188

【ら】
隣地斜線（りんちしゃせん）・・・・・・・・・・・・・・・・・ 88
連坦建築物設計制度（れんたんけんちくぶつせっけいせいど）・・・ 194
廊下の幅（ろうかのはば）・・・・・・・・・・・・・・・・・・ 140
労働安全衛生法（ろうどうあんぜんえいせいほう）・・・・・・ 232
労働基準法（ろうどうきじゅんほう）・・・・・・・・・・・・・ 232
ロ準耐火（ろじゅんたいか）・・・・・・・・・・・・・・・・・ 119

●参考文献
日本建築学会『建築法規用教材2006』
鈴木ひとみ・杉原仁美『よくわかる建築基準法』日本実業出版社
高木任之『改訂版　イラストレーション建築基準法』学芸出版社
高木任之『イラストレーション都市計画法』学芸出版社
高木任之『改訂版　都市計画法を読みこなすコツ』学芸出版社
高木任之『図解雑学　建築基準法』ナツメ社
たかぎ・ただゆき『イラスト建築防火』近代消防社
たかぎ・ただゆき『イラスト建築基準法』近代消防社
〈建築のテキスト〉編集委員会編『初めての建築法規』学芸出版社
樫田攻＋建築知識編集部『イラストで読む！建築基準法［仕様規定］
攻略ガイド』エクスナレッジ
建築法規運用研究会編著『プロのための建築法規ハンドブック』ぎょうせい
福田健策＋渡邊亮一『専門士課程　建築法規』学芸出版社
杉田宣生『初学者の建築講座　建築法規』市ヶ谷出版社
建築基準法制研究会『平成18年改正　建築基準法集団規定の解説Ｑ＆Ａ
［大規模集客施設の立地規制］』ぎょうせい
建築法制研究会『平成18年6月改正　建築基準法・建築士法の解説』第一法規
社団法人日本建築学会『構造用教材』丸善
国土交通省ホームページ

memo

memo

● 謝辞

本書は多くの方々のご指導をいただき完成することができました。

本書全体のチェックをしていただいた修成建設専門学校校長・平川玄治先生をはじめ、建築法規の授業を持つ機会とご指導いただきました湖東カレッジ情報建築専門学校副校長・平嶋広幸先生、また、松尾伯方様、立神靖久様にもご指導をいただきました。皆様には深く感謝申し上げます。また、湖東カレッジ情報建築専門学校の学生の皆さん、とりわけ佐藤隆盛君の意見も取り入れました。ありがとうございました。

出版に関しても、ご意見をいただきました学芸出版社と担当の村田譲様、村井明男様には深くお礼申し上げます。

2007年9月　著者

本書は、当初、大学や専門学校の教科書として書いたものですが、意外にも実務の方にも多く使っていただいています。大変嬉しいことであり、また、ご意見も数多くいただくことで、本書の改良を重ねることができました。

出版に関しても、毎年増刷していただき、学芸出版社と担当の岩切江津子様・森國洋行様、改訂版からは(有)古都デザイン山本剛史様・三輪悠介様にもお世話になっております。

皆様には、感謝するとともに、深くお礼申し上げます。

2025年2月　著者

本書の情報は下記のURLで
ご確認いただけます。

https://book.gakugei-pub.co.jp/gakugei-book/9784761533083/

JCOPY 〈(社) 出版者著作権管理機構委託出版物〉
本書の無断複写は著作権法上での例外を除き禁じられています。複写される場合は、そのつど事前に、(社) 出版者著作権管理機構（電話 03-5244-5088、FAX 03-5244-5089、e-mail: info@jcopy.or.jp）の許諾を得てください。
また本書を代行業者等の第三者に依頼してスキャンやデジタル化することは、たとえ個人や家庭内での利用でも著作権法違反です。

● 著者経歴

今村仁美（いまむら さとみ）
1969年生まれ、修成建設専門学校卒業。
二級建築士。
1995年アトリエ イマージュを設立、主宰。1997年より、修成建設専門学校、関西デザイン造形専門学校、湖東カレッジ情報建築専門学校の非常勤講師などを歴任。
著書に『住まいの建築設計製図』（単著、2021年）、『住まいの建築計画』（共著、2021年）、『図説 やさしい建築数学』（共著、2011年）、『図説 やさしい建築一般構造』（共著、2009年）、『図説 やさしい建築環境』（共著、2009年）、『図と模型でわかる木構造』（辻原仁美著、2001年）。

田中美都（たなか みさと）
1973年生まれ、早稲田大学理工学部建築学科卒業、同大学大学院修士課程修了。
一級建築士。
1997～2004年、鈴木了二建築計画事務所勤務、2006年より田中智之とTASS建築研究所設立。著書に『住まいの建築計画』（共著、2021年）、『図説 やさしい建築一般構造』（共著、2009年）、『図説 やさしい建築環境』（共著、2009年）。
本書イラストも執筆。

第3版　図説　やさしい建築法規

2025年 1月25日　第1版第1刷発行
2025年 3月30日　第2版第1刷発行

著　者　今村仁美・田中美都
発行者　井口夏実
発行所　株式会社　学芸出版社
　　　　京都市下京区木津屋橋通西洞院東入
　　　　〒600-8216　tel 075-343-0811
　　　　http://www.gakugei-pub.jp/
　　　　E-mail:info@gakugei-pub.jp
　　　　編集担当：岩切江津子・森國洋行

装丁・DTP：KOTO DESIGN Inc. 山本剛史・三輪悠介
印刷・製本：光邦

© Imamura Satomi, Tanaka Misato 2025　　　　Printed in Japan
ISBN 978-4-7615-3308-3